环球网校

严格按照全新考试大纲编写

克|题|制|胜 1

中级经济师
同步章节必刷题

人力资源管理专业知识与实务

环球网校经济师考试研究院　组编

本册主编　殷巧玲

- 微信扫码领取"**通关宝典**"
  备考路上助力通关
- 还可领取"**闪电速记**"
  带你快速记忆高频考点

立信会计出版社

图书在版编目(CIP)数据

中级经济师同步章节必刷题. 人力资源管理专业知识与实务 / 环球网校经济师考试研究院组编. —上海：立信会计出版社，2023.8(2025.7重印)

ISBN 978-7-5429-7399-3

Ⅰ.①中… Ⅱ.①环… Ⅲ.①人力资源管理—资格考试—习题集Ⅳ.①F0-44

中国国家版本馆CIP数据核字(2023)第129439号

责任编辑　毕芸芸

中级经济师同步章节必刷题. 人力资源管理专业知识与实务

Zhongji Jingjishi Tongbu Zhangjie Bishuati. Renli Ziyuan Guanli Zhuanye Zhishi yu Shiwu

出版发行	立信会计出版社
地　　址	上海市中山西路2230号　　邮政编码　200235
电　　话	(021)64411389　　传　　真　(021)64411325
网　　址	www.lixinaph.com　　电子邮箱　lixinaph2019@126.com
网上书店	http://lixin.jd.com　　http://lxkjcbs.tmall.com
经　　销	各地新华书店
印　　刷	三河市中晟雅豪印务有限公司
开　　本	787毫米×1092毫米　　1/16
印　　张	16.5
字　　数	392千字
版　　次	2023年8月第1版
印　　次	2025年7月第3次
书　　号	ISBN 978-7-5429-7399-3/F
定　　价	48.00元

如有印订差错，请与本社联系调换

环球君带你学『经济师』

中级经济师是国家认可的中级职称,是经济专业技术资格的一种,是国家对多个行业内从事经济相关职业人员从业能力的认可。

中级经济师考试实行机考,总共考核 2 个科目,即"经济基础知识"和"专业知识与实务"。每个科目的考试时间为 1.5 小时,两门考试中间有 40 分钟休息时间。

如果备考经济师是一场战役,那么考前 60 天一定是决定战役能否胜利的关键节点。考生该如何更好地利用考前 60 天呢?除了要学习重要的知识点,还要进行刷题训练,通过做题提升学习效率,保持做题的题感。

环球网校经济师考试研究院的老师们对中级经济师考试进行了系统研究分析,结合历年辅导大批考生的经验,编写了本书,期望能够帮助大家顺利通过考试。本书分为三大版块:

第一版块:刷题练习。本部分按照章节顺序呈现习题,旨在让考生能够对每个常考知识点都能以习题形式进行练习。本部分的每道题都是环球网校经济师考试研究院的老师根据考试频率和知识点的考查方向精挑细选出来的,便于考生复习,打好扎实的知识基础。

第二版块:思维导图。本部分以思维导图的形式展现了各章的重点内容,便于考生直观明了、高效快捷地掌握知识体系。

第三版块:全真机考模拟。考生在精做章节习题、掌握知识脉络后,一定要做成套试卷进行模拟考试。本部分旨在让考生在仿真机考环境中进行模拟练习,进而胸有成竹地参加考试。

在做题过程中,考生应当注意对错题进行整理和分析,从而完善自身的知识体系。建议考生针对每一道错题都问自己以下几个问题:

(1) 这道题考查的知识点是什么?

(2) 与本题考查的知识点相关的内容有哪些?

(3) 我是怎么运用相关知识点解决这道题的问题的?

(4) 这道题的解题过程是什么?

(5) 为什么我做错了这道题?

(6) 这道题还有其他做法吗?

思考上述问题可以帮助考生从知识掌握、能力提升、解题习惯等方面分析错误,有针对性地进行复习,高效备考。

如果考生在做题中遇到了自己研究不明白的题目,可以扫描相关二维码听老师讲解该知识点。本书在每一天最后设置了"学习笔记"栏目,在每一章最后设置了"备忘录"栏目,考生可以记录在学习过程中遇到的难点、雷点,从而准确地找到自己的薄弱点,然后想办法去攻克它。

学习是日积月累、循序渐进的过程,要系统、全面地掌握知识,就要采用有效的方法坚持不懈、持之以恒地学习。希望通过这60天的学习,大家能够养成良好的学习习惯,顺利通过中级经济师考试,为以后的职业发展奠定良好的基础。

环球网校经济师考试研究院

图书介绍

目录

第一部分 组织行为学

第一章 组织激励 ······ 1
Day 1 ······ 1
- 考点：需要与动机 ······ 1
- 考点：激励 ······ 2
- 考点：需要层次理论 ······ 2
- 考点：双因素理论 ······ 3
- 考点：ERG 理论 ······ 3

Day 2 ······ 4
- 考点：三重需要理论 ······ 4
- 考点：公平理论 ······ 4
- 考点：期望理论 ······ 5
- 考点：强化理论 ······ 5

Day 3 ······ 6
- 考点：目标管理 ······ 6
- 考点：参与管理 ······ 6
- 考点：绩效薪金制 ······ 6

Day 4 ······ 8
- 模块：案例集锦 ······ 8
- 参考答案及解析 ······ 10

第二章 领导行为 ······ 15
Day 5 ······ 15
- 考点：特质理论 ······ 15
- 考点：交易型和变革型领导理论 ······ 16
- 考点：魅力型领导理论 ······ 16
- 考点：路径—目标理论 ······ 17
- 考点：权变理论 ······ 17

Day 6 ······ 18
- 考点：领导—成员交换理论 ······ 18
- 考点：早期关于领导的研究 ······ 18
- 考点：俄亥俄与密歇根模式 ······ 18
- 考点：管理方格图与生命周期理论 ······ 19
- 考点：领导技能 ······ 19

Day 7 ······ 21
- 考点：决策过程 ······ 21
- 考点：决策模型 ······ 21
- 考点：决策风格 ······ 21
- 模块：案例集锦 ······ 22
- 参考答案及解析 ······ 23

第三章 组织设计与组织文化 ······ 29
Day 8 ······ 29
- 考点：组织设计 ······ 29
- 考点：组织设计的类型 ······ 30
- 考点：组织文化的作用 ······ 31
- 考点：组织文化的内容和结构 ······ 31

Day 9 ······ 33
- 考点：组织文化的类型 ······ 33
- 考点：组织文化与组织设计 ······ 33
- 考点：组织变革概述 ······ 33
- 考点：组织发展概述 ······ 34
- 模块：案例集锦 ······ 34
- 参考答案及解析 ······ 36

第二部分 人力资源管理

第四章 战略性人力资源管理 ······ 40
Day 10 ······ 40
- 考点：战略性人力资源管理与战略管理 ······ 40
- 考点：人力资源管理与战略规划和战略执行 ······ 41
- 考点：战略性人力资源管理的工具与步骤 ······ 42

Day 11 ······ 43
- 考点：人力资源战略及其与组织发展战略的匹配 ······ 43
- 考点：高绩效工作系统与人才管理 ······ 43
- 考点：人力资源管理数字化转型 ······ 44
- 模块：案例集锦 ······ 44
- 参考答案及解析 ······ 46

第五章 人力资源规划 ······ 50
Day 12 ······ 50
- 考点：人力资源规划的内容、流程与意义 ······ 50
- 考点：人力资源需求预测 ······ 51

考点：人力资源供给预测 ………………… 52
　Day 13 ……………………………………… 53
　　考点：人力资源供求平衡的基本对策 … 53
　　考点：人力资源供求平衡的方法分析 … 53
　Day 14 ……………………………………… 54
　　模块：案例集锦 ………………………… 54
　　　参考答案及解析 ……………………… 55
第六章　甄选 …………………………………… 59
　Day 15 ……………………………………… 59
　　考点：甄选的概念及其意义 …………… 59
　　考点：甄选的可靠性与有效性 ………… 59
　　考点：心理测试 ………………………… 61
　Day 16 ……………………………………… 62
　　考点：成就测试 ………………………… 62
　　考点：评价中心技术 …………………… 62
　　考点：面试 ……………………………… 63
　Day 17 ……………………………………… 65
　　考点：履历分析 ………………………… 65
　　模块：案例集锦 ………………………… 65
　　　参考答案及解析 ……………………… 67
第七章　绩效管理 ……………………………… 71
　Day 18 ……………………………………… 71
　　考点：绩效管理概述 …………………… 71
　　考点：战略性绩效管理 ………………… 72
　　考点：绩效计划 ………………………… 72
　Day 19 ……………………………………… 74
　　考点：绩效监控及辅导 ………………… 74
　　考点：绩效评价 ………………………… 74
　　考点：绩效管理工具 …………………… 75
　Day 20 ……………………………………… 77
　　考点：绩效反馈面谈 …………………… 77
　　考点：绩效改进 ………………………… 77
　　考点：绩效考核结果的应用 …………… 78
　　考点：团队绩效考核 …………………… 78
　　考点：国际人力资源的绩效考核 ……… 79
　Day 21 ……………………………………… 80
　　模块：案例集锦 ………………………… 80
　　　参考答案及解析 ……………………… 81
第八章　薪酬管理 ……………………………… 87
　Day 22 ……………………………………… 87
　　考点：战略性薪酬管理 ………………… 87
　　考点：薪酬体系设计的基本步骤 ……… 88
　　考点：职位评价流程及方法 …………… 88
　Day 23 ……………………………………… 90
　　考点：上市公司股权激励 ……………… 90
　　考点：非上市公司股权激励 …………… 91
　Day 24 ……………………………………… 92

　　考点：员工持股计划 …………………… 92
　　考点：经营者薪酬 ……………………… 92
　　考点：销售人员薪酬 …………………… 93
　　考点：驻外人员薪酬 …………………… 93
　　考点：专业技术人员薪酬 ……………… 93
　　考点：薪酬成本预算的方法 …………… 93
　　考点：薪酬成本的控制 ………………… 93
　　考点：企业人工成本 …………………… 93
　　模块：案例集锦 ………………………… 94
　　　参考答案及解析 ……………………… 96
第九章　培训与开发 …………………………… 102
　Day 25 ……………………………………… 102
　　考点：培训与开发的决策分析 ………… 102
　　考点：培训与开发决策的制定 ………… 102
　　考点：培训与开发的组织体系 ………… 102
　Day 26 ……………………………………… 104
　　考点：培训与开发效果的评估 ………… 104
　　考点：职业生涯管理概述 ……………… 104
　　考点：职业生涯管理的方法 …………… 105
　Day 27 ……………………………………… 106
　　考点：职业生涯管理效果的评估 ……… 106
　　考点：职业生涯管理的注意事项 ……… 106
　　　参考答案及解析 ……………………… 107
第十章　劳动关系 ……………………………… 110
　Day 28 ……………………………………… 110
　　考点：劳动关系的概念 ………………… 110
　　考点：劳动关系系统 …………………… 111
　　考点：劳动关系调整的原则 …………… 112
　Day 29 ……………………………………… 113
　　考点：我国调整劳动关系的制度和机制
　　　　　…………………………………… 113
　　考点：员工申诉管理 …………………… 113
　　考点：劳动争议调解管理 ……………… 113
　　　参考答案及解析 ……………………… 115

第三部分　人力资源经济分析

第十一章　劳动力市场理论 …………………… 118
　Day 30 ……………………………………… 118
　　考点：劳动力市场的概念与特征 ……… 118
　　考点：劳动力市场的结构 ……………… 119
　　考点：效率工资和晋升竞赛 …………… 120
　　考点：劳动力供给总量 ………………… 120
　Day 31 ……………………………………… 122
　　考点：个人及市场劳动力供给 ………… 122
　　考点：家庭劳动力供给与周期性劳动力
　　　　　供给 …………………………… 123
　　考点：劳动力需求及其影响因素 ……… 123

Day 32 ························· 125
考点：劳动力需求弹性与派生需求定理
··························· 125
考点：劳动力市场均衡及其变动 ··· 125
考点：劳动力市场非均衡及其影响因素
··························· 126
考点：劳动力市场政策 ··········· 126
Day 33 ························· 128
模块：案例集锦 ················· 128
参考答案及解析 ················· 130

第十二章　工资与就业理论 ········ 136
Day 34 ························· 136
考点：工资水平 ················· 136
考点：工资差别 ················· 137
考点：工资性报酬差别与劳动力市场歧视
··························· 138
Day 35 ························· 139
考点：就业与就业统计 ··········· 139
考点：失业与失业统计 ··········· 139
考点：失业率统计与劳动力市场的存量—流量模型 ··············· 139
考点：失业的类型及其成因与对策 ··· 140
参考答案及解析 ················· 141

第十三章　人力资本投资理论 ······ 145
Day 36 ························· 145
考点：人力资本投资理论的产生及其发展
··························· 145
考点：人力资本投资的基本模型 ··· 146
考点：高等教育投资决策的基本模型
··························· 146
考点：教育投资的收益估计及高等教育的信号模型 ··············· 147
Day 37 ························· 149
考点：在职培训及其基本类型 ····· 149
考点：在职培训的成本与收益及其安排
··························· 149
考点：在职培训对企业及员工行为的影响 ······················· 149
考点：劳动力流动及其利弊 ······· 150
考点：劳动力流动的主要影响因素 ··· 150
Day 38 ························· 152
考点：劳动力跨地区流动 ········· 152
考点：劳动力跨职业流动 ········· 152
考点：劳动力的跨产业流动及产业内流动
··························· 152
模块：案例集锦 ················· 152
参考答案及解析 ················· 155

第四部分　人力资源与社会保险政策

第十四章　劳动合同管理与特殊用工 ······
··························· 160
Day 39 ························· 160
考点：劳动合同履行的原则 ······· 160
考点：用人单位与劳动者履行劳动合同的义务 ··················· 161
考点：特殊情形下的劳动合同履行
··························· 161
考点：劳动合同变更 ············· 161
考点：劳动合同解除 ············· 161
考点：对用人单位解除劳动合同的限制
··························· 162
考点：劳动合同终止 ············· 163
Day 40 ························· 164
考点：用人单位解除、终止劳动合同的附随义务 ··················· 164
考点：培训服务期 ··············· 164
考点：竞业限制 ················· 164
考点：解除与终止劳动合同的经济补偿
··························· 165
考点：劳动规章制度的公示 ······· 166
考点：劳动规章制度的效力 ······· 166
考点：违反劳动规章制度的处理 ··· 166
考点：劳务派遣 ················· 166
Day 41 ························· 168
考点：非全日制用工 ············· 168
模块：案例集锦 ················· 168
参考答案及解析 ················· 171

第十五章　社会保险法律 ·········· 177
Day 42 ························· 177
考点：社会保险法律关系的概念 ··· 177
考点：社会保险法律关系的主体和客体
··························· 177
考点：社会保险法律适用的基本原则 ··· 178
Day 43 ························· 179
考点：《社会保险法》的立法依据 ··· 179
考点：《社会保险法》明确了各项社会保险制度的覆盖范围 ············ 179
参考答案及解析 ················· 180

第十六章　社会保险体系 ·········· 182
Day 44 ························· 182
考点：职工基本养老保险 ········· 182
考点：城乡居民基本养老保险 ····· 183
Day 45 ························· 184
考点：职工基本医疗保险 ········· 184

· 3 ·

考点：城乡居民基本医疗保险⋯⋯⋯ 184
考点：工伤保险⋯⋯⋯⋯⋯⋯⋯⋯ 184
Day 46 ⋯⋯⋯⋯⋯⋯⋯⋯⋯⋯⋯ 187
考点：失业保险⋯⋯⋯⋯⋯⋯⋯⋯ 187
考点：生育保险⋯⋯⋯⋯⋯⋯⋯⋯ 188
Day 47 ⋯⋯⋯⋯⋯⋯⋯⋯⋯⋯⋯ 189
考点：企业补充保险⋯⋯⋯⋯⋯⋯ 189
模块：案例集锦⋯⋯⋯⋯⋯⋯⋯⋯ 189
参考答案及解析⋯⋯⋯⋯⋯⋯⋯⋯ 191

第十七章 劳动争议调解仲裁⋯⋯⋯ 196
Day 48 ⋯⋯⋯⋯⋯⋯⋯⋯⋯⋯⋯ 196
考点：劳动争议的基本特征⋯⋯⋯ 196
考点：劳动争议处理机制⋯⋯⋯⋯ 196
考点：劳动争议处理的基本原则⋯ 197
考点：《中华人民共和国劳动争议调解仲裁法》的适用范围⋯⋯⋯⋯⋯⋯ 197
Day 49 ⋯⋯⋯⋯⋯⋯⋯⋯⋯⋯⋯ 198
考点：劳动争议处理机构⋯⋯⋯⋯ 198
考点：劳动争议调解⋯⋯⋯⋯⋯⋯ 198
考点：劳动争议仲裁⋯⋯⋯⋯⋯⋯ 198
考点：劳动争议当事人的权利和义务
⋯⋯⋯⋯⋯⋯⋯⋯⋯⋯⋯⋯⋯⋯⋯ 200
考点：劳动争议当事人的举证责任
⋯⋯⋯⋯⋯⋯⋯⋯⋯⋯⋯⋯⋯⋯⋯ 200
Day 50 ⋯⋯⋯⋯⋯⋯⋯⋯⋯⋯⋯ 201
考点：诉讼费用⋯⋯⋯⋯⋯⋯⋯⋯ 201
考点：劳动争议诉讼的司法解释规定
⋯⋯⋯⋯⋯⋯⋯⋯⋯⋯⋯⋯⋯⋯⋯ 201
模块：案例集锦⋯⋯⋯⋯⋯⋯⋯⋯ 202
参考答案及解析⋯⋯⋯⋯⋯⋯⋯⋯ 203

第十八章 法律责任与行政执法⋯⋯ 207
Day 51 ⋯⋯⋯⋯⋯⋯⋯⋯⋯⋯⋯ 207
考点：劳动法律责任形式⋯⋯⋯⋯ 207
考点：用人单位违反劳动法律的责任
⋯⋯⋯⋯⋯⋯⋯⋯⋯⋯⋯⋯⋯⋯⋯ 207
考点：劳动者违反劳动法律的责任⋯ 208
Day 52 ⋯⋯⋯⋯⋯⋯⋯⋯⋯⋯⋯ 209

考点：用人单位违反《社会保险法》的法律责任⋯⋯⋯⋯⋯⋯⋯⋯⋯⋯⋯ 209
考点：劳动保障监察的形式
⋯⋯⋯⋯⋯⋯⋯⋯⋯⋯⋯⋯⋯⋯⋯ 209
考点：人力资源和社会保障行政争议特点
⋯⋯⋯⋯⋯⋯⋯⋯⋯⋯⋯⋯⋯⋯⋯ 209
考点：人力资源和社会保障行政争议范围
⋯⋯⋯⋯⋯⋯⋯⋯⋯⋯⋯⋯⋯⋯⋯ 209
考点：行政复议的基本法律规定⋯ 210
参考答案及解析⋯⋯⋯⋯⋯⋯⋯⋯ 211

第十九章 宏观人力资源开发⋯⋯⋯ 214
Day 53 ⋯⋯⋯⋯⋯⋯⋯⋯⋯⋯⋯ 214
考点：人才评价机制改革⋯⋯⋯⋯ 214
考点：职业资格制度⋯⋯⋯⋯⋯⋯ 215
考点：职称制度⋯⋯⋯⋯⋯⋯⋯⋯ 215
考点：职业技能等级⋯⋯⋯⋯⋯⋯ 216
考点：创新创业激励⋯⋯⋯⋯⋯⋯ 216
考点：突出业绩奖励⋯⋯⋯⋯⋯⋯ 216
考点：收入分配制度⋯⋯⋯⋯⋯⋯ 216
Day 54 ⋯⋯⋯⋯⋯⋯⋯⋯⋯⋯⋯ 218
考点：公务员管理⋯⋯⋯⋯⋯⋯⋯ 218
考点：事业单位管理⋯⋯⋯⋯⋯⋯ 218
考点：干部管理⋯⋯⋯⋯⋯⋯⋯⋯ 219
考点：职业技能培训⋯⋯⋯⋯⋯⋯ 219
考点：专业技术人员继续教育⋯⋯ 219
考点：公务员培训⋯⋯⋯⋯⋯⋯⋯ 219
考点：事业单位工作人员培训⋯⋯ 220
考点：人力资源市场建设⋯⋯⋯⋯ 220
考点：人才流动管理⋯⋯⋯⋯⋯⋯ 221
考点：人力资源的国际流动⋯⋯⋯ 221
参考答案及解析⋯⋯⋯⋯⋯⋯⋯⋯ 222

思维导图⋯⋯⋯⋯⋯⋯⋯⋯⋯⋯⋯ 227
Day 55 ⋯⋯⋯⋯⋯⋯⋯⋯⋯⋯⋯ 227
Day 56 ⋯⋯⋯⋯⋯⋯⋯⋯⋯⋯⋯ 234
Day 57 ⋯⋯⋯⋯⋯⋯⋯⋯⋯⋯⋯ 247

全真机考模拟⋯⋯⋯⋯⋯⋯⋯⋯⋯ 255
Day 58 至 Day 60 ⋯⋯⋯⋯⋯⋯⋯ 255

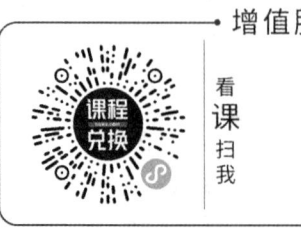

第一部分 组织行为学

第一章 组织激励

学习指导

本章知识点主要包括七大激励理论以及激励理论在实践中的应用,单项选择题、多项选择题和案例分析题均会出现。案例分析题的考查非常灵活,应在充分理解内容后再通过做题提高答题技巧。本章的考情特点是分值高、出题灵活,历年真题的简单变形题较多,切忌死记硬背。

时间	考点或模块
Day 1	➢需要与动机 ➢激励 ➢需要层次理论 ➢双因素理论 ➢ERG 理论
Day 2	➢三重需要理论 ➢公平理论 ➢期望理论 ➢强化理论
Day 3	➢目标管理 ➢参与管理 ➢绩效薪金制
Day 4	➢案例集锦

Day 1

考点: 需要与动机

1. [单项选择题] 关于动机的说法,错误的是(   )。
   A. 动机分为内在动机和外在动机
   B. 动机是人们从事某种活动、为某一目标付出努力的意愿,这种意愿取决于目标是否能够达到绩效要求
   C. 外源性动机是指人为了避免惩罚而做出某种行为
   D. 内源性动机是指员工看重的是工作本身

2. [多项选择题] 以下属于内源性动机的有（　　）。
   A. 社会地位
   B. 体现个人潜力的机会
   C. 晋升的机会
   D. 获得表扬
   E. 寻求挑战性工作的机会

✓ 考点：激励

3. [多项选择题] 从激励作用角度，可以将激励分为（　　）。
   A. 正向激励
   B. 自我激励
   C. 他人激励
   D. 物质激励
   E. 负向激励

4. [单项选择题] 关于激励的说法，错误的是（　　）。
   A. 激励是指人们从事某种活动、为某一目标付出努力的意愿
   B. 激励从内容角度可以分为物质激励和精神激励
   C. 激励从作用角度可以分为正向激励和负向激励
   D. 激励从对象角度可以分为他人激励和自我激励

✓ 考点：需要层次理论

5. [单项选择题] 马斯洛把人的需要划分为五种类型，不在其中的是（　　）。
   A. 安全需要
   B. 归属和爱的需要
   C. 生理需要
   D. 权力需要

6. [多项选择题] 根据马斯洛的需要层次理论的观点，说法正确的有（　　）。
   A. 马斯洛认为人类需要的强度并不都是相等的
   B. 管理者需要考虑员工不同层次的需要
   C. 需要层次理论十分可靠和准确，适用于复杂多变的实际环境
   D. 脱离危险的工作环境属于安全需要
   E. 五种层次的需求并不严格呈阶梯关系

7. [多项选择题] 马斯洛的需要层次理论对管理的建议有（　　）。
   A. 管理者需要考虑员工不同层次的需要
   B. 组织需要为员工每一层次的需要设计相应的激励措施
   C. 组织用于满足低层次需要的投入效益是递增的
   D. 组织着眼于员工更高层次的需要，对员工的激励可以使组织绩效得到明显提高
   E. 管理者需要考虑每个员工的特殊需要情况，从而相应地加以满足

8. [多项选择题] 关于马斯洛的需要层次理论的表述，正确的有（　　）。
   A. 生理需要是指对食物、水、居住场所等的需要
   B. 安全需要是指对身体安全和经济安全等的需要
   C. 归属和爱的需要是指受重视、被认同等的需要
   D. 尊重的需要包括内在尊重和外在尊重
   E. 自我实现的需要是指个人成长、发挥个人潜能、实现个人理想等的需要

9. [单项选择题] 马斯洛的需要层次理论中，属于内在尊重的是（　　）。
   A. 地位
   B. 认同
   C. 受重视
   D. 成就感

考点：双因素理论

10. [多项选择题] 根据双因素理论，下列不属于激励因素的有（　　）。
　　A. 别人的认可　　　　　　　　　B. 责任
　　C. 晋升　　　　　　　　　　　　D. 人际关系
　　E. 工资

11. [单项选择题] 根据双因素理论，员工感到不满的主要原因是（　　）。
　　A. 激励因素缺乏　　　　　　　　B. 保健因素缺乏
　　C. 激励因素充足　　　　　　　　D. 保健因素充足

12. [单项选择题] 根据赫茨伯格提出的双因素理论，属于保健因素的是（　　）。
　　A. 责任　　　　　　　　　　　　B. 成就感
　　C. 认可　　　　　　　　　　　　D. 工资

考点：ERG 理论

13. [多项选择题] 关于奥尔德佛的 ERG 理论的说法，正确的有（　　）。
　　A. 它认为低层次需要的满足是高层次需要产生的先决条件
　　B. 它是对马斯洛的五种需要层次的简单分类
　　C. 它把需要分为基本需要和高级需要
　　D. 它比马斯洛的需要层次理论更为灵活变通
　　E. 它认为各种需要都可以同时具有激励作用

14. [多项选择题] ERG 理论与需要层次理论的关系包括（　　）。
　　A. 生存需要＝全部生理需要＋部分安全需要
　　B. 生存需要＝全部生理需要
　　C. 关系需要＝部分安全需要＋全部归属和爱的需要＋部分尊重的需要
　　D. 成长需要＝部分尊重的需要＋全部自我实现需要
　　E. 成长需要＝全部自我实现需要

15. [多项选择题] 根据奥尔德佛的 ERG 理论，人的核心需要包括（　　）。
　　A. 成就需要　　　　　　　　　　B. 生存需要
　　C. 关系需要　　　　　　　　　　D. 权力需要
　　E. 成长需要

学习笔记

Day 2

考点：三重需要理论

1. [单项选择题] 关于麦克利兰三重需要理论的说法，错误的是（　　）。
   A. 管理上过分强调良好关系的维持通常会干扰正常的工作程序
   B. 成就需要高的人常常勇于挑战自我，选择高风险的目标
   C. 成就需要高的人通常只关心自己的工作业绩，但不一定能使别人干得出色，所以并不一定能成为一名优秀的管理者
   D. 权力需要高的人喜欢竞争，希望通过出色的成绩来匹配他们渴望的地位

2. [单项选择题] 根据三重需要理论，个体追求优越感的驱动力称为（　　）。
   A. 亲和需要　　　　　　　　B. 安全需要
   C. 权力需要　　　　　　　　D. 成就需要

3. [多项选择题] 根据麦克利兰提出的三重需要理论，人的核心需要包括（　　）。
   A. 生存需要　　　　　　　　B. 权力需要
   C. 亲和需要　　　　　　　　D. 成长需要
   E. 成就需要

4. [多项选择题] 关于权力需要的说法，错误的有（　　）。
   A. 权力需要是个体追求优越感的驱动力
   B. 权力需要喜欢支配、影响别人
   C. 权力需要强的人具有较强的责任感，在创造性活动中更容易获得成功
   D. 杰出的管理人员往往都有较强的权力欲望
   E. 高权力需要是高管理效能的一个条件，甚至是必要条件

5. [多项选择题] 关于亲和需要的说法，正确的有（　　）。
   A. 亲和需要是 ERG 理论强调的三种核心需要之一
   B. 亲和需要高的人往往在组织中充当被管理者的角色
   C. 亲和需要强的人在组织中更易受他人影响
   D. 亲和需要的一个重要特点是不在乎别人的感受
   E. 管理者一般应当具有较好的亲和需要

考点：公平理论

6. [多项选择题] 关于亚当斯公平理论的说法，正确的有（　　）。
   A. 人们不仅关心自己的绝对报酬，而且关心自己和他人工作报酬上的相对关系
   B. 员工倾向于将自己的产出投入比与他人的产出投入比相比较
   C. 员工所作的比较都是纵向的，即与组织内和组织外的其他人比较
   D. 辞职是感到不公平的员工恢复平衡的方式之一
   E. 对于有不公平感的员工应予以及时引导或调整报酬

7. [单项选择题] 公平理论认为，员工会将自己的产出与投入比与别人的产出与投入比进行比较。这里的"产出"是指（　　）。
   A. 工作经验　　　　　　　　B. 工作报酬

C. 工作绩效 D. 工作承诺

8. [多项选择题] 小张原本在 A 公司工作，后来跳槽到 B 公司，跳槽半年后，他发现新公司对自己努力工作的回报远不如 A 公司。根据公平理论，这种比较属于（　　）。
   A. 横向比较 B. 纵向比较
   C. 组织内自我比较 D. 组织外自我比较
   E. 组织外他比

9. [多项选择题] 按照组织激励的公平理论，感到不公平的员工用来恢复平衡的方式有（　　）。
   A. 改变自己的投入 B. 增加自己的产出
   C. 改变参照对象 D. 改变对产出的知觉
   E. 辞职

▼ 考点：期望理论

10. [单项选择题] 在期望理论中，员工对努力工作能够完成任务的信念强度是指（　　）。
    A. 效价 B. 期望 C. 工具性 D. 情景

11. [单项选择题] 期望理论可以用（　　）来加以表述。
    A. 结果＝效价×期望 B. 动机＝效价×工具性
    C. 动机＝效价×期望×工具性 D. 结果＝效价×期望×工具性

12. [单项选择题] 关于期望理论的表述，正确的是（　　）。
    A. 期望理论可以很好地解释每个人的动机
    B. 高奖励一定能够控制员工的行为
    C. 一名员工认为自己努力工作从而获得晋升的可能性为 80%，则期望值为 0.8
    D. 期望是指个人对绩效与获得报酬之间关系的估计

▼ 考点：强化理论

13. [单项选择题] 不考虑人的内在心态，而是注重行为及其结果的理论是（　　）。
    A. 目标设置理论 B. 强化理论
    C. 能力与机遇理论 D. 认知评价理论

14. [单项选择题] 以下关于强化理论观点的说法，正确的是（　　）。
    A. 行为的结果是行为的唯一控制因素
    B. 强化理论是地道的动机激励理论
    C. 强化理论考虑人的内在心态
    D. 强化理论是一种行为主义的观点

✎ 学习笔记

Day 3

▼ **考点**：目标管理

1. [多项选择题] 目标管理的要素包括（　　）。
   A. 技能薪酬
   B. 不限期完成
   C. 参与决策
   D. 绩效反馈
   E. 目标具体化

2. [单项选择题] 关于目标管理的说法，正确的是（　　）。
   A. 要求明确、具体地描述预期的结果指的是参与决策
   B. 限期完成指的是规定目标完成的时间期限，以及每一阶段任务完成的期限
   C. 完整的目标管理包括限期完成和参与决策两个要素
   D. 实施目标管理时，绩效反馈仅针对基层的员工

3. [单项选择题] 不能由上级单方面制定下属的工作目标，这反映了目标管理中的（　　）。
   A. 目标具体化
   B. 参与决策
   C. 限期完成
   D. 绩效反馈

▼ **考点**：参与管理

4. [多项选择题] 管理者将权力与员工分享的理由不包括（　　）。
   A. 考虑员工对参与的需要
   B. 工作复杂
   C. 参与使员工有认同感
   D. 在行动前，要有充裕的时间来进行参与
   E. 工作任务相互依赖程度高

5. [多项选择题] 若要推行参与管理有成效必须符合的条件包括（　　）。
   A. 在行动前，要有充裕的时间来进行参与
   B. 员工参与的问题不必与其自身利益相关
   C. 员工必须具有参与的能力
   D. 参与不应使员工和管理者的地位和权力受到威胁
   E. 组织文化必须支持员工参与

6. [单项选择题] 关于有效推行参与管理的条件的说法，错误的是（　　）。
   A. 组织文化必须支持员工参与
   B. 不应使员工和管理者的地位和权力受到威胁
   C. 员工参与的问题必须与其自身利益无关
   D. 在行动前要让员工有充裕的时间进行参与

▼ **考点**：绩效薪金制

7. [多项选择题] 关于绩效薪金制度的说法，正确的有（　　）。
   A. 绩效薪金制中的绩效只能是个人绩效
   B. 绩效薪金制的基础是公平、量化的绩效评估体系
   C. 常用的绩效薪金制有计件工资、利润分成、随机奖励等

D. 对管理者实施按利分红也是绩效薪金制
E. 绩效薪金制的优点是减少了管理者的工作量

8. ［单项选择题］绩效薪金制同（　　）关系比较密切。
   A. 期望理论　　　　　　　　　　B. 强化理论
   C. 双因素理论　　　　　　　　　D. 公平理论

9. ［单项选择题］关于斯坎伦计划的表述，错误的是（　　）。
   A. 斯坎伦计划融合了参与管理和绩效薪金制两种概念
   B. 主张效率提升后所增加的效益应与员工共同分享
   C. 成功与否的关键在于劳资双方是否能够彼此相互信赖，以及整个组织中所有员工是否对这一制度报以强烈的认同感
   D. 需要一个要素，即设置一个委员会

✎ 学习笔记

Day 4

▽ 模块：案例集锦

1. [案例分析题] 小高和小李毕业后同时被一家大公司录取，被分配在两个不同的部门工作。小高所在部门的经理业务能力很强，工作勤奋，曾在公司的一些开创性活动中取得了令人羡慕的成绩。小高为能在这样的主管领导下工作感到非常高兴。小李所在部门的经理业务能力不是很强，却喜欢支配人，时常向下属"发号施令"，但也关注下属的工作并给予激励。为此，小李感到不是很满意。尽管如此，小李也像小高那样努力工作。一段时间之后，两个人都凭借扎实的专业知识和努力成为公司的骨干，但两个人的心情却发生了改变。小高感到部门经理似乎并不关心他的工作成绩，部门的工作也缺乏适当的管理。小李心情愉快，因为部门经理很关心他的工作绩效，常常给予激励。

根据以上材料，回答下列问题：

(1) 根据小高部门经理在工作中的表现，其具有的需要类型的特征是（　　）。

　　A. 选择做有适度风险的工作　　　　B. 希望得到更高的职位
　　C. 有较强的责任感　　　　　　　　D. 喜欢及时看到自己工作的绩效和评价

(2) 根据三重需要理论，从小李所在部门经理的表现中可以看出，其经理属于（　　）较高的人。

　　A. 亲和需要　　B. 权力需要　　C. 成就需要　　D. 安全需要

(3) 若想成为杰出的管理者，应当具备较强的（　　）。

　　A. 成就需要　　　　　　　　　　　B. 权力需要
　　C. 亲和需要　　　　　　　　　　　D. 工作需要

2. [案例分析题] 张明是一家著名高科技企业的人力资源总监，企业成立时他就负责人力资源工作，公司的主要领导对他很信任，有关人事方面的事情都是他说了算，他的激励方法就是支付高额奖金。经过十几年的努力，这家公司发展成为一家大型的企业。公司的业务也由以前的软件开发延伸到下游的测评、咨询和规划等方面。但不知什么缘故，最近这些新业务部门的员工，如销售部门和咨询部门的员工对张明的意见很大，他们认为张明制定的激励措施没有考虑到他们的工作性质，他们加班不需要待在办公室，按照在办公室加班时间来发奖金不公平。此外，他们向总经理反映张明不懂人力资源的管理，这让张明很恼火，他认为用高额奖金激励员工没有什么不对，多劳多得不正是我们所提倡的吗？

根据以上材料，回答下列问题：

(1) 用马斯洛的需求层次理论解释张明的做法，正确的是（　　）。

　　A. 张明没有充分考虑到员工的自我实现的需要
　　B. 用高额奖金满足员工生理需要的投入收益是递增的
　　C. 奖金一定能够满足员工的高级需要
　　D. 不同部门员工的需要应该一致

(2) 如果张明按照双因素理论的观点来摆脱面临的困境，他应该（　　）。

　　A. 用更加严格的制度管理员工　　　B. 给员工减发奖金
　　C. 让员工感到自己的工作有成就感　D. 让员工在工作中承担更多的责任

(3) 上述情境中，员工的不满来自（　　）。
　　A. 张明用单一的方式对待每一个员工　　B. 张明没有考虑到咨询等部门的特点
　　C. 计发奖金的方式不公平　　D. 认为张明用人唯亲
(4) 要让员工觉得公平，张明今后应该（　　）。
　　A. 多和员工沟通，了解不同员工的不同需求
　　B. 对不同部门员工的业绩衡量采取不同的标准
　　C. 加强自己的领导权威
　　D. 考虑不同部门工作性质的差异，制定与员工贡献相匹配的奖励方案

3.［案例分析题］A 公司最近采用新的管理方式，允许员工对直接影响他们工作的决策有更多的发言权，管理人员不仅要倾听员工的意见，而且要对员工提出的许多意见予以采纳，比如企业在招聘新员工时，会让与候选人工作相关的员工一起参与面试，并听取他们的甄选建议。B 公司管理强调通过群体共同参与制定具体的、可行的而且能够客观衡量的目标。在实施这项决定之后，公司整体生产力大有提高，创造的价值合计达 5 000 万美元。C 公司则采用将绩效与报酬相结合的方式，最大限度地激发员工积极性。

　　根据以上材料，回答下列问题：
(1) 关于 A 公司的说法，错误的是（　　）。
　　A. 这种管理方式符合公平理论的主张
　　B. 质量监督小组是其常见的模式
　　C. 公司就是让下属人员实际分享上级的决策权
　　D. 这种管理方式会尤其受到年轻一代和高学历员工的重视
(2) B 公司采取的管理方式可以称为（　　）。
　　A. 参与管理　　B. 目标管理
　　C. 人性化管理　　D. 优化管理
(3) 关于 C 公司管理方式的说法，正确的是（　　）。
　　A. 其最主要的优点是能够减少企业成本
　　B. C 公司可以采用计件工资的方式
　　C. 同期望理论关系密切
　　D. 绩效可以是个人绩效、部门绩效和组织绩效

✏ 学习笔记

参考答案及解析

Day 1

1. B [解析] 动机是人们从事某种活动、为某一目标付出努力的意愿，这种意愿取决于目标是否能够满足人的需要，而不是绩效要求，B 项错误。

2. BE [解析] 外源性动机包括工资、奖金、表扬、社会地位等；内源性动机包括寻求挑战性的工作机会、获得为工作和组织做贡献的机会以及充分体现个人潜力的机会。

3. AE [解析] 激励的类型划分：①从激励内容的角度，激励可分为物质激励、精神激励；②从激励作用的角度，激励可分为正向激励、负向激励；③从激励对象的角度，激励可分为他人激励、自我激励。

4. A [解析] 激励是通过满足员工的需要而使其努力工作，从而实现组织目标的过程。动机是人们从事某种活动、为某一目标付出努力的意愿，这种意愿取决于目标能否以及在多大程度上能够满足人的需要。

5. D [解析] 人具有五种主要的需要，按照从低到高的顺序分别为：生理需要、安全需要、归属和爱的需要、尊重的需要、自我实现的需要。

6. ABD [解析] 需要层次理论不十分可靠和准确，不完全适用于复杂多变的实际环境。C 项错误。E 项不属于马斯洛自己的观点，错误。

7. ABDE [解析] 马斯洛需要层次理论在管理上的应用为：①管理者需要考虑员工不同层次的需要；②考虑员工的特殊需求；③需要层次理论表明组织用于满足低层次需要的投入效益是递减的。C 项错误。

8. ABDE [解析] 归属和爱的需要包括情感、归属、被接纳、友谊等需要，如获得友好和睦的同事。尊重需要包括内在尊重（如自尊心、自主权、成就感等）的需要和外部的尊重（如地位、认同、受重视等）的需要，C 项错误。

9. D [解析] 尊重需要包括内在尊重（如自尊心、自主权、成就感等）的需要和外部的尊重（如地位、认同、受重视等）的需要。

10. DE [解析] 激励因素是指成就感、别人的认可、工作本身、责任和晋升等因素。保健因素是指组织政策、监督方式、人际关系、工作环境和工资等因素。

11. B [解析] 根据表格可以看出，保健因素缺乏是员工感到不满的原因，所以 B 项正确。

因素	具备	缺失
激励因素	满意	没有满意
保健因素	没有不满	不满

12. D [解析] 保健因素是指组织政策、监督方式、人际关系、工作环境和工资等因素。

13. DE [解析] ERG 理论并不只是简单地把马斯洛的五种需要层次化简为三大类，更为灵活变通，该理论的独特之处在于：它认为，各种需要可以同时具有激励作用，这与马斯洛需要层次理论主张的低层次需要的满足是高层次需要的先决条件有所不同。A、B 两项错误。该理论认为人有三种核心需要：生存需要、关系需要、成长需要。C 项错误。

14. ACD ［解析］生存需要＝全部生理需要＋部分安全需要；关系需要＝部分安全需要＋全部归属和爱的需要＋部分尊重的需要；成长需要＝部分尊重的需要＋全部自我实现需要。

15. BCE ［解析］奥尔德佛认为人有三种核心需要，即生存需要、关系需要、成长需要。通过 ERG 理论的三个英文字母即可作答。

Day 2

1. B ［解析］成就需要高的人特点之一是选择适度的风险。成就需要高的人追求的不是无限高的目标，而是现实的成就，他们既不甘愿去做那些过于轻松简单而无大价值的事，也不愿冒太大的风险去做那些不太可能做到的事，因为那样就不可能体验到成就感。B 项错误。

2. D ［解析］成就需要指个体追求优越感的驱动力，或者参照某种标准去追求成就感，寻求成功的欲望。权力需要是指促使别人顺从自己意志的欲望。亲和需要是指寻求与别人建立友善且亲近的人际关系的欲望。

3. BCE ［解析］麦克利兰提出的三重需要理论认为人有三种需要，即成就需要、权力需要和亲和需要。

4. AC ［解析］权力需要是指促使别人顺从自己意志的欲望。成就需要是指个体追求优越感的驱动力，A 项错误。成就需要高的人具有较强的责任感，在创造性活动中更容易获得成功，C 项错误。

5. BC ［解析］三重需要理论包括成就需要、权力需要和亲和需要，而非 ERG 理论，A 项错误。亲和需要强的人往往重视被别人接受和喜欢，他们追求友谊和合作，容易与人形成良好的人际关系，易被别人影响，D 项错误。许多出色的经理的亲和需要相对较弱，因为在管理上过分强调良好关系的维持通常会干扰正常工作程序，E 项错误。

6. ABDE ［解析］公平理论认为：人们不仅关心自己的绝对报酬，而且关心自己和他人工作报酬上的相对关系；员工倾向于将自己的产出与投入的比率与他人（成为对照者）的产出与投入的比率相比较，来进行公平判断。比较角度有纵向比较（组织内自我比较、组织外自我比较）和横向比较（组织内他比、组织外他比）。C 项错误。

7. B ［解析］公平理论中的"投入"可以理解为员工的付出，包括员工所受的教育、资历、工作经验、忠诚和承诺、时间和努力、创造力、工作绩效。公平理论中的"产出"可以理解为员工觉察到从工作或雇主那里获得的报酬，包括直接的工资和奖金、额外福利、工作安全。

8. BD ［解析］小张将自己在不同组织中的工作和待遇进行比较，这属于在组织外的自我比较，同时也属于纵向比较。

9. ACDE ［解析］公平理论中员工恢复公平的方法包括：①改变自己的投入或产出；②改变对照者的投入和产出；③改变对投入或产出的知觉；④改变参照对象；⑤辞职。

10. B ［解析］期望是指员工对努力工作能够完成任务的信念强度，是个人对努力产生成功绩效的概率估计。

11. C ［解析］期望理论认为，动机（激励程度）取决于三种因素的共同作用，它们之间的关系是：效价×期望×工具性＝动机。该理论特色：强调情景，认为没有哪一种单一原则可用来解释每一个人的动机。产生最强动机的组合是高的正效价、高期望和高工具性。

12. C [解析] 期望理论具有情境性，不能解释每个人的动机，A项错误。许多管理者认为高奖励一定能够控制员工的行为，这种想法并不总能奏效，B项错误。工具性是指个人对绩效与获得报酬之间关系的估计，D项错误。

13. B [解析] 强化理论的特点是并不考虑人的内在心态，而注重行为和结果。严格来说，强化理论并不是地道的动机激励理论。

14. D [解析] 强化理论认为行为的结果对行为本身有强化作用，它是行为的主要的驱动因素，却不是行为的唯一控制因素。A项错误。严格来说，强化理论并不是地道的动机激励理论。B项错误。强化理论不考虑人的内在心态。C项错误。

Day 3

1. CDE [解析] 目标管理的要素包括目标具体化、参与决策、限期完成、绩效反馈。

2. B [解析] 要求明确、具体地描述预期的结果是指目标具体化，不是参与决策，A项错误。完整的目标管理包括目标具体化、参与决策、限期完成、绩效反馈四个因素，C项错误。实施目标管理时，绩效反馈不仅针对基层员工，而且针对各级主管人员，使他们能随时了解部门工作的近况，D项错误。

> ●考点再现
>
> Q_{1-2}　目标管理的要素包括：①目标具体化。要求明确、具体地描述预期的效果。②参与决策。要求涉及目标的所有群体共同制定目标，而非上级单方面制定。③限期完成。规定目标完成的时间期限，以及每一阶段任务完成的期限。④绩效反馈。不断给予员工关于目标实现程度或接近目标程度的反馈，使其了解和掌握进度，及时地进行自我督促和矫正，最终达到目标，这种反馈不仅针对基层的员工，也针对各级主管人员。

3. B [解析] 参与决策是指在制定工作目标时，要求涉及目标的所有群体共同制定目标，并共同规定如何衡量目标的实现程度，而不是由上级单方面制定下级的工作目标。

4. AD [解析] 管理者将权力与员工分享的理由包括：①当工作十分复杂时，管理人员无法了解员工所有的情况和各个工作细节，若允许员工参与决策，可以了解更多情况的人有所贡献；②现代工作任务相互依赖性高，有必要倾听其他部门的意见，而且彼此协商之后产生的决定，各方面都可以推行；③参与决策可以使参与者对做出的决定有认同感，有利于决策的执行；④参与工作可以提供工作的内在奖赏，使工作显得更有趣、更有意义。

5. ACDE [解析] 若要推行参与管理有成效必须符合以下条件：①在行动前，要有充裕的时间进行参与；②员工参与的问题必须与其自身利益相关；③员工必须具有参与的能力，如智力、知识技术、沟通技巧等；④参与不应使员工和管理者的地位和权力受到威胁；⑤组织文化必须支持员工参与。

6. C [解析] 推行参与管理的条件包括：①在行动前，要有充裕的时间来进行参与；②员工参与的问题必须与其自身利益相关（C项错误）；③员工必须具有参与的能力，如智力、知识技术、沟通技巧等；④参与不应使员工和管理者的地位和权力受到威胁；⑤组织文化必须支持员工参与。此外，还考虑员工对参与的需要。

7. BDE [解析] 绩效可以是个人绩效、部门绩效和组织绩效，A项错误。常用的绩效薪金制有计件工资、利润分成、工作奖金、按利分红等，随机奖励不是绩效薪金制，C项错误。

8. A [解析] 绩效薪金制同期望理论关系比较密切。

9. D [解析] 斯坎伦计划的两要素：一个是设置一个委员会；二是制定一套分享成本降低所带来利益的计算方法。D项错误。

Day 4

1. （1）ACD [解析] 成就需要高的人有一些突出特点，其中之一是选择适度的风险。另一个特点是，有较强的责任感。第三个特点是，喜欢能够得到及时的反馈、喜欢及时看到自己工作的绩效和评价，因为这是产生成就感的重要方式。

    （2）B [解析] 权力需要高的人喜欢支配、影响别人，喜欢对人"发号施令"，十分重视争取地位和影响力。

    （3）B [解析] 权力需要的人喜欢竞争，他们会追求出色的成绩，因为这样才能与他们所具有的或所渴望的地位或权力相称，杰出的管理者往往都有较强的权力欲望。

2. （1）A [解析] 自我实现需要包括个人成长、发挥个人潜能、实现个人理想的需要。他认为用高额奖金激励员工没有什么不对，没有充分考虑到员工的自我实现的需要。

    （2）CD [解析] 激励因素是指成就感、别人的认可、工作本身、责任和晋升等因素。具备这些因素可以令员工满意。

    （3）ABC [解析] 他们认为张明制定的激励措施没有考虑到他们的工作性质，他们加班不需要待在办公室，按照在办公室加班时间来发奖金不公平，从这点可以看出张明用单一的方式对待每一个员工，没有考虑到咨询等部门的特点，计发奖金的方式不公平。

    （4）ABD [解析] 公平理论在管理上的应用有：①根据员工对工作和组织的投入给予报酬，并确保不同的员工的投入/产出比大致是相同的，以保持员工的公平感；②应经常注意了解员工的公平感。根据案例内容，张明应该考虑不同部门工作性质的差异，制定与员工贡献相匹配的奖励方案，多和员工沟通，了解不同员工的不同需求，对不同部门的员工的业绩衡量采取不同的标准。

3. （1）A [解析] 参与管理符合双因素理论的主张，即提高工作本身的激励作用，给与员工成长、承担责任和参与决策的机会。从ERG理论看，参与管理有助于满足员工对责任、成就感、认同感、成长以及自尊的需要。A项错误。

    （2）B [解析] 目标管理基本核心是：强调通过群体共同参与制定具体的、可行的而且能够客观衡量的目标。

    （3）BCD [解析] 绩效薪金制最主要的优点在于它可以减少管理者的工作量，因为员工为了获得更高的薪金会自发地努力工作，而不需要管理者的监督。A项错误。

本章学习检查表

知识点或模块名称	初次学习		第一次复习		第二次复习	
	做对题目数/总题目数	学习日期	做对题目数/总题目数	复习日期	做对题目数/总题目数	复习日期
需要与动机						
激励						
需要层次理论						
双因素理论						
ERG 理论						
三重需要理论						
公平理论						
期望理论						
强化理论						
目标管理						
参与管理						
绩效薪金制						
案例集锦						

填写建议：

"做对题目数/总题目数"记录针对该知识点自己做题的情况，比如该知识点总题目数为10题，做对了其中7题，记录为7/10。

"学习日期"记录自己学习该知识点时的日期，建议把下一次复习的日期也写上。

本章强化测试

扫码做题

备忘录：

第二章　领导行为

学习指导

本章知识点主要包括领导行为的相关理论，考查细致，需要全面掌握内容，单项选择题、多项选择题和案例分析题均会出现。本章的考情特点是分值较高，应在理解的基础上掌握，切忌死记硬背。

时间	考点或模块
Day 5	➢ 特质理论 ➢ 交易型和变革型领导理论 ➢ 魅力型领导理论 ➢ 路径—目标理论 ➢ 权变理论
Day 6	➢ 领导—成员交换理论 ➢ 早期关于领导的研究 ➢ 俄亥俄与密歇根模式 ➢ 管理方格图与生命周期理论 ➢ 领导技能
Day 7	➢ 决策过程 ➢ 决策模型 ➢ 决策风格 ➢ 案例集锦

▶▶▶ Day 5

考点：特质理论

1. [单项选择题] 关于领导的说法，错误的是（　　）。
   A. 领导必须具有影响力，而影响力必须来源于组织的正式任命
   B. 领导必须具有指导和激励的能力
   C. 领导是一种影响群体，影响他人，以达成组织目标的能力
   D. 领导帮助个体和群体确认目标，并激励他们达到一定的目标

2. [单项选择题] 根据吉伯的观点，下列属于领导的重要特质的是（　　）。
   A. 良好的人际关系能力　　　　　　B. 自信
   C. 勇于实践　　　　　　　　　　　D. 内向

3. [单项选择题] 认为领导者具有某些固定特质且这些特质是与生俱来的观点出自（　　）。
   A. 交易型和改变型领导理论　　　　B. 特质理论
   C. 魅力型领导理论　　　　　　　　D. 路径—目标理论

4. [多项选择题] 特质理论的缺陷和不足表现在（   ）。
   A. 忽视了下属的需要
   B. 忽视了情境因素
   C. 没有指出固有的特质
   D. 没有指明各种特质之间的相对重要性
   E. 没有区分原因和结果

考点：交易型和变革型领导理论

5. [单项选择题] 关注任务的完成以及员工的顺从，更多依靠奖励和惩罚来影响员工的绩效，这是（   ）领导的主要特点。
   A. 交易型
   B. 变革型
   C. 魅力型
   D. 特质型

6. [多项选择题] 交易型领导的特征包括（   ）。
   A. 放任
   B. 激励
   C. 差错管理
   D. 奖励
   E. 魅力

7. [多项选择题] 关于交易型和变革型领导的说法，正确的有（   ）。
   A. 交易型领导强调任务的明晰度、工作的标准和产出
   B. 交易型领导能为组织制定明确的愿景
   C. 交易型领导更多依靠组织的奖励和惩罚来影响员工的绩效
   D. 交易型领导很关注任务的完成及员工的顺从
   E. 交易型领导更多地通过自己的领导风格来影响员工和团队的绩效

8. [单项选择题] 根据美国心理学家伯恩斯的观点，属于交易型领导特征的是（   ）。
   A. 魅力
   B. 差错管理
   C. 智慧型刺激
   D. 个性化关怀

考点：魅力型领导理论

9. [单项选择题] 有些领导者自信并且信任下属，对下属有高度的期望，有理想化的愿景，并具有个性化风格，这种类型的领导属于（   ）。
   A. 魅力型领导
   B. 交易型领导
   C. 支持型领导
   D. 成就取向式领导

10. [多项选择题] 魅力型领导者的非道德特征包括（   ）。
    A. 为集体利益使用权力
    B. 经常采取双向沟通
    C. 努力提升自己的个人愿景
    D. 培训、指导并且支持下属，与他人分享
    E. 遵循外在道德标准

11. [单项选择题] 关于魅力型领导理论的陈述，错误的是（   ）。
    A. 魅力型领导是指自信并且信任下属，对下属有高的期望，有理想化的愿景，使用个性化风格的领导者
    B. 魅力型领导会对追随者产生影响，促使追随者获得高于期望的绩效以及强烈的归属感
    C. 在追随者自我意识和自我管理水平较低的情况下，魅力型领导更加有效
    D. 魅力本身是一个归因现象，会随情境发生变化

12. [单项选择题] 根据美国心理学家罗伯特·豪斯的观点，不属于魅力型领导特点的是（　　）。
    A. 高大英俊
    B. 共情
    C. 自信
    D. 印象管理技能

▼ 考点：路径—目标理论

13. [单项选择题] 根据豪斯的路径—目标理论，主动征求并采纳下属意见的领导行为属于（　　）。
    A. 指导型领导
    B. 参与型领导
    C. 独裁型领导
    D. 支持型领导

14. [多项选择题] 罗伯特·豪斯在路径—目标理论中确定的领导行为包括（　　）。
    A. 支持型领导
    B. 参与型领导
    C. 成就取向型领导
    D. 指导型领导
    E. 权变型领导

15. [单项选择题] 与豪斯的路径—目标理论不相符合的是（　　）。
    A. 领导者能够根据不同情况表现出不同的领导行为
    B. 不同的领导行为适用于不同的环境因素和个人特征
    C. 对于能力强的下属，指导型领导可以带来更高的业绩和满意度
    D. 领导者的主要任务是帮助下属达成目标并提供必要的支持和领导

16. [单项选择题] 在路径—目标理论中，以下不属于环境因素的是（　　）。
    A. 工作团队
    B. 内—外控
    C. 工作结构
    D. 正式的权力系统

▼ 考点：权变理论

17. [单项选择题] 按照费德勒的领导权变理论，情境性因素的构成维度不包括（　　）。
    A. 领导与下属的关系
    B. 组织文化
    C. 职权
    D. 工作结构

18. [单项选择题] 根据权变理论，如果一个领导人对他最不喜欢的工作伙伴也用肯定性的形容词去描述，说明他属于（　　）。
    A. 关系取向型
    B. 权威取向型
    C. 社会取向型
    D. 工作取向型

19. [多项选择题] 依据领导权变理论的观点，能使工作取向型的绩效高的情境有（　　）。
    A. 上下级关系坏、工作结构化程度低、领导者职权小
    B. 上下级关系好、工作结构化程度高、领导者职权大
    C. 上下级关系坏、工作结构化程度高、领导者职权大
    D. 上下级关系好、工作结构化程度低、领导者职权大
    E. 上下级关系好、工作结构化程度低、领导者职权小

✎ 学习笔记

Day 6

▽ **考点**：领导—成员交换理论

1. [单项选择题] 关于领导—成员交换理论的说法，错误的是（　　）。
   A. 属于"圈里人"的下属与领导打交道时，比"圈外人"困难少，能够感觉到领导者对他们的关心
   B. 团体中领导者与下属在确立关系和角色的早期，就把下属分成"圈里人"和"圈外人"两个类别
   C. 领导者倾向于对"圈里人"投入比"圈外人"更多的时间、感情，很少采用正式领导权威
   D. 领导—成员交换理论认为，这种交换过程是一个单向的过程

▽ **考点**：早期关于领导的研究

2. [单项选择题] 道格拉斯·麦克格雷格的Y理论代表了（　　）。
   A. 启发性、人性化管理风格
   B. 管理者中心
   C. 决策中的指导
   D. 传统权威的管理风格

3. [单项选择题] 研究发现，儿童行为倾向于要么富有攻击性，要么缺乏感情。这种属于（　　）领导方式。
   A. 放任型　　　　　　　　　　　B. 独裁型
   C. 民主型　　　　　　　　　　　D. 监督型

▽ **考点**：俄亥俄与密歇根模式

4. [单项选择题] 关于研究领导行为的俄亥俄模式的说法，错误的是（　　）。
   A. 工作管理是指领导者为了达成目标而在规定自己与下属的角色时所从事的行为活动
   B. 关心人是指领导者注重人际关系，尊重和关心下属的建议与情感
   C. 高度人际取向的领导者帮助下属解决个人问题
   D. 高度工作取向的领导者更加友善而平易近人，公平地对待每个人

5. [多项选择题] 俄亥俄模式的观点包括（　　）。
   A. 员工取向：关注人际关系，主动了解并积极满足员工需要
   B. 生产取向：强调工作技术和任务进度，关心工作目标的达成
   C. 支持员工取向领导作风
   D. 工作管理：领导者为了达成目标而在规定或确定自己与下属的角色时所从事的行为活动
   E. 关心人：领导者注重人际关系，尊重和关心下属的建议和情感，更愿意建立相互信任的工作关系

6. [单项选择题] 关于领导风格的密歇根模式的说法，正确的是（　　）。
   A. 密歇根模式支持员工取向的领导作风
   B. 密歇根模式和俄亥俄模式不能相互印证
   C. 密歇根模式所罗列的两个维度在性质上与俄亥俄模式不同

D. 密歇根模式是管理方格图理论的进一步发展

▽ 考点：管理方格图与生命周期理论

7. [单项选择题] 布莱克和默顿的管理方格图中，位于坐标（9，9）位置的领导风格具有的特点是（　　）。
   A. 关心任务但不关心人
   B. 关心人但不关心业务
   C. 既关心任务又关心人
   D. 既不关心任务又不关心人

8. [单项选择题] 管理方格图的二维坐标方格中，其横坐标为（　　）。
   A. 关心人
   B. 关心任务
   C. 关系取向
   D. 工作管理

9. [单项选择题] 根据生命周期理论，具有低工作—高关系特点的领导风格是（　　）。
   A. 指导式
   B. 推销式
   C. 参与式
   D. 授权式

10. [单项选择题] 根据生命周期理论，不仅表现出指导行为，而且富于支持行为的领导属于（　　）。
    A. 参与式领导
    B. 推销式领导
    C. 指导式领导
    D. 授权式领导

11. [单项选择题] 关于生命周期理论的说法，错误的是（　　）。
    A. 生命周期理论认为影响领导者风格的重要因素是领导者的成熟程度
    B. 成熟度可以分为工作成熟度和心理成熟度
    C. 生命周期理论将关系取向和工作取向相结合，得出四种领导风格
    D. 生命周期理论是管理方格理论的扩展

▽ 考点：领导技能

12. [单项选择题] 关于领导者技能的说法，错误的是（　　）。
    A. 领导者并不一定需要熟练掌握他所管理的团队的技术技能
    B. 管理层级越高，越需要制定长期计划，工作中概念技能所占的比例也就越大
    C. 组织中较低层次的领导只要带领下属完成工作目标即可，不需要人际技能
    D. 成功的领导依赖于合适的行为、技能和行动

13. [多项选择题] 领导者的技能包括（　　）。
    A. 技术技能
    B. 人际技能
    C. 概念技能
    D. 工作技能
    E. 激励技能

14. [单项选择题] 会计人员、工程师、文字处理人员和工具制造者所学习到的技能属于（　　）技能。
   A. 学习 B. 人际
   C. 技术 D. 概念

✎ 学习笔记

Day 7

考点：决策过程

1. [多项选择题] 明茨伯格及其同事所提出的决策过程包括（　　）。
   A. 发展阶段
   B. 确认阶段
   C. 整合阶段
   D. 选择阶段
   E. 设计阶段

2. [多项选择题] 美国心理学家赫伯特·西蒙认为，决策过程可以分为（　　）。
   A. 智力活动　　B. 情感活动　　C. 意志活动　　D. 选择活动
   E. 设计活动

3. [单项选择题] 在西蒙的决策过程理论中，对环境进行分析，确定决策的情境的行为属于（　　）。
   A. 设计活动阶段
   B. 制定活动阶段
   C. 智力活动阶段
   D. 选择活动阶段

考点：决策模型

4. [单项选择题] 西蒙的有限理性决策模型认为，决策者在决策时依据的是（　　）原则。
   A. 最大化　　B. 经济　　C. 满意　　D. 简化

5. [多项选择题] 在决策过程中存在投入增加现象，也即人们坚持错误决策的倾向，下列可能导致投入增加现象的因素包括（　　）。
   A. 投资回报延期
   B. 管理者无法进行有效的理性决策
   C. 决策者想要维护自己的面子
   D. 组织的沟通体系失效
   E. 决策者拒绝变革

6. [单项选择题] 关于决策模型的说法，正确的是（　　）。
   A. 社会模型认为人类可以在无意识的需求驱动下进行有效的理性决策
   B. 社会模型将人们存在的坚持错误决策的倾向称为投入的减少
   C. 有限理性决策模型认为决策者追求的是满意而非最大化
   D. 理性决策模型认为决策者无法知道所有备选方案

7. [单项选择题] 关于有限理性决策模型的说法，错误的是（　　）。
   A. 在选择备选方案时，决策者试图使自己满意
   B. 决策者所认知的世界是真实世界的简化模型
   C. 有限理性决策模型中的理性受到了一定的限制
   D. 有限理性决策模型与理性决策模型存在质的差异

考点：决策风格

8. [单项选择题] 决策风格中，具有高模糊耐受性且倾向于使用独裁的领导风格属于（　　）。
   A. 指导型　　B. 分析型　　C. 概念型　　D. 行为型

9. [多项选择题] 领导者决策风格取决于（　　）。
   A. 价值取向　　B. 心理成熟度　　C. 工作成熟度　　D. 模糊耐受性
   E. 社会环境

10. [单项选择题] 有效的、合乎逻辑的、程序化和系统化地解决问题，决策者喜欢关注事实，迅速完成工作，喜欢使用权力和控制感，这种决策风格属于（ ）。

　　A. 指导型　　　　B. 分析型　　　　C. 概念型　　　　D. 行为型

▼ 模块：案例集锦

11. [案例分析题] 为了提高党政基层机构的执政能力，某市市委为200多名后备干部举办了一次培训。在培训班上，从事领导科学研究的李教授为学员们做了专场报告，系统地介绍了领导行为理论，这些理论既包括传统的特质理论，也包括现代备受欢迎的魅力型领导理论、路径—目标理论以及领导—成员交换理论。李教授的讲座让学员们受益匪浅，很多人表示要把这些知识应用到自己的管理实践中。

　　根据以上材料，回答下列问题：

（1）路径—目标理论的提出者是（ ）。

　　A. 罗伯特·豪斯　　B. 伯恩斯　　　C. 麦克格雷斯　　D. 布莱克

（2）在路径—目标理论中，领导行为与结果之间的中间变量有（ ）。

　　A. 下属的经验　　B. 领导的成就　　C. 下属的能力　　D. 领导者的个性

（3）关于领导—成员交换理论的说法，正确的是（ ）。

　　A. 领导—成员交换理论强调领导公平对待每一个成员

　　B. 领导—成员交换理论认为领导与下属的交换是一个互惠过程

　　C. 领导—成员交换理论认为领导不能改变下属的自我概念

　　D. 领导—成员交换理论反对领导把下属分为"圈里人"和"圈外人"

12. [案例分析题] 天宏公司新上任的财务总监，对于管理工作很有自己的想法。首先，他认为领导既要关心工作情况，也要关心下属。对于个别员工，仍需规定其工作任务和角色职责，指示其做什么，如何做。因为他坚信，实现潜力是很多员工工作努力非常重要的动力，这一点非常值得领导重视和思考。

　　根据以上材料，回答下列问题：

（1）根据管理方格图，天宏公司新上任的财务总监属于（ ）领导风格。

　　A. 最理想　　　　B. 无为而治　　　C. 任务式　　　　D. 乡村俱乐部

（2）根据生命周期理论，成熟度是指个体对自己的行为负责任的能力与意愿，包括（ ）。

　　A. 员工知识和技能水平　　　　　B. 工作成熟度

　　C. 心理成熟度　　　　　　　　　D. 情境

（3）根据生命周期理论，（ ）领导风格指的是领导规定工作任务、角色职责，指示员工做什么，如何做。

　　A. 指导式　　　　B. 高工作—低关系　　C. 参与式　　　　D. 低工作—高关系

（4）实现个人潜力属于（ ）动机。

　　A. 内源性动机　　B. 外源性动机　　C. 外在动机　　　D. 内在动机

参考答案及解析

Day 5

1. A [解析] 领导的影响力主要来源于组织的正式任命,也可以从其他方面获得,A项错误。

2. B [解析] 吉伯认为,卓越领导者的特质包含身强力壮、聪明但不过分聪明、外向有支配欲、有良好的调适能力、自信。

3. B [解析] 传统的特质理论认为,领导者具有某些固有的特质,并且这些特质是与生俱来的。只有先天具备某些特质的人才可能成为领导。

4. ABDE [解析] 特质理论由于存在一些缺陷,其在解释领导行为方面并不十分成功,它的不足表现在:①忽视了下属的需要;②没有指明各种特质之间的相对重要性;③忽视了情境因素;④没有区分原因和结果。

5. A [解析] 交易型领导强调任务的明晰度、工作的标准和产出,关注任务的完成以及员工的顺从,依赖组织的奖惩制度来影响员工的绩效。

6. ACD [解析] 交易型领导特征包括奖励、差错管理(积极型)、差错管理(消极型)、放任。

7. ACD [解析] 交易型领导理论的观点有:①强调任务的明晰度、工作的标准和产出;②关注任务的完成以及员工的顺从;③依赖组织的奖惩制度来影响员工的绩效。变革型领导理论的观点有:①强调理想与组织价值观;②为组织制定明确的愿景,通过领导风格来影响员工和团队的绩效。

8. B [解析] 交易型领导理论的特征包括一致性的奖励、差错管理(积极型和消极型)、放任。

9. A [解析] 魅力型领导者是指具有自信并且信任下属,对下属有高度的期望,有理想化的愿景,以及使用个性化风格的领导者。

10. CE [解析] A、B、D三项属于魅力型领导者的道德特征。

11. C [解析] 魅力型领导者指具有自信并且信任下属,对下属有高度的期望,有理想化的愿景,以及使用个性化风格的领导者。观点包括:①其追随者认同他们的领导者及其任务,表现出对领导者的高度忠诚和信心,效法其价值观和行为,并且从自身与领导者的关系中获得自尊;②魅力型领导者将促使追随者产生出高于期望的绩效以及强烈归属感;③追随者显示出更高水平的自我意识和自我管理时,魅力型领导者的效果会得到强化;④魅力本身是一个归因现象,会随着情境发生变化。

12. A [解析] 魅力型领导的特质包括自信、印象管理技能、社会敏感性和共情。

13. B [解析] 参与型领导:主动征求并采纳下属的意见。

14. ABCD [解析] 路径—目标理论提出的四种领导行为包括指导型领导、支持型领导、参与型领导、成就取向型领导。

> **● 考点再现**
>
> Q_{13-14} 路径目标理论提出的四种领导行为包括:①指导型领导。让员工明确别人对他的期望、成功绩效的标准和工作程序。②支持型领导。努力建立舒适的工作环境,亲切友善,关心下属的要求。③参与型领导。主动征求并采纳下属的意见。④成就取向型领导。设定挑战性目标,鼓励下属展现自己的最佳水平。

15. C [解析] 对于能力强或经验丰富的下属，指导型的领导可能被视为多余的，C 项错误。

16. B [解析] 有两个权变因素作为领导行为与结果之间的中间变量：①下属控制范围之外的环境因素，如工作结构、正式的权力系统、工作团队等；②下属的个人特征，如能力、经验、内—外控等。

17. B [解析] 情境性因素分为三个维度：上下级关系、工作结构、职权。

18. A [解析] 如果一个人对他最不喜欢的工作伙伴也用肯定性的形容词去描绘，说明他乐于和同事形成良好的人际关系，属于关系取向型的。

19. ABD [解析] 依据领导权变理论的观点，能使工作取向型的绩效高的情境包括：①上下级关系较好，工作结构化程度较高，领导者职权较大；②上下级关系较好，工作结构化程度较高，领导者职权较小；③上下级关系较好，工作结构化程度较低，领导者职权较大；④上下级关系较坏，工作结构化程度较低，领导者职权较小。

● 考点再现

Q_{17-19} 不同领导风格在不同情境下的效能：

情境类型		一	二	三	四	五	六	七	八
情境维度	上下级关系	好	好	好	好	坏	坏	坏	坏
	工作结构	高	高	低	低	高	高	低	低
	职权	大	小	大	小	大	小	大	小
领导风格	关系取向	低			高		一般		低
	工作取向	高			低		一般		高

Day 6

1. D [解析] 乔治·格雷恩及其同事提出领导—成员交换理论，该理论的观点包括：①团体中领导者与下属在确立关系和角色的早期，就把下属分为"圈里人"和"圈外人"；②对于同一个领导者而言，属于"圈里人"的下属与领导打交道时，比"圈外人"困难少，能够感觉到领导者对他们的关心；③领导者倾向于对"圈里人"比"圈外人"投入更多的时间、感情，很少采用正式的领导权威；④"圈里人"比"圈外人"拥有更高的工作责任感，对于其所在部门贡献更多，评估的绩效更高；⑤领导和下属的交换过程是一个互惠的过程，领导者为了达成绩效目标和更持久的变化，应该着手改变下属的自我概念，同时，下属通过他们的反应也在改变领导者的自我图式（D 项错误）；⑥领导者和下属两者都作为个体，通过团体进行反馈。

2. A [解析] X 理论代表了传统权威的管理风格，Y 理论代表了启发式、人性化的管理风格。

3. B [解析] 勒温在研究中发现，独裁型领导领导下的儿童，他们的行为倾向于要么富有攻击性，要么缺乏感情；当独裁型领导离开或将领导氛围变得更轻松些时，缺乏感情的儿童会转而产生攻击性。放任型领导领导下的儿童则产生最多的攻击性行为，民主型领导领导下的儿童的攻击性处于中间水平。

4. D [解析] 高度人际取向的领导者帮助下属解决个人问题，友善而平易近人，公平地对待每个人，D 项错误。

5. DE [解析] 俄亥俄模式的观点包括：①工作管理：领导者为了达成目标而在规定或确定

自己与下属的角色时所从事的行为活动；②关心人：领导者注重人际关系，尊重和关心下属的建议和情感，更愿意建立相互信任的工作关系。

6. A ［解析］密歇根模式支持员工取向的领导作风。A项正确。

> ● 考点再现
>
> Q_{5-6} 俄亥俄模式的观点包括：①工作管理：领导者为了达成目标而在规定或确定自己与下属的角色时所从事的行为活动；②关心人：领导者注重人际关系，尊重和关心下属的建议和情感，更愿意建立相互信任的工作关系。密歇根模式的观点包括：①员工取向：领导者关注人际关系，主动了解并积极满足员工需要；②生产取向：领导者强调工作技术和任务进度。研究发现，员工取向的领导风格与团体高绩效和员工高度满足感相关，生产取向的领导风格则和低绩效、低满足感相关。因此，密歇根模式支持员工取向的领导作风。

7. C ［解析］管理者既关心任务，也关心人，即位于坐标（9，9），是最理想的领导风格。

8. B ［解析］根据管理方格理论，领导风格画成一个二维坐标方格，横坐标是"关心任务"、纵坐标是"关心人"。

> ● 考点再现
>
> Q_{7-8} 根据管理方格理论，领导风格画成一个二维坐标方格，横坐标是"关心任务"、纵坐标是"关心人"。管理者既不关心任务，也不关心人，即位于坐标（1，1），领导风格是"无为而治"。管理者既关心任务，也关心人，即位于坐标（9，9），是最理想的领导风格。管理者极端关注人，即位于坐标（1，9），领导风格是"乡村俱乐部"。管理者极端关注任务，即位于坐标（9，1），是"任务"领导风格。位于坐标（5，5），是"中庸式"领导风格。

9. C ［解析］根据生命周期理论，领导风格包括：指导式（高工作—低关系）；推销式（高工作—高关系）；参与式（低工作—高关系）；授权式（低工作—低关系）。

10. B ［解析］工作取向和关系取向两个维度相结合的四种领导风格包括：①指导式。高工作—低关系，领导规定工作任务、角色职责，指示员工做什么，如何做。②推销式。高工作—高关系，领导不仅表现出指导行为，而且富于支持行为。③参与式。低工作—高关系，领导与下属共同决策，领导提供便利条件和沟通。④授权式。低工作—低关系，领导提供较少的指导或支持，让下级自主决定。

11. A ［解析］生命周期理论认为影响领导者风格的重要因素是下属的成熟程度，而不是领导者的成熟程度。

12. C ［解析］组织中任何层次的领导者都不能逃避有效人际技能的要求，C项错误。

13. ABC ［解析］领导者的技能包括技术技能、人际技能、概念技能。

> ● 考点再现
>
> Q_{12-13} 领导者的三种技能包括：①技术技能。一个人对于某种类型的程序或技术所掌握的知识和能力，如会计人员、工程师、文字处理人员和工具制造者所学习到的技能。当员工升职并拥有领导责任后，他们的技术技能就会显得相对不重要了。作为经理，他们更加依靠的是下属的技术技能。②人际技能。有效的与他人共事和建立团队合作的能力。组

织中任何层次的领导者都不能逃避有效人际技能的要求，这是领导行为的重要组成部分之一。③概念技能。按照模型、框架和广泛联系进行思考的能力，如制定长期计划。越高的管理职位，概念技能的作用越重要。

14. C [解析] 领导者的技术技能是指一个人对于某种类型的程序或技术所掌握的知识和能力，如会计人员、工程师、文字处理人员和工具制造者所学习到的技能。

Day 7

1. ABD [解析] 明茨伯格及其同伴所提出的决策过程包括：①确认阶段；②发展阶段；③选择阶段。

2. ADE [解析] 西蒙的决策过程包括智力活动、设计活动、选择活动。

3. C [解析] 西蒙的决策过程包括三个阶段：①智力活动阶段，包括对环境进行分析，确定决策的情境；②设计活动阶段，包括探索、研究和分析可能发生的行为系列；③选择活动阶段，在上一步的可能发生的行为系列中选择一个行为。

4. C [解析] 有限理性决策模型认为：①在选择备选方案时，决策者试图使自己满意或寻找令人满意的结果。满意的标准可以是足够的利润、市场份额、价格等；②决策者所认知的世界是真实世界的简化模型；③采用的是满意原则而非最大化原则，决策者在进行选择的时候不必知道所有的可能方案；④可以用相对简单的经验启发式原则或商业窍门，以及一些习惯来进行决策，不需要很高的思维和计算的能力。

5. ACDE [解析] 社会模型中，有一部分决策者认为人们有坚持错误决策的倾向，他们称之为投入的增加。产生这种现象的原因主要有四个：①项目的特点。出现这种投入增加的主要原因可能是由于项目的特点。例如，投资回报的延期，以及临时问题的处理，都有可能使决策者坚持或者增加错误的行为。②心理决定因素。一旦管理者做出了错误的决策，他可能存在信息加工错误（使用了有偏差的因素或者采取了比信息所证实的应当采用的行为更加激进的措施）。同时由于决策者置身其中，负面信息被忽略，自身防御机制启动。③社会压力。对于决策者来说，存在着同伴压力，以及需要维护自己的面子，所以继续维持或增加错误行为。④组织决定因素。不仅项目和任务的特点可以导致决策者固执己见，组织中沟通体系的失效，政治体系的破坏以及拒绝变革都会造成同样的结果。

6. C [解析] 社会模型中，弗洛伊德认为人类行为主要是由无意识的需求来驱动，人类没有办法进行有效的理性决策。有一部分决策者认为人们有坚持错误决策的倾向，他们称为投入的增加。A、B两项错误。有限理性决策模型采用的是满意原则而非最大化原则，决策者在进行选择的时候不必知道所有的可能方案。C项正确。理性决策模型决策者可以知道所有备选方案。D项错误。

7. D [解析] 有限理性决策模型同理性决策模型都是理性和最大化的，但是前者的理性受到了限制，决策者以满意为决策的终点，因为他们没有能力做到最大化。二者的差异体现在程度上，而非质的差异上。

8. B [解析] 分析型决策风格：决策者具有较高的模糊耐受性及很强的任务和技术取向。他们也倾向于使用独裁的领导风格。

9. AD [解析] 决策风格的两个维度：①价值取向。决策者关心的是任务和技术本身，还是人和社会因素。②模糊耐受性。测量到的决策者需要的结构和控制的程度（低模糊耐受性），以及是否有能力在不确定的环境中工作（高模糊耐受性）。

10. A ［解析］指导式的特点是有效的、合乎逻辑的、程序化和系统化地解决问题。决策者喜欢关注事实，迅速完成工作，喜欢使用权力和控制感，倾向独裁的领导风格。

11. （1）A ［解析］路径—目标理论由罗伯特·豪斯提出。

（2）AC ［解析］路径—目标理论给出了两个权变因素作为领导的领导行为与结果之间的中间变量：①下属控制范围之外的环境因素，如工作结构、正式的权力系统、工作团队等；②下属的个人特征，如能力、经验、内—外控等。

（3）B ［解析］领导—成员交换理论认为，领导将下属区分为"圈里人"和"圈外人"，A、D两项错误。领导和下属的交换过程是一个互惠的过程，B项正确。领导应善于改变下属的自我概念，C项错误。

12. （1）A ［解析］根据管理方格理论，领导风格画成一个二维坐标方格，横坐标是"关心任务"、纵坐标是"关心人"。管理者既不关心任务，也不关心人，即位于坐标（1,1），领导风格是"无为而治"。管理者既关心任务，也关心人，即位于坐标（9,9）是最理想的领导风格。管理者极端关注人，即位于坐标（1,9），领导风格是"乡村俱乐部"。管理者极端关注任务，即位于坐标（9,1），是"任务"领导风格。位于坐标（5,5），是"中庸式"领导风格。

（2）BC ［解析］根据生命周期理论，成熟度是指个体对自己的行为负责任的能力与意愿，包括工作成熟度和心理成熟度两个方面。

（3）AB ［解析］根据生命周期理论的4种领导风格：①指导式：高工作—低关系，领导规定工作任务、角色职责，指示员工做什么，如何做。②推销式：高工作—高关系，领导不仅表现出指导行为，而且富于支持行为。③参与式：低工作—高关系，领导与下属共同决策，领导提供便利条件和沟通。④授权式：低工作—低关系，领导提供较少的指导或支持，让下级自主决定。

（4）AD ［解析］寻求挑战性工作，获得为工作和组织多做贡献的机会以及充分实现个人潜力的机会，属于内源性动机（又称内在动机）。

本章学习检查表

知识点或模块名称	初次学习		第一次复习		第二次复习	
	做对题目数/总题目数	学习日期	做对题目数/总题目数	复习日期	做对题目数/总题目数	复习日期
特质理论						
交易型和变革型领导理论						
魅力型领导理论						
路径—目标理论						
权变理论						
领导—成员交换理论						
早期关于领导的研究						
俄亥俄与密歇根模式						
管理方格图及生命周期理论						
领导技能						
决策过程						
决策模型						
决策风格						
案例集锦						

填写建议：

"做对题目数/总题目数"记录针对该知识点自己做题的情况，比如该知识点总题目数为10题，做对了其中7题，记录为7/10。

"学习日期"记录自己学习该知识点时的日期，建议把下一次复习的日期也写上。

本章强化测试

扫码做题

备忘录：

第三章 组织设计与组织文化

学习指导

本章知识点主要包括组织结构、组织文化、组织变革与组织发展。从历年考情来看，单项选择题、多项选择题以及案例分析题均经常出现，分值较高。其中，组织结构各种类型的优缺点属于易错易混内容，是学习的难点，也是每年的必考点，在充分理解的基础上做题会有事半功倍的效果。

时间	考点或模块
Day 8	➢ 组织设计 ➢ 组织设计的类型 ➢ 组织文化的作用 ➢ 组织文化的内容和结构
Day 9	➢ 组织文化的类型 ➢ 组织文化与组织设计 ➢ 组织变革概述 ➢ 组织发展概述 ➢ 案例集锦

▶▶▶ Day 8

考点：组织设计

1. [单项选择题] 关于组织结构的说法，错误的是（　　）。
   A. 组织结构的本质是企业员工的分工协作关系
   B. 组织结构的内涵是企业员工在职、权、责三方面的结构关系
   C. 设计组织结构的目的是实现组织目标
   D. 组织结构与权责结构有本质的区别

2. [单项选择题] 组织的横向结构指的是（　　）。
   A. 职能结构　　B. 层次结构　　C. 部门结构　　D. 职权结构

3. [单项选择题] 下列属于组织结构三要素的是（　　）。
   A. 虚拟化　　B. 专业化　　C. 集权度　　D. 制度化

4. [单项选择题] 关于管理层次与管理幅度之间关系的说法，错误的是（　　）。
   A. 两者存在负相关的数量关系
   B. 同样规模的企业，减少管理幅度，管理层次会增加
   C. 两者都是组织结构的重要特征因素
   D. 两者相互制约，其中管理层次起主导作用

5. [单项选择题] 关于古典组织设计理论的说法，正确的是（　　）。
   A. 它同时关注组织结构设计和运行制度设计两个方面的研究

B. 它只关注组织结构设计方面的研究

C. 它是动态的

D. 它只关注运行制度设计方面的研究

6. [单项选择题] 在组织结构的内容体系中，职能结构指的是（　　）。

   A. 各管理部门的构成

   B. 各管理层次的构成

   C. 各管理层次、部门在权利和责任方面的分工和相互关系

   D. 完成企业目标所需要的各项业务工作及其比例和关系

7. [单项选择题] 关于组织结构特征因素的专业化程度的说法，正确的是（　　）。

   A. 员工以同种工作方式完成相似工作的程度

   B. 组织各职能工作分工的精细程度

   C. 组织中采用书面文件的数量

   D. 企业员工为了掌握其本职工作，需要接受正规教育和培训的程度

8. [多项选择题] 以下属于组织结构权变因素的有（　　）。

   A. 人员素质　　　　　　　　B. 组织关键职能

   C. 组织制度化程度　　　　　D. 组织技术

   E. 组织战略

9. [单项选择题] 以下属于组织设计程序中的首要工作的是（　　）。

   A. 确定组织设计的基本方针和原则　　B. 进行职能设计

   C. 设计组织结构的框架　　　　　　　D. 联系方式的设计

▼ 考点：组织设计的类型

10. [单项选择题] 职能制组织形式被称为（　　）。

    A. 韦伯模型　　　　　　　　B. 斯隆模型

    C. 法约尔模型　　　　　　　D. 韦尔奇模型

11. [单项选择题] 以下不属于职能制组织形式特点的是（　　）。

    A. 职能分工　　　　　　　　B. 直线—参谋制

    C. 组织内部有两个协调层次　D. 管理权力高度集中

12. [多项选择题] 以下不属于职能制组织形式的优点的有（　　）。

    A. 能够对资源充分利用　　　B. 适合于发展专家

    C. 有利于强化专业管理　　　D. 领导者充分放权，管理具有灵活性

    E. 稳定性较差

13. [单项选择题] 关于职能制组织形式的缺点的说法，错误的是（　　）。

    A. 横向协调差　　　　　　　B. 狭隘的职能观念

    C. 企业领导负担重　　　　　D. 不利于强化专业管理

14. [单项选择题] 事业部制组织形式的优点不包括（　　）。

    A. 把联合化和专业化的优点结合起来，提高生产效率

    B. 高层管理者集中精力进行战略决策和长远规划

    C. 增强企业活力

D. 减少管理成本和费用

15. [单项选择题] 关于矩阵组织形式缺点的说法，错误的是（   ）。
    A. 组织的稳定性差
    B. 双重领导容易导致管理混乱
    C. 用人较多，机构相对臃肿
    D. 不利于提高组织的适应性

16. [多项选择题] 关于矩阵制组织形式的优点的说法，正确的有（   ）。
    A. 它有利于职能部门与产品部门相互制约，保证企业整体目标的实现
    B. 它有利于提高组织的稳定性
    C. 它有利于加强各职能部门之间的协作配合
    D. 它有利于提高企业的适应性
    E. 它有利于减轻高层人员的负担

17. [单项选择题] 行政层级式组织形式的适用范围是（   ）。
    A. 简单/静态　　　B. 简单/动态　　　C. 复杂/静态　　　D. 复杂/动态

18. [单项选择题] 关于组织形式的说法，错误的是（   ）。
    A. 事业部制适合市场分布范围广且市场情况变化快、要求适应性强的大型联合企业
    B. 团队结构形式是打破部门界限把决策权下放到工作团队手中
    C. 虚拟组织形式也被称为哑铃型组织，优势是非常灵活
    D. 无边界组织形式是通过组织扁平化减少指挥链，对管理幅度不加以限制，强化职能部门的地位

19. [单项选择题] 关于团队结构的说法，错误的是（   ）。
    A. 团队结构可以作为整个组织形式
    B. 团队结构可以作为行政层级组织形式的补充
    C. 团队结构的特点是打破部门界限把决策权下放到工作团队手中
    D. 团队结构是由通用电气公司前总裁韦尔奇首先提出的

▼ 考点：组织文化的作用

20. [单项选择题] 组织文化是全体员工共同创造的群体意识，是一种黏合剂，属于组织文化的（   ）。
    A. 导向作用　　　　　　　　　　　B. 辐射作用
    C. 激励作用　　　　　　　　　　　D. 凝聚作用

▼ 考点：组织文化的内容和结构

21. [多项选择题] 关于组织文化的说法，正确的有（   ）。
    A. 组织文化分为物质层、制度层和精神层三个层次
    B. 制度层制约和规范着物质层及精神层的建设
    C. 有无制度层是衡量一个组织是否形成了自身组织文化的主要标志
    D. 物质层是制度层和精神层的物质基础
    E. 精神层是形成物质层及制度层的思想基础

22. [多项选择题] 组织文化的物质层往往能折射出组织的（　　）。
    A. 经营思想
    B. 工作作风
    C. 建筑风格
    D. 审美意识
    E. 行动准则

Day 9

▼ 考点：组织文化的类型

1. [单项选择题]（　　）组织着眼于公司的生存。
   A. 学院型　　　　　　　　　　　B. 俱乐部型
   C. 棒球队型　　　　　　　　　　D. 堡垒型

2. [单项选择题] 有些企业喜欢把管理人员培养成通才，具有这种组织文化特点的组织被称为（　　）组织。
   A. 学院型　　　　　　　　　　　B. 俱乐部型
   C. 棒球队型　　　　　　　　　　D. 堡垒型

3. [单项选择题] 关于组织文化类型的表述，错误的是（　　）。
   A. 学院型组织的特点是喜欢雇用年轻的大学毕业生
   B. 俱乐部型组织非常重视适应、忠诚和承诺
   C. 棒球队型组织鼓励冒险和革新
   D. 堡垒型组织着眼于公司的发展

▼ 考点：组织文化与组织设计

4. [多项选择题] 关于组织设计与组织文化之间关系的说法，正确的有（　　）。
   A. 组织的制度化程度越高，组织文化就越倾向于严谨
   B. 强调等级制度的组织设计，很难形成公平、自由参与的组织文化
   C. 高度的规范化有利于形成鼓励多样化、革新的组织文化
   D. 级别差别很大的薪酬制度适合于强调等级的组织文化，不适合崇尚平等的组织文化
   E. 管理层次多、结构复杂的组织，有利于鼓励员工独立决策

5. [多项选择题] 如果企业想要构建一个自由、平等、开放、创新的组织文化，可以采用的组织设计手段包括（　　）。
   A. 提升组织制度化和规范化的程度
   B. 减少管理层次，形成趋于扁平的组织
   C. 以外部招聘为主，提高员工的多样化程度
   D. 建立强调等级差异的绩效评估体系
   E. 建立不同职位等级间薪酬差异很大的薪酬制度

▼ 考点：组织变革概述

6. [单项选择题] 组织变革程序中首要环节是（　　）。
   A. 确定问题　　　　　　　　　　B. 组织诊断
   C. 实行变革　　　　　　　　　　D. 变革效果评估

7. [多项选择题] 组织必须进行变革的征兆包括（　　）。
   A. 效益下降　　　　　　　　　　B. 决策失灵
   C. 沟通不畅　　　　　　　　　　D. 组织不能发挥效率
   E. 缺乏创新

▽ 考点：组织发展概述

8. [多项选择题] 组织发展是有计划变革及干预措施的总和，组织发展所蕴含的观念与针对的目标主要包括（　　）。
A. 对人的尊重　　　B. 信任和支持　　　C. 权力平等　　　D. 监督和控制
E. 正视问题

9. [单项选择题] 在组织发展方法中，关于敏感性训练的说法，错误的是（　　）。
A. 在敏感性训练中，团队更为注重讨论的结果，而不是相互作用的过程
B. 它有助于减少人际冲突
C. 它是一种人文技术
D. 它有助于增强群体凝聚力

10. [多项选择题] 组织发展方法中的人文技术包括（　　）。
A. 敏感性培训　　　B. 工作再设计　　　C. 调查反馈　　　D. 质量圈
E. 团际发展

11. [单项选择题] 传统的组织发展方法中的结构技术不包括（　　）。
A. 合并职能部门　　　　　　　　B. 简化规章
C. 定期开会　　　　　　　　　　D. 工作再设计

12. [多项选择题] 传统的组织发展方法包括（　　）。
A. 结构技术　　　　　　　　　　B. 现代组织发展方法
C. 敏感性训练　　　　　　　　　D. 调查反馈
E. 全面质量管理

13. [单项选择题] 关于组织发展方法中人文技术的表述，错误的是（　　）。
A. 敏感性训练是指通过小组成员之间的交互作用方式来改善行为的方法，团体注重的是相互作用的过程，而不是结果
B. 调查反馈是用来评估组织成员的态度，了解员工在认识上的差异的一种调查工具，通常以访谈的方式针对个人进行
C. 质量圈是员工参与计划的一种形式
D. 团际发展旨在化解和改变工作团体之间的态度、成见和观念，以改善团体间的相互关系

14. [单项选择题] 关于全面质量管理的说法，错误的是（　　）。
A. 实行全面质量管理与组织文化无关
B. 全面质量管理规划需要自上而下推行，并自下而上付诸实施
C. 全面质量管理是长期经营中不断改进质量的过程
D. 具有高度责任感的员工才符合全面质量管理的要求

15. [单项选择题] 一个好的团队应当具有的特征不包括（　　）。
A. 规模中等　　　　　　　　　　　　B. 成员能力互补
C. 成员间有共同的意愿、目标和工作方法　　D. 情愿共同承担责任

▽ 模块：案例集锦

16. [案例分析题] K公司是一家有6年发展历史的软件开发公司，在行业中具有较高知名度。公司设置研发部、行政与人力资源部、财务部等部门。形成了强调革新与冒险的组织文

化，不断有新产品问世。K 公司一直重视员工的培训与开发工作，同时不拘一格选拔人才，只要具有发展潜质的员工，就委以重任，而不考虑员工的年龄和工作经验。公司的薪酬、奖励制度与员工绩效挂钩，对于表现优秀的员工，公司会加重奖励，并给予较大的工作自由度。因此，公司员工的工作士气高涨，敬业度很高。K 公司共有 100 多名员工，强调以项目组为主要形式进行技术研发，把不少决策权下放给员工，并打破严格的部门界限，提倡部门协作，联合攻关。最近，公司获得了很大一笔风险投资，为此，公司制定了明确的扩张性战略计划，同时进行必要的组织变革。公司将针对不同的行业组建专门的技术咨询小组，还计划成立独立的市场部和客户关系部，以加快市场开拓，并为客户提供更优质的服务。

根据以上材料，回答下列问题：

(1) K 公司目前的组织文化属于（　　）。
　　A. 学院型组织　　　　　　　　B. 俱乐部型组织
　　C. 棒球队型组织　　　　　　　D. 堡垒型组织

(2) K 公司的关键职能部门是（　　）。
　　A. 行政与人力资源部　　　　　B. 研发部
　　C. 财务部　　　　　　　　　　D. 客户关系部

(3) K 公司目前的主要组织结构设计类型是（　　）。
　　A. 事业部制组织形式　　　　　B. 职能制组织形式
　　C. 团队结构形式　　　　　　　D. 虚拟组织形式

(4) 为了实施扩张性战略计划，K 公司进行了组织变革，这种组织变革的方法属于（　　）。
　　A. 以人员为中心的变革　　　　B. 以技术为中心的变革
　　C. 以文化为中心的变革　　　　D. 以结构为中心的变革

17. [案例分析题] 某公司是一家中型制造企业，由厂长全面主持企业的生产经营活动，按照厂部、车间、工段、班组层次划分职权，逐级下达指令；厂里的职能管理人员只起到参谋指导作用，无权直接对下级单位发号施令。日常工作中，下级通常只接受其直接上级的指令，明确每个人只有一个直接上级，而每个上级直接管辖的下属为 3～9 人。刚开始厂长还能够亲临各个车间，现场直接领导，但随着公司业务和规模的扩大，这种管理已经超出了他力所能及的范围，变得非常艰难。企业的管理也因此陷入混乱，迫切需要进行变革。

根据以上材料，回答下列问题：

(1) 该企业的组织结构为（　　）。
　　A. 事业部制　　B. 职能制　　C. 矩阵组织形式　　D. 团队结构形式

(2) 该企业组织形式的主要缺点是（　　）。
　　A. 组织的稳定性差　　B. 横向协调差　　C. 企业领导负担轻　　D. 多头指挥混乱

(3) 该企业的管理层次和管理幅度分别为（　　）。
　　A. 5 层，3～9 人　　B. 4 层，4～10 人　　C. 3 层，3～9 人　　D. 6 层，4～10 人

参考答案及解析

Day 8

1. D [解析] 组织结构的含义包括：①本质。企业员工的分工协作关系。②目的。为了实现组织的目标。③内涵。企业员工在职、权、责三方面的结构体系。组织结构又称权责结构，D项错误。

2. C [解析] 职能结构：完成企业目标所需的各项业务工作，及其比例和关系；层次结构（纵向）：各管理层次的构成；部门结构（横向）：各管理部门的构成；职权结构：各管理层次、部门在权力和责任方面的分工和相互关系。

3. C [解析] 组织结构包括复杂性、规范性、集权度。

4. D [解析] 两者相互制约，其中管理幅度起主导作用，管理幅度决定管理层次。D项错误。

5. B [解析] 古典的组织设计理论是静态的，只关注组织结构设计方面的研究。现代的组织设计理论是动态的，同时关注组织结构设计和运行制度设计两个方面的研究。

6. D [解析] 组织结构设计的主要内容包括：①职能结构。完成企业目标所需的各项业务工作及其比例、关系。②层次结构（纵向结构）。各管理层次的构成。③部门结构（横向结构）。各管理部门的构成。④职权结构。各管理层次、部门在权利和责任方面的分工和相互关系。

7. B [解析] 专业化程度是指组织各职能工作分工的精细程度。规范化程度是指员工以同种工作方式完成相似工作的程度。制度化程度是指组织中采用书面文件的数量。职业化程度是指企业员工为了掌握其本职工作，需要接受正规教育和培训的程度。

8. ADE [解析] 组织结构权变因素包括组织环境、组织战略、组织技术、人员素质、组织规模、组织生命周期。B、C两项属于组织结构特征因素。

9. B [解析] 组织设计过程中的首要工作是进行职能设计。组织设计过程的第一步骤是确定组织设计的基本方针和原则。组织设计的主体工作是设计组织结构的框架。

10. C [解析] 职能制起源于20世纪初，是法国的组织理论专家法约尔在担任煤矿公司总经理时所建立的组织结构形式，所以，这种组织形式又被称为"法约尔模型"。

11. C [解析] 职能制组织形式的特点包括职能分工、直线—参谋制、管理权力高度集中。C项是矩阵制组织形式的特点。

12. DE [解析] 职能制的优点包括：①有明确的任务和确定的职责，从事类似工作的人们相互影响和相互支持的机会较多；②可以消除设备及劳动力的重复，对资源最充分地利用，适合专门设备的开发和对专家的培养；③有利于管理人员注重并能熟练掌握本职工作的技能，有利于强化专业管理，提高工作效率；④每个管理人员固定地属于一个职能机构，专门从事某一项职能工作，整个组织稳定性较高；⑤管理权力高度集中，便于最高领导层对整个企业实施严格的控制。

13. D [解析] 职能制组织结构形式的缺点包括：①狭隘的职能观念。只注重整体工作中的某个部分。②横向协调差。容易产生本位主义，造成许多摩擦和内耗。③适应性差。④企业领导负担重。⑤不利于培养具有全面素质、能够经营整个企业的管理人才。职能制组织结构形式有利于强化专业管理，属于职能制的优点，D项错误。

14. D [解析] 事业部制组织形式的优点包括：①有利于总公司的高层管理者摆脱具体管理事务，集中精力进行战略决策和长远规划；②增强企业的活力；③有利于联合化和专业化结合。D项不属于事业部制组织形式的优点。

15. D [解析] 矩阵组织形式的缺点包括：①组织的稳定性差；②双重领导容易导致管理混乱；③用人较多，机构相对臃肿。

16. ACDE [解析] 矩阵制组织形式的优点包括：①有利于加强各职能部门之间的协作配合；②有利于提高企业的适应性；③有利于减轻高层管理人员的负担；④有利于职能部门与产品部门相互制约，保证企业整体目标的实现。

17. C [解析] 行政层级式的组织形式在复杂/静态环境中最为有效，职能制的组织形式在简单/静态环境中效果最好，矩阵组织形式在复杂/动态环境中较为有效。

18. D [解析] 无边界组织形式是通过组织扁平化减少指挥链，对管理幅度不加以限制，减少或取消各种职能部门，代之以授权的团队，D项错误。

19. D [解析] 在小型组织中，团队结构可以作为整个组织形式，而在大型组织中，团队结构一般作为行政层级组织形式的补充。通用电气公司前总裁韦尔奇提出了无边界组织形式，D项错误。

20. D [解析] 凝聚作用是指组织文化是全体员工共同创造的群体意识，是一种黏合剂，把各个方面、各个层次的人都团结在一起，使得组织产生一种凝聚力及向心力。

21. ABDE [解析] 有无精神层是衡量一个组织是否形成了自身组织文化的主要标志，C项错误。

22. ABD [解析] 物质层是组织文化的表层部分，是指企业的名称、产品的外观及包装、建筑风格、纪念物等外显的标识，往往能折射出组织的经营思想、工作作风和审美意识。

Day 9

1. D [解析] 堡垒型组织着眼于公司的生存。

2. B [解析] 在俱乐部型组织中，资历是关键，年龄和经验都至关重要，培养通才。

3. D [解析] 堡垒型组织着眼公司的生存，而非发展，D项错误。

4. ABD [解析] 高度的规范化可能不利于形成鼓励多样化、革新的组织文化。C项错误。管理层次多、结构复杂的组织，不利于培养员工自主性和参与决策的主动性。管理层次较少、组织结构趋于扁平的组织，则有利于上下级之间的沟通，表现出灵活、开放的特点，从而鼓励员工进行独立决策。E项错误。

5. BC [解析] 如果企业想鼓励创新、开放的组织文化，就需要降低组织的制度化程度和规范化程度。A项错误。企业希望有一种冒险、创新的组织文化，则绩效评估体系应将重点放在评价创新的努力上，而不应该建立强调等级差异的绩效评估体系。D项错误。不同级别间薪酬差别很大的薪酬体系适合于强调等级的组织文化，不适合崇尚平等的文化。E项错误。

6. A [解析] 组织变革程序包括：①确定问题；②组织诊断；③实行变革；④变革效果评估。

7. BCDE [解析] 当组织面临下列情况之一时，就必须进行变革：①决策失灵；②沟通不畅；③组织不能发挥效率；④缺乏创新。

8. ABCE [解析] 组织发展是有计划变革及干预措施的总和，组织发展所蕴含的观念与针对的目标包括对人的尊重、信任和支持、权力平等、正视问题、鼓励参与。

9. A [解析] 敏感性训练，又称实验室训练、T团体训练、交友团体训练等，是指通过无结构小组的交互作用方式来改善行为的方法。在训练中，成员处于一个自由开放的环境中，由一名专家做顾问，讨论他们自己以及相互之间的交互作用。团体注重相互作用的过程，而不是讨论的结果，因为训练目的在于团体成员通过观察和参与而有所领悟，了解自己、别人和相互作用。

10. ACDE [解析] 组织发展方法的人文技术包括敏感性训练、调查反馈、质量圈、团际发展。

11. C [解析] 组织发展方法的结构技术方法包括：①合并职能部门，减少垂直分化度，简化规章，扩大员工的工作自主性；②工作再设计，使工作更具挑战性、趣味性。

12. ACD [解析] 传统的组织发展方法包括：①结构技术；②人文技术，包括敏感性训练、调查反馈、质量圈、团际发展。

13. B [解析] 调查反馈是用来评估组织成员的态度，了解员工在认识上的差异的一种调查工具，通常以问卷调查的形式进行，可以针对个人，也可针对整个部门或组织。

14. A [解析] 变革必须根植于企业最根本的部分，即组织文化。文化的改变必须在实行全面质量管理之前，或与之同时进行。组织文化必须支持全面质量管理。A项错误。

15. A [解析] 一个好的团队应当具有的特征包括规模小，能力互补，成员间有共同的意愿、目标和工作方法，情愿共同承担责任。

16. (1) C [解析] 根据案例描述"形成了强调革新与冒险的组织文化"，可知为棒球队型组织。

(2) B [解析] 关键职能是指组织结构中处于中心地位、具有较大职责和权限的职能部门。K公司是一家有6年发展历史的软件开发公司，所以研发部是其关键职能部门。

(3) C [解析] 团队结构形式组织的主要特点包括打破部门界限并把决策权下放到工作团队成员手中。根据案例内容"K公司共有100多名员工，强调以项目组为主要形式进行技术研发，把不少决策权下放给员工，并打破严格的部门界限"，这属于团队结构形式。

(4) D [解析] 以结构为中心的变革包括重新划分和合并新的部门，调整管理层次和管理幅度，任免负责人，明确责任和权力等。根据案例内容"公司制定了明确的扩张性战略计划，同时进行必要的组织变革。公司将针对不同的行业组建专门的技术咨询小组，还计划成立独立的市场部和客户关系部，以加快市场开拓，并为客户提供更优质的服务"，所以K公司进行的组织变革的方法属于以结构为中心的变革。

17. (1) B [解析] 职能制结构是一种按职能来划分、组织各个部门的组织形式。结合案例，B项符合题意。

(2) B [解析] 职能制组织结构的缺点包括：①狭隘的职能观念；②横向协调差；③适应性差；④企业领导负担重；⑤不利于培养具有全面素质、能够经营整个企业的管理人才。

(3) A [解析] 结合案例背景，由厂长全面主持企业的生产经营活动，按照厂部、车间、工段、班组层次划分职权，逐级下达指令，因此该企业的管理层次为5层。每个上级直接管辖的下属为3—9人，因此管理幅度为3—9人。

本章学习检查表

知识点或模块名称	初次学习		第一次复习		第二次复习	
	做对题目数/总题目数	学习日期	做对题目数/总题目数	复习日期	做对题目数/总题目数	复习日期
组织设计						
组织设计的类型						
组织文化的作用						
组织文化的内容和结构						
组织文化的类型						
组织文化与组织设计						
组织变革概述						
组织发展概述						
案例集锦						

填写建议：

"做对题目数/总题目数"记录针对该知识点自己做题的情况，比如该知识点总题目数为10题，做对了其中7题，记录为7/10。

"学习日期"记录自己学习该知识点时的日期，建议把下一次复习的日期也写上。

本章强化测试

扫码做题

备忘录：

第二部分 人力资源管理

第四章 战略性人力资源管理

学习指导

本章结构复杂，内容抽象，经常跨知识点出题，是学习中的难点章节，需要注重掌握各知识点间的关联，尤其是新增的两个知识点会成为重要考点。本章主要以单项选择题和多项选择题为主，偶尔考查案例分析题。从历年考情来看，会有考查细致且灵活的题目，应梳理知识点间的逻辑，有利于理解和记忆。

时间	考点或模块
Day 10	▶战略性人力资源管理与战略管理 ▶人力资源管理与战略规划和战略执行 ▶战略性人力资源管理的工具与步骤
Day 11	▶人力资源战略及其与组织发展战略的匹配 ▶高绩效工作系统与人才管理 ▶人力资源管理数字化转型 ▶案例集锦

Day 10

考点：战略性人力资源管理与战略管理

1. [单项选择题] 战略性人力资源管理的理念不包括（　　）。
   A. 要对人力资源管理活动的成本和收益进行分析和评价
   B. 人力资源管理是"成本中心"而不是"利润中心"
   C. 要对人力资源管理职能人员进行培训和提升
   D. 人力资源管理战略要和组织战略保持一致

2. [单项选择题] 关于战略的三个层次的表述，正确的是（　　）。
   A. 组织战略层次主要回答如何进行竞争的问题
   B. 竞争战略层次主要回答到哪里去竞争的问题
   C. 职能战略层次主要回答凭借什么来进行竞争的问题
   D. 人力资源战略属于竞争战略

3. [单项选择题] 某公司决定通过提高产品质量和性能来战胜竞争对手、提高市场份额。从战略层次的角度看，这种战略属于（　　）。
   A. 竞争战略
   B. 组织发展战略
   C. 职能战略
   D. 稳定战略

4. [多项选择题] 在战略性人力资源管理的理念下，人力资源管理者应当做到（　　）。
   A. 确保人力资源管理战略与本公司的外部环境和组织战略相匹配
   B. 确保公司的各项人力资源管理政策和实践之间保持高度一致性
   C. 将人力资源管理工作的重点放在帮助企业降低成本方面
   D. 不再从事日常行政事务性工作
   E. 向公司的其他人证明人力资源管理专业人员对公司的目标实现做出了贡献

▼ **考点**：人力资源管理与战略规划和战略执行

5. [多项选择题] 战略管理的核心阶段包括（　　）。
   A. 战略制定
   B. 战略规划
   C. 战略实施
   D. 战略评价
   E. 战略执行

6. [单项选择题] 某互联网公司的公司简介中有如下三个表述："成为最受尊敬的互联网企业""通过互联网提升人类生活品质""正直、进取、合作、创新"，它们分别是这家公司的（　　）。
   A. 愿景、使命、价值观
   B. 使命、愿景、价值观
   C. 使命、价值观、愿景
   D. 价值观、愿景、使命

7. [多项选择题] 企业常常会使用SWOT（即内部的优势和劣势以及外部的机会与威胁）分析来制定战略，其中属于战略威胁的有（　　）。
   A. 本企业的人力资源管理水平较低
   B. 可能对本企业不利的法律即将出台
   C. 竞争对手实现技术创新
   D. 强劲竞争者的数量减少
   E. 劳动力市场上缺乏本企业所需的高素质人才

8. [单项选择题] 关于人力资源管理在战略规划过程中的作用，表述错误的是（　　）。
   A. 战略规划一般发生在管理层
   B. 战略规划决策的每一个步骤都会涉及与人有关的问题
   C. 人力资源管理职能应该参与战略决策的每一个步骤
   D. 战略规划一般由一个战略规划小组决定

9. [多项选择题] 在人力资源管理职能和战略规划职能之间存在不同层次的联系，主要包括（　　）。
   A. 行政管理联系
   B. 单向联系
   C. 双向联系
   D. 一体化联系
   E. 纵向联系

10. [单项选择题] 在制定战略规划阶段，关于人力资源管理与战略规划之间联系的说法，错误的是（　　）。

A. 所谓单向联系，是指人力资源部门能够参与战略制定的过程

B. 所谓双向联系，是指战略规划和人力资源管理之间形成了互动联系

C. 所谓一体化联系，是指战略规划与人力资源管理之间的互动是动态和全方位的

D. 所谓行政管理联系，是指人力资源部门不参与组织战略制定的过程

11. [多项选择题] 组织的战略能够得到成功执行的取决因素中，属于人力资源管理负有主要责任的有（　　）。

A. 组织结构　　　　　　　　　　B. 人员的甄选和开发

C. 报酬系统　　　　　　　　　　D. 工作任务设计

E. 信息系统

▼ 考点：战略性人力资源管理的工具与步骤

12. [单项选择题] 公司领导为了能够随时掌握组织的各项战略任务完成情况以及重要工作的进度，需要使用的是（　　）。

A. 战略地图　　　　　　　　　　B. 平衡计分卡

C. 数字仪表盘　　　　　　　　　D. 人力资源计分卡

13. [单项选择题]（　　）能够形象地展示为确保组织战略得以成功实现而必须完成的各项关键活动及其相互之间的驱动关系。

A. 战略地图　　　　　　　　　　B. 人力资源计分卡

C. 数字仪表盘　　　　　　　　　D. 平衡计分卡

14. [单项选择题]（　　）是实施战略性人力资源管理的起点。

A. 确定组织的战略规划

B. 制作人力资源计分卡

C. 通过数字仪表盘进行监控

D. 描绘组织价值链

✏️ 学习笔记

Day 11

▼ **考点**：人力资源战略及其与组织发展战略的匹配

1. [单项选择题] 关于采用内部成长战略组织的人力资源管理的说法，错误的是（　　）。
   A. 绩效方面更重视员工的工作结果
   B. 招募的压力较大
   C. 培训工作主要关注员工当前所从事的工作的需要
   D. 强调内部晋升，只从外部招募和录用较低级别职位的员工

2. [单项选择题] 稳定环境中的稳定型组织，其绩效管理更适合采用（　　）。
   A. 更为重视员工的行为和工作的过程
   B. 更为重视定量的结果性绩效指标
   C. 更为重视考勤和纪律
   D. 高层管理者对于下级管理人员应当如何完成工作并不是非常清楚

3. [单项选择题] 关于采用低成本战略的组织的说法，不正确的是（　　）。
   A. 详细和具体描述员工所要从事的工作内容和职责
   B. 强调工作纪律和出勤以及作息时间的要求
   C. 非常重视效率，培训重点针对员工未来的发展
   D. 奖励节约成本的员工

4. [单项选择题] 组织所面临的最大人力资源问题是如何重新合理配置人力资源，维持员工队伍士气，实现价值观文化的整合，确保各项人力资源管理实践和标准的一致，这指的是（　　）。
   A. 外部成长战略　　B. 稳定战略　　C. 收缩战略　　D. 创新战略

▼ **考点**：高绩效工作系统与人才管理

5. [多项选择题] 与高绩效工作系统有关的"AOM"模型认为，组织绩效在很大程度上取决于三大要素，包括（　　）。
   A. 员工的价值观
   B. 员工的能力
   C. 参与机会
   D. 动机
   E. 领导的风格

6. [单项选择题] 关于学习型组织的说法，错误的是（　　）。
   A. 它要求员工只获取与本职工作有关的知识和技能
   B. 它要求员工持续获取知识，致力于持续学习和终身学习
   C. 它鼓励员工的开发及其身心健康
   D. 它重视每一位员工的开发及其身心健康

7. [多项选择题] 下列关于人才管理的说法，不正确的有（　　）。
   A. 人才不是抽象的，更不是绝对的
   B. 对人才进行评价的重点只着眼于当前绩效
   C. 那些构成员工队伍大多数的、有能力且绩效稳定的员工需要得到重视
   D. 小规模、多批次地培养人才有利于降低风险的新型人才队伍调节机制
   E. 人才就是指最优秀或最重要的员工

8. [单项选择题] 关于人才及人才管理的说法，错误的是（　　）。
   A. 人才管理要求企业对人才的获取和保留具有前瞻性和灵活性
   B. 人才管理有助于帮助企业实现战略目标
   C. 人才管理涵盖人才的吸引、使用、保留、开发等诸多方面
   D. 只有企业中最优秀的、最卓越的少数员工才是人才

9. [多项选择题] 人才管理试图通过借鉴（　　）等的一些基本原则，将各种人力资源管理职能之间的壁垒彻底打破。
   A. 供应链管理　　　　　　　　　　B. 六西格玛
   C. 标杆管理　　　　　　　　　　　D. 客户关系管理
   E. 精益生产

10. [多项选择题] 关于人才盘点的主要作用的说法，正确的有（　　）。
    A. 帮助组织全方位评价各级人才并识别高潜力者
    B. 通过实战练兵提升管理者的识人、用人水平
    C. 统一人才评价标准，建立组织共同的人才评估语言
    D. 促进员工薪酬福利的调整和优化
    E. 实现人力资源管理与组织战略的有效衔接

▼ **考点**：人力资源管理数字化转型

11. [单项选择题] 从战略性人力资源管理理论的角度，人力资源管理数字化转型的终极目标是（　　）。
    A. 制定并实施与组织的数字化战略相匹配的数字化的人力资源战略
    B. 提升企业的经营效率
    C. 优化员工的绩效管理流程
    D. 提升员工的薪酬福利水平

12. [单项选择题] 社会技术系统理论认为，实现组织绩效最优的途径是（　　）。
    A. 加快技术系统在组织中的快速应用　　B. 加快人工智能对人工工作的替代
    C. 使社会系统与技术系统达到最优联合　D. 使技术系统更加独立

13. [单项选择题] 循证人力资源管理是指将人力资源管理决策建立在（　　）基础之上。
    A. 最佳科学证据　　　　　　　　　B. 组织数字化转型
    C. 数据与分析　　　　　　　　　　D. 组织盈利

▼ **模块**：案例集锦

14. [案例分析题] 某公司以服装加工为主要业务，根据市场行情和自身情况，年初该公司决定实行成本领先战略。人力资源部的负责人作为公司战略规划小组的一员，全面参与了战略制定过程。人力资源部负责人在制定人力资源战略时，将各项人力资源活动设计为各类财务类与非财务类目标或衡量指标，使人力资源部的工作对公司战略目标的达成所做出的贡献清晰明了。公司总经理对人力资源部负责人的工作非常满意。

    根据以上材料，回答下列问题：
    （1）根据案例内容，适合该公司的做法是（　　）。
        A. 选择比竞争对手高很多的薪酬水平

B. 组织更为关注创新的结果

C. 培训重点针对员工当前所从事的工作需要

D. 奖励节约成本的员工

（2）该公司的战略规划与人力资源管理之间的联系属于（　　）。

　　A. 行政管理联系　　　　　　　　B. 单向联系

　　C. 双向联系　　　　　　　　　　D. 一体化联系

（3）根据材料内容，该公司在制定人力资源战略时，使用到的工具是（　　）。

　　A. 平衡计分卡　　　　　　　　　B. 战略地图

　　C. 数字仪表盘　　　　　　　　　D. 人力资源计分卡

（4）企业实行成本领先战略时，与以下人力资源策略相符合的是（　　）。

　　A. 重视效率，对操作水平要求很高　　B. 强调员工工作岗位上的稳定性

　　C. 针对员工当前所从事的工作的需要　　D. 在职位描述方面保持一定灵活性

✎ 学习笔记

参考答案及解析

Day 10

1. B [解析] 现代人力资源管理已经被看成是一种"利润中心",而不只是一种"成本中心",B项错误。

2. C [解析] 组织战略主要回答到哪儿去竞争的问题,即作出组织应该选择经营何种业务以及进入何种行业或领导的决策,A项错误。竞争战略又称经营战略,主要回答如何进行竞争的问题,即在已经选定的行业或领域中,与竞争对手展开有效的竞争,从而确立自己在市场上的长期竞争优势,B项错误。人力资源战略是职能战略的一种,D项错误。

3. A [解析] 竞争战略又称经营战略,主要回答如何进行竞争的问题,其主要目的是在于解决竞争手段的问题,即一个组织将依据何种标准或差别化的特征进行竞争,是成本、质量、可靠性还是产品或服务的提供。A项正确。

4. ABE [解析] 战略性人力资源管理被看作是一种"利润中心",而不再是简单的"成本中心",C项错误;战略性人力资源管理将重心放在实现组织战略目标上,但并不表示日常的人事行政管理工作不需要做了,D项错误。

5. ABCE [解析] 战略管理的核心阶段主要包括战略规划(又称战略制定)和战略执行(又称战略实施)。战略管理就是一个制定战略、实施战略及评价战略的完整过程。

6. A [解析] 战略规划的任务之一是描述组织的终极目标,即愿景、使命、价值观,根据"成为""提升人类生活品质""正直"等词汇可知A项正确。

7. BCE [解析] SWOT分析中,战略威胁(T)包括:①潜在的人员短缺;②新的竞争对手进入市场;③即将出台的可能会对公司产生负面影响的法律;④竞争对手的技术创新等。

8. A [解析] 战略规划过程一般发生在高层,一般是由一个战略规划小组决定。高层与管理层的概念并不相同。

9. ABCD [解析] 在人力资源管理职能和战略规划职能之间存在着4种不同层次的联系,包括行政管理联系、单向联系、双向联系、一体化联系。

10. A [解析] 单向联系是组织自行制定战略规划,然后将这种战略规划告知人力部门,让其配合战略实施,人力资源部门并未参与战略制定的过程,故A项错误。

11. BCD [解析] 组织的战略能够得到成功的执行取决的因素包括:①工作任务设计;②人员的甄选、培训与开发;③报酬系统;④组织结构;⑤信息系统。其中B、C、D三项属于人力资源管理负有主要责任的因素。

12. C [解析] 组织的管理者尤其是高层管理者需要随时掌握组织的各项战略任务完成情况以及重要工作的进度。这时,数字仪表盘就能够发挥重要的作用。

13. A [解析] 战略地图能够形象地展示为确保组织战略得以成功实现而必须完成的各项关键活动及其相互之间的驱动关系。

14. A [解析] 战略规划确定了组织的总体战略目标以及实现目标的战略路径选择,是实施战略性人力资源管理的起点,也是战略性人力资源管理的目的。在这一步,组织需要回答的问题是:"我们的战略目标是什么?我们准备通过何种方式获得竞争优势,从而实现我们的战略目标?"

第四章 战略性人力资源管理

Day 11

1. C [解析] 内部成长战略的培训工作是全方位、多类型的,而稳定战略下的培训工作关注员工当前所从事的工作的需要,C项错误。

2. A [解析] 采用稳定战略的组织绩效管理的重点是员工的行为规范以及员工的工作能力和态度。

3. C [解析] 成本领先战略(低成本战略)非常重视效率,培训重点针对员工当前所从事的工作需要。C项错误。

4. A [解析] 外部成长战略尝试通过纵向一体化、横向一体化或者多元化来实现一体化战略,通过兼并、联合、收购等方式扩展组织的资源或强化其市场地位。组织所面临的最大人力资源问题是如何重新合理配置人力资源,维持员工队伍士气,实现价值观文化的整合,以及确保各项人力资源管理实践和标准的一致。

5. BCD [解析] 与高绩效工作系统有关的一个著名模型是"AOM"模型。该模型认为,组织绩效在很大程度上取决于三大要素,即员工的能力、参与机会和动机。

6. A [解析] A项说法太过绝对,故错误。

> ● 考点再现
>
> Q_6 学习型组织通常具有以下特征:①致力于持续学习。②知识共享。③普遍采用批判性和系统性的思维方式。④具有一种学习文化。组织会鼓励员工承担风险和进行创新,所以不会立即对那些未能达到预期效果的想法进行惩罚。⑤重视员工。

7. BE [解析] 对人才进行评价的重点在于绩效和潜力两个方面,绩效关注的是过去和现在,而潜力关心的则是未来,B项错误。人才不是指最优秀或最重要的少部分员工,相反,它囊括了能够在当前或未来为组织做出重要贡献的在员工队伍中相当大比例的各种人才,E项错误。

8. D [解析] 人才不仅仅是指组织中最优秀的、已经表现出卓越绩效的少数员工,还包括那些构成员工队伍大多数的、有能力且绩效稳定的员工,D项错误。

9. ABDE [解析] 人力管理试图通过借鉴供应链管理、六西格玛、客户关系管理以及精益生产等的一些基本原则,将各种人力资源管理职能之间的壁垒彻底打破。

10. ABCE [解析] 人才盘点的主要作用表现在以下几个方面:①辨识人才,帮助组织全方位地评价各级人才,识别出具有高潜力的人。②实战练兵,展示并提升管理者的识人、用人水平。人才盘点既是对管理者的人才识别和使用水平进行考查和检验的过程,也是帮助他们在这方面学习和提高的过程。③统一语言,使不同管理者用同一把尺子评价人才,通过人才盘点尤其是人才盘点会议的校准环节,可以在一定程度上界定组织的人才衡量标准和相应概念,从而有助于整个组织形成相对一致的人才评价标准。④战略衔接,真正将组织的人力资源以及人才管理工作与组织的战略衔接在一起,服务于组织战略的实现。

11. A [解析] 从战略性人力资源管理理论的角度来看,人力资源管理数字化转型不仅是数字技术在人力资源管理领域的应用,它的终极目标是制定并实施与组织的数字化战略相匹配的数字化的人力资源战略,在实现人力资源管理系统、流程、服务数字化的基础上,确保组织的人力资源管理活动与组织的数字化战略及其取得的经营成果建立起紧密的联系。

12. C [解析] 社会技术系统理论认为，组织是由社会系统（涉及人的属性、人与人关系和组织环境等）和技术系统（涉及运作流程、任务、技术方法和基础设施等）相互作用形成的一个社会技术系统。这两个系统相互依赖，为更好地提高生产效率和管理效果，组织需要对这两个系统进行有效的协调，只有当两者达到最优联合时，组织绩效才能达到最优，也才能实施有效的组织变革。

13. A [解析] 循证人力资源管理是指将人力资源管理决策建立在最佳科学证据基础之上，用可获得的最佳证据支持与相关的各种决策，借助数据，分析、研究组织的人员管理实践与盈利能力、客户满意度以及质量等经营成果之间的关系。

14. （1）CD [解析] 根据案例内容，该公司选择的是成本领先战略，薪酬水平不低于竞争对手，也不要高于竞争对手，密切关注竞争对手，A项错误。B项属于创新战略。

（2）D [解析] 在一体化联系的情况下，战略规划和人力资源管理之间的联系是动态的和全方位的，组织的人力资源高层管理者是组织战略规划团队中不可或缺的成员，全面参与组织的战略规划过程。

（3）D [解析] 人力资源计分卡并不是一张用来计分的卡片，它实际上是针对为实现组织战略目标所需完成的一系列人力资源管理活动链而设计的各种财务类和非财务类目标或衡量指标。

（4）ABC [解析] 实行成本领先战略的组织通常会比较详细和具体地对员工所要从事的工作内容、职责、任务进行描述，强调员工在工作岗位上的稳定性。D项符合差异化战略。

本章学习检查表

知识点或模块名称	初次学习		第一次复习		第二次复习	
	做对题目数/总题目数	学习日期	做对题目数/总题目数	复习日期	做对题目数/总题目数	复习日期
战略性人力资源管理与战略管理						
人力资源管理与战略规划和战略执行						
战略性人力资源管理的工具与步骤						
人力资源战略及其与组织发展战略的匹配						
高绩效工作系统与人才管理						
人力资源管理数字化转型						
案例集锦						

填写建议：

"做对题目数/总题目数"记录针对该知识点自己做题的情况，比如该知识点总题目数为10题，做对了其中7题，记录为7/10。

"学习日期"记录自己学习该知识点时的日期，建议把下一次复习的日期也写上。

本章强化测试

扫码做题

备忘录：

第五章 人力资源规划

 学习指导

本章知识点结构清晰，内容简单，容易理解，在学习人力资源需求预测方法时应注意逻辑性。本章单项选择题、多项选择题和案例分析题均会考查，以常规考点为主，历年真题及简单变型题的考查频率较高，偏题、怪题和难题考查较少。

时间	考点或模块
Day 12	➢人力资源规划的内容、流程与意义 ➢人力资源需求预测 ➢人力资源供给预测
Day 13	➢人力资源供求平衡的基本对策 ➢人力资源供求平衡的方法分析
Day 14	➢案例集锦

Day 12

▼ **考点**：人力资源规划的内容、流程与意义

1. [单项选择题]公司人力资源部门制定未来几年的人力资源规划时，应当首先从了解（　　）入手。

   A. 组织结构和业务流程
   B. 外部劳动力市场状况
   C. 竞争对手的情况
   D. 公司的战略规划

2. [多项选择题]狭义的人力资源规划专指组织的（　　）。

   A. 人员供求规划
   B. 雇用规划
   C. 绩效管理规划
   D. 薪酬福利规划
   E. 培训开发规划

3. [多项选择题]（　　）属于人力资源规划的意义和作用。

   A. 有利于组织战略目标的实现
   B. 有利于组织整体人力资源管理系统的稳定性、一致性和有效性
   C. 有助于组织对人工成本的合理控制
   D. 有助于组织开展绩效管理和人员培训
   E. 有助于薪酬管理的效率提升

▽ **考点**：人力资源需求预测

4. ［单项选择题］关于人力资源需求预测的影响因素，表述错误的是（　　）。
   A. 组织战略会受到组织在未来发展战略和竞争战略的重要影响
   B. 产品和服务会受到国家宏观政策调整以及消费者对产品或服务的消费偏好改变的影响
   C. 技术因素主要源自新技术的采用比如生产自动化、人工智能等
   D. 组织变革包括组织结构调整或国际贸易环境的变化

5. ［单项选择题］近年来，随着越来越多的人在网上购物，某物流公司的员工人数迅速增加，这体现出影响人力需求的因素是（　　）。
   A. 国际贸易环境　　　　　　　　　B. 组织提供的服务
   C. 组织变革　　　　　　　　　　　D. 组织战略

6. ［单项选择题］企业在预测未来人力资源需求时，有时会给予某一种关键的经营或管理指标与人力资源需求量之间的关系来进行预测，这种方法属于（　　）。
   A. 趋势预测法　　　　　　　　　　B. 比率分析法
   C. 马尔科夫分析法　　　　　　　　D. 人员替换分析法

7. ［单项选择题］关于人力资源需求预测中的经验判断法的说法，正确的是（　　）。
   A. 经验判断法主要适用于规模较大、结构复杂的组织
   B. 经验判断法是组织各级领导根据自己的经验和直觉确定组织未来人员需求的方法
   C. 经验判断法是一种精确的预测方法
   D. 经验判断法是一种定量的预测方法

8. ［单项选择题］（　　）是根据一个组织的雇佣水平在最近若干年的总体变化趋势，来预测组织在未来某一时期的人力资源需求数量的方法。
   A. 趋势预测法　　　　　　　　　　B. 人员核查法
   C. 回归分析法　　　　　　　　　　D. 经验判断法

9. ［多项选择题］关于人力资源需求预测方法的说法，正确的有（　　）。
   A. 经验判断法是一种定性的主观判断法
   B. 回归分析法是一种定量的预测方法
   C. 德尔菲法要求专家们一起开会集体进行需求预测
   D. 定量的需求预测方法准确性往往比较高
   E. 定性的需求预测方法过于主观，不适合使用

10. ［单项选择题］关于企业在使用德尔菲法进行人员需求预测时应注意的问题，表述正确的是（　　）。
    A. 专家的挑选要有代表性，专家人数至少为10人
    B. 需要给专家提供充分的资料和信息
    C. 问题的表述尽量模糊，让专家能够独立判断
    D. 问题设计要合理，专家一次可以回答较多问题

11. ［单项选择题］由多名专家采用多轮、匿名方式对组织未来人力资源需求进行预测的方法是（　　）。
    A. 德尔菲法　　　　　　　　　　　B. 时间序列法

C. 比率分析法　　　　　　　　　D. 回归分析法

12. [单项选择题] 回归分析法是一种定量分析方法，首先建立人力资源需求数量与其影响因素之间的（　　）。

   A. 趋势关系　　　　　　　　　B. 函数关系
   C. 比例关系　　　　　　　　　D. 比率关系

 考点：人力资源供给预测

13. [单项选择题] 关于人力资源供给预测的说法，错误的是（　　）。

   A. 它要求企业能够获得的人力资源数量、质量和结构
   B. 它不需要了解外部劳动力市场的供给情况
   C. 它常常需要用到人力资源技能库中的信息
   D. 它可能会用到马尔科夫分析法

14. [单项选择题] 关于人力资源供给预测的说法，错误的是（　　）。

   A. 马尔科夫分析法主要采用转移矩阵的统计分析程序
   B. 人员替换法有利于激励员工士气，降低招聘成本
   C. 马尔科夫分析法和人员替换法是人力资源需求预测的方法
   D. 人力资源供给状况一定会受到外部劳动力市场总体供给情况的影响

15. [单项选择题] 某公司在进行人力资源供给预测时，针对某些关键职位，细致分析了组织内部能够填补该职位空缺的合格候选人，这种预测方法属于（　　）。

   A. 马尔科夫分析法　　　　　　B. 人员替换分析法
   C. 趋势预测法　　　　　　　　D. 转移矩阵

✏ 学习笔记

Day 13

▽ **考点**：人力资源供求平衡的基本对策

1. [多项选择题] 企业面临需求大于供给时，可采取的措施有（　　）。

　　A. 员工加班加点　　　　　　　　　B. 返聘退休员工

　　C. 部分业务外包　　　　　　　　　D. 降低员工离职率

　　E. 冻结人员雇佣

2. [多项选择题] 当组织面临人力资源需求小于供给时，适合采用的组织对策有（　　）。

　　A. 改进生产技术、优化工作流程　　B. 加强人力资源招募工作

　　C. 延长现有员工的工作时间　　　　D. 鼓励员工提前退休

　　E. 对富余人员进行培训

▽ **考点**：人力资源供求平衡的方法分析

3. [单项选择题] 企业在评估内部的人力资源供给情况时可以采用的工具是（　　）。

　　A. 劳动力市场供给趋势表　　　　　B. 竞争对手劳动力需求分析图

　　C. 员工技能数据库　　　　　　　　D. 本行业人员流动率分析表

4. [单项选择题] 在减少未来出现劳动力过剩的方法中，表述正确的是（　　）。

　　A. 裁员、降薪、职位调动等见效速度快，员工受伤害程度高

　　B. 职位分享见效速度中等，员工受伤害程度高

　　C. 冻结雇用见效速度慢，员工受伤害程度中等

　　D. 鼓励提前退休见效速度慢，员工受伤害程度低

5. [单项选择题] 关于人力资源外包与离岸经营的说法，错误的是（　　）。

　　A. 被外包出去的工作最好是"模块化的"工作

　　B. 在选择外包服务供应商时，该机构的规模越大越好、历史越长越好

　　C. 离岸经营意味着将工作岗位从一个国家转移到另一个国家

　　D. 可以离岸经营的工作岗位仅限于工作范围窄和非常初级的简单工作

6. [多项选择题] 关于非带薪休假的说法，错误的有（　　）。

　　A. 非带薪休假是指通过短期内减少员工的带薪工作日，降低人工成本，避免解雇员工

　　B. 非带薪休假是指通过保持单位时间的薪酬水平不变，但是减少全体员工的工作时间来避免裁员

　　C. 员工们之间还可以通过自觉转让工作时间为彼此提供帮助

　　D. 有助于企业保存现金或是保证现金流

　　E. 企业可以长期使用

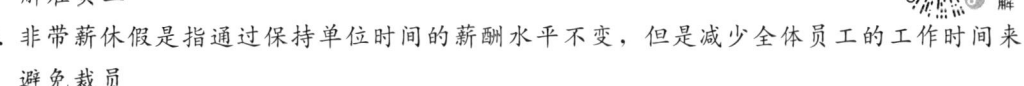

✎ **学习笔记**

Day 14

模块：案例集锦

[案例分析题] 某企业自成立后发展迅速，随着市场份额的不断扩大，企业人员数量由2 500人增加到6 000人。但是随着市场产能过剩，市场空间逐步缩小，企业决定采取收缩战略，再加上该企业的产品类型较为单一，所以企业整体的人员冗余情况比较严重。而与此同时，内部有些部门却还存在着人手不足和明显的人岗不匹配现象。在行业不景气的大形势下，未来如何维持企业运营并保持一定增长，需要企业充分利用现有的人力资源，以满足战略发展的需要，对此，该企业的管理者感到很困惑。

根据以上资料，回答下列问题：

(1) 更好地利用现有人力资源，该企业需要重点做好的人力资源管理工作有（　　）。

　　A. 人力资源优化配置　　　　　　B. 提高员工福利

　　C. 招聘新员工　　　　　　　　　D. 人力资源规划

(2) 该企业当前面临的人员冗余问题，反映了（　　）对人力资源需求的影响。

　　A. 技术　　　　　　　　　　　　B. 企业战略

　　C. 人力资源供给　　　　　　　　D. 产品市场

(3) 解决该企业内部有些部门人才短缺的方法有（　　）。

　　A. 本部门员工加班加点

　　B. 通过改进生产技术提高效率

　　C. 对其他部门中可用的富余人员再培训后转到人才紧缺部门

　　D. 在本部门内进行职位分享

(4) 对企业整体人员过剩的情况，企业可以采取的方法有（　　）。

　　A. 职位外包　　　　　　　　　　B. 裁员

　　C. 鼓励提前退休　　　　　　　　D. 冻结雇佣

学习笔记

参考答案及解析

Day 12

1. D [解析] 人力资源规划就是指组织根据自身战略的需要，采用科学的手段来预测组织未来可能会遇到的人力资源需求和供给状况，进而制定必要的人力资源获取、利用、保留和开发计划，满足组织对于人力资源数量和质量的需求，从而不仅帮助组织实现战略目标，而且确保组织在人力资源的使用方面达到合理和高效。公司人力资源规划是从明确组织的战略规划开始的。

2. AB [解析] 狭义的人力资源规划专指组织的人员供求规划或雇用规划。广义的人力资源规划包括人力资源战略规划、人员供求规划、培训开发规划、绩效管理规划、薪酬福利规划、员工关系规划以及中高层管理人员的接班规划或继任规划等。

3. ABC [解析] 人力资源规划的意义和作用包括：①人力资源规划有利于组织战略目标的实现；②良好的人力资源规划有利于组织整体人力资源管理系统的稳定性、一致性和有效性，有利于组织的健康和可持续发展；③良好的人力资源规划还有助于组织对人工成本的合理控制。

4. D [解析] 组织变革包括组织结构的重新调整、流程再造以及业务外包等对人力资源需求的影响。产品和服务的影响因素包括国家的宏观政策调整和新法律法规的出台、国际贸易环境的变化所致，又有可能是因为消费者对产品或服务的消费偏好发生了变化，还有可能是竞争对手推出了更好的替代产品和服务等。

5. B [解析] 一个组织提供的产品和服务的变化情况显然是影响组织的劳动力需求的最为重要的因素之一。根据劳动经济学的基本原理，劳动力需求是从外部客户对组织所提供的产品和服务的需求中派生出来的。因此，当外部市场对组织所提供的产品和服务的需求在未来可能出现扩张或萎缩的情况下，组织的人力资源需求必然会受到影响。

6. B [解析] 人力资源需求预测的主要方法包括经验判断法、德尔菲法、比率分析法、趋势预测法、回归分析法。其中，比率分析法是基于某种关键的经营或管理指标与组织的人力资源需求量之间的固定比率关系，来预测未来人力资源需求的方法。

7. B [解析] 经验判断法是组织中各级领导根据自己的经验和直觉，自下而上确定未来所需人员的方法。经验判断法是一种较粗的人力需求预测方法，适用于短期预测，对组织规模较小、结构简单和发展均衡稳定的企业比较有用。

8. A [解析] 趋势预测法实际上是一种简单的时间序列分析法，是根据一个组织的雇佣水平在最近若干年的总体变化趋势，来预测组织在未来某一时期的人力资源需求数量的方法。

9. ABD [解析] 定性预测方法包括：①经验判断法；②德尔菲法。定量预测方法（预测更精确）包括：①趋势预测法；②比率分析法；③回归分析法。A、B、D三项正确。德尔菲法研究小组中的人彼此之间并不见面，也不进行沟通，C项错误。E项说法太绝对，故错误。

10. B [解析] 德尔菲法需要注意的问题：①专家人数一般在20～30人，专家的挑选要有代表性；②问题的设计要合理，不要让专家一次回答过多的问题；③向专家提供的资料和信息相对充分，从而使他们能够进行预测和判断。

11. A [解析] 德尔菲法的特点包括：①吸收和综合了众多专家的意见，避免了个人预测的片面性；②不采用集体讨论的方式，而是匿名进行，避免了从众行为；③采取多轮预测的方法，具有较高的准确性。

12. B [解析] 回归分析法是一种定量分析方法，首先建立人力资源需求数量与影响因素之间的函数关系，然后将这些影响因素的未来估计值代入函数，从而计算出组织未来的人力资源需求量。

13. B [解析] 人力资源的供给预测就是指一个组织对自己在未来的某一特定时期内能够获得的人力资源数量、质量以及结构等所进行的估算，A项正确。人力资源供给预测的影响因素包括：①外部劳动力市场总体供给情况；②内部劳动力市场总体供给情况。B项错误。人力资源技能库是评价现有员工供给状况的一种工具，C项正确。人力资源供给预测的方法包括人员替换分析法、马尔科夫分析法。D项正确。

14. C [解析] 马尔科夫分析法和人员替换法是人力资源供给预测的方法，C项错误。

15. B [解析] 根据题干描述，针对组织内部的某个或某些特定的职位，确定能够在未来承担该职位工作的合格候选人，属于人员替换分析法。

Day 13

1. ABCD [解析] 人力资源需求大于供给时采取的措施包括：①延长现有员工的工作时间；②人员招募、返聘退休员工、雇佣非全日工等；③降低现有人员的流失率；④提高员工的工作效率；⑤外包。

2. DE [解析] 当人力资源需求小于供给时，可以采取的主要措施包括：①冻结雇佣；②鼓励员工提前退休；③缩短每位现有员工的工作时间，采用工作分享的方式同时降低工资；④临时性解雇或永久性裁员；⑤对富余人员进行培训。

3. C [解析] 员工技能数据库是用于评价现有员工供给状况的一种主要工具。

4. D [解析] 减少未来出现劳动力过剩的方法如下：

方法	速度	员工受伤害的程度
裁员	快	高
降薪	快	高
降级	快	高
职位调动	快	中等
职位分享	快	中等
冻结雇用	慢	低
自然减员	慢	低
提前退休	慢	低
重新培训	慢	低

5. D [解析] 最初被以离岸经营方式外包出去的许多工作岗位，其工作范围比较窄、工作内容比较简单，如生产岗位、呼叫中心的服务岗位等，而现在已经延伸到很多高技能的工作岗位，如证券分析、技术研发等。

6. BCE [解析] 工作共享或职位共享是通过保持单位时间的薪酬水平不变，但是减少全体员工的工作时间来避免裁员，减少员工的工作时间降低了薪酬成本，没有使员工被裁减，尽管工作量并不饱满，这相当于让大家都有工作做。B、C两项属于工作共享或职位共享；

非带薪休假只能解决短期问题，E 项错误。

Day 14

(1) AD ［解析］题干中企业中面临的一系列的问题就是人力资源规划没有做好，想要企业充分利用现有的人力资源，以满足战略发展的需要，首先要做好人力资源规划，良好的人力资源规划有利于组织战略目标的实现，D 项正确。题干中强调人岗不匹配，所以要进行人力资源优化配置，A 项正确。B、C 两项均是企业稳定后继而进行的工作。

(2) BD ［解析］题干中"企业决定采取收缩战略，再加上该企业的产品类型较为单一，所以企业整体的人员冗余情况比较严重"，反映了企业战略对人力资源需求的影响，故 B、D 两项正确。

(3) ABC ［解析］人力资源需求大于供给时的组织对策包括：①延长现有人员的工作时间；②人员招募；③降低现有人员的流失率；④通过改进生产技术、优化工作流程、加强员工培训等方式提高员工的工作效率；⑤将组织中的部分非核心业务外包。

(4) BCD ［解析］劳动力过剩的应对方法包括裁员、提前退休、冻结雇佣等；A 项职位外包是避免劳动力出现短缺的应对方法。

本章学习检查表

知识点或模块名称	初次学习		第一次复习		第二次复习	
	做对题目数/总题目数	学习日期	做对题目数/总题目数	复习日期	做对题目数/总题目数	复习日期
人力资源规划的内容、流程与意义						
人力资源需求预测						
人力资源供给预测						
人力资源供求平衡的基本对策						
人力资源供求平衡的方法分析						
案例集锦						

填写建议：

"做对题目数/总题目数"记录针对该知识点自己做题的情况，比如该知识点总题目数为10题，做对了其中7题，记录为7/10。

"学习日期"记录自己学习该知识点时的日期，建议把下一次复习的日期也写上。

本章强化测试

扫码做题

备忘录：

第六章 甄选

学习指导

本章知识点兼具理论和实际应用性，内容较多，出题灵活，出现案例分析题的可能性非常高，应以理解性掌握为主。本章的难点是信度和效度，比较抽象且不容易理解，可以结合实际例子理解性掌握。本章的重点是甄选的各种方法，也是每年的必考点。

时间	考点或模块
Day 15	➢甄选的概念及其意义 ➢甄选的可靠性与有效性 ➢心理测试
Day 16	➢成就测试 ➢评价中心技术 ➢面试
Day 17	➢履历分析 ➢案例集锦

Day 15

考点：甄选的概念及其意义

1. [单项选择题] 关于员工甄选的说法，错误的是（　　）。
   A. 从一开始就甄选到正确的人有利于培养一流员工
   B. 企业的甄选决策出现失误可能会使其付出很大的代价
   C. 甄选工作做好了，其他人力资源管理工作就不重要了
   D. 甄选到优秀的员工对于确保企业战略目标的达成至关重要

2. [单项选择题] 下列关于组织进行人员甄选的相关问题，表达错误的是（　　）。
   A. 甄选的目的是帮助组织筛选最优秀的人
   B. 不应该过多地在求职者之间相互比较
   C. 应该重点关注求职者与空缺职位需要达到的客观标准之间的比较
   D. 甄选决策失误不仅会对组织造成损失，也会对员工本人造成伤害

考点：甄选的可靠性与有效性

3. [单项选择题] （　　）是指一种测试或甄选技术对被试者的一种或多种工作行为或工作绩效进行预测的准确程度。
   A. 效标效度　　　　B. 复本效度　　　　C. 内容效度　　　　D. 构想效度

4. [单项选择题] 某项甄选测试的目的是评价求职者的逻辑能力，但是测试的题目设计不佳，变成了考查求职者的知识记忆情况，则该测试的（　　）比较低。
   A. 内容效度　　　　　　　　　　　　　B. 同时效度

C. 预测效度　　　　　　　　　　　D. 效标效度

5. [多项选择题] 关于重测信度的说法，正确的有（　　）。
   A. 又称再测信度
   B. 重测信度是指用同一种测试工具在不同的时间对同一群人进行多次测试所得到的结果的一致性程度
   C. 时间间隔越长，两次测试之间的相关系数就越高
   D. 根据一般经验，两次测试的时间间隔为半个月到半年可能比较合适
   E. 反映了两个测验在内容上的等值性程度

6. [多项选择题] 内部一致性信度又分为（　　）。
   A. 分半信度　　　　　　　　　　　B. 重测信度
   C. 复本信度　　　　　　　　　　　D. 同质性信度
   E. 评价者信度

7. [单项选择题] 当企业同时使用同一种测试的 A 卷和 B 卷进行甄选测试时，A 卷和 B 卷在测试内容上的等值程度称为（　　）。
   A. 复本信度　　　　　　　　　　　B. 分半效度
   C. 重测信度　　　　　　　　　　　D. 预测效度

8. [单项选择题] 关于信度测试的说法，正确的是（　　）。
   A. 重测信度是指用同一种测试工具在不同时间对不同的人群进行多次测试所得到的结果的一致性程度
   B. 复本信度是指对不同组的被测试者进行某种测试时，两种功能等值但表面内容并不相同的测试形式，然后考察在两种等值的测试中被测试者取得的分数之间的相关程度
   C. 内部一致性信度是指反映同一测试内容的各个题目之间的得分一致性程度
   D. 评价者信度是指不同评价者在使用不同测试工具时所给出的分数之间的一致性程度

9. [单项选择题] 关于想要达到较高的信度需要注意的问题，表述错误的是（　　）。
   A. 测试过程应该标准化，尽量能按测量学的要求去做
   B. 注意保持良好的测试环境，包括心理环境和物理环境
   C. 选取样本应尽可能集中在某一类人群，突出同质性特点
   D. 应注意测试的难度，避免出现地板效应或天花板效应

10. [单项选择题] 能够真正测出工作绩效的某些重要因素的测验方法具有较高的（　　）。
    A. 效标关联效度　　　　　　　　　B. 预测效度
    C. 内容效度　　　　　　　　　　　D. 构想效度

11. [单项选择题] 关于内容效度的说法，正确的是（　　）。
    A. 内容效度比较适合对智力及领导能力的评价
    B. 如果组织想在求职者入职后再对其进行正式培训让其掌握相关技能，使用内容效度评价比较合适
    C. 在内容效度中主要以客观判断为主
    D. 较高内容效度的测试将会使求职者置身于与实际工作非常类似的情境之中

▽ 考点：心理测试

12. [多项选择题] 从测试的内容来看，心理测试可以划分为（　　）三大类。
　　A. 评价中心技术　　　　　　　　B. 职业兴趣测试
　　C. 成绩测试　　　　　　　　　　D. 人格测试
　　E. 能力测试

13. [单项选择题] 关于能力测试的表述，错误的是（　　）。
　　A. 一般认知能力即通常所说的智商
　　B. 特殊认知能力测试又被称为职业能力倾向测试
　　C. 心理运动能力是对一个人受个体意识支配的精细动作能力进行的测试
　　D. 身体能力测试是对一个人运动速度、手臂稳定性、四肢协调性等所进行的测试

14. [单项选择题] MBTI人格类型测试从4个两极性的维度来测试人的行为风格，其中反映一个人获取信息的方式是（　　）。
　　A. 外倾—内倾　　　　　　　　　B. 感觉—直觉
　　C. 思考—情感　　　　　　　　　D. 判断—知觉

15. [单项选择题] 关于霍兰德职业兴趣测试的表述，错误的是（　　）。
　　A. 现实型适合从事技能和技术性的职业
　　B. 研究型适合从事工程设计类工作
　　C. 社会型适合从事事务性工作、图书管理等
　　D. 企业型适合担任企业领导或行政管理人员等

16. [单项选择题] 某公司在新员工甄选过程中采用了人格测试，要求求职者基于自身感受实事求是地填答一套包括是非题、选择题的书面问卷。这种人格测试的方法属于（　　）。
　　A. 投射法　　　　　　　　　　　B. 自陈量表法
　　C. 评价量表法　　　　　　　　　D. 标杆法

17. [单项选择题] 根据霍兰德的职业兴趣理论，冒险、乐观、自信，有进取心，喜欢承担领导责任的职业兴趣类型是（　　）。
　　A. 现实型　　　　　　　　　　　B. 企业型
　　C. 常规型　　　　　　　　　　　D. 艺术型

✎ 学习笔记

Day 16

考点：成就测试

1. [单项选择题] 关于员工甄选中工作样本测试的说法，错误的是（   ）。
   A. 它所考察的内容与实际工作内容具有较高相似度
   B. 它的开发成本较高
   C. 它的效度比较高
   D. 它的普遍适用性很高

2. [单项选择题] 某计算机公司招聘软件工程师时，要求求职者参与编程测试，这种测试方法属于（   ）。
   A. 工作样本测试　　　　　　　　B. 评价中心技术
   C. 公文筐测试　　　　　　　　　D. 知识测试

3. [单项选择题] 注册会计师职业资格考试属于（   ）。
   A. 认知能力测试　　　　　　　　B. 人格测试
   C. 知识测试　　　　　　　　　　D. 心理测试

4. [多项选择题] 关于成就测试方法的说法，不正确的有（   ）。
   A. 评估一个人在接受教育或训练之后获得的学习成果
   B. 注重预测效度
   C. 注重内容效度
   D. 在接受教育或训练之前进行
   E. 专门针对特定职位设计，开发成本相对较高

考点：评价中心技术

5. [单项选择题] 角色扮演法不能测出的能力是（   ）。
   A. 解决问题能力　　　　　　　　B. 领导能力
   C. 行政管理能力　　　　　　　　D. 压力能力

6. [多项选择题] 关于公文筐测试的说法，错误的有（   ）。
   A. 适合对管理人员进行评价
   B. 公文筐测试是评价中心技术中最常用和最核心的技术之一
   C. 不易得到被测试者的理解和接受
   D. 编制成本较低
   E. 对场地没有过多的要求

7. [多项选择题] 关于无领导小组讨论的说法，正确的有（   ）。
   A. 可以采用两难性问题
   B. 通常会涉及可能会在一位管理者的案头出现的各种需要处理的文件
   C. 操作性问题适合技术性比较强的行业
   D. 根据自己对角色的认识或担任相关角色的经验来进行相应的语言表达和行为
   E. 对测试题目的要求较高，对评价者的评分技术要求较高，被测试者仍然有可能会有意识地表现自己或掩饰自己

8. [单项选择题] 可以引发被测试者的充分辩论且适用于指定角色的无领导小组讨论的试题是（　　）。
   A. 开放式问题
   B. 操作性问题
   C. 两难性问题
   D. 资源争夺性问题

9. [多项选择题] 关于无领导小组讨论的说法，正确的有（　　）。
   A. 考官并不参与讨论，而是在不干扰讨论的情况下进行观察
   B. 通过无领导小组讨论可以考察求职者的口头表达以及人际交往等方面的能力
   C. 无领导小组讨论让一开始没有领导者的一组人通过讨论选出一位领导者
   D. 在无领导小组讨论中，求职者的地位是平等的
   E. 无领导小组讨论使用的问题必须是两难性的问题

▽ 考点：面试

10. [多项选择题] 与非结构化面试相比，结构化面试的特点有（　　）。
    A. 面试问题很容易受到面试考官个人兴趣或工作背景等因素的影响
    B. 面试考官和被面试者的谈话不那么顺畅和自然
    C. 面试考官可以根据被面试者的个人特征对一些个性化的问题进行更为深入的探讨
    D. 可以做到面试的结构性与灵活性的结合
    E. 面试的公平性可以保证

11. [单项选择题] 关于按组织形式划分的面试类型的优缺点，表述错误的是（　　）。
    A. 单独面试双方对话不顺利时，容易出现比较尴尬的场面
    B. 系列面试能够比较快速、准确地做出评价
    C. 小组面试可以使各面试考官在提问题的时候注意互相补充
    D. 集体面试能够考查候选人的人际关系能力和语言表达能力

12. [单项选择题] 由一组面试考官在同一时间和同一场所，共同对一名被面试者进行提问、观察并做出评价的面试方法属于（　　）。
    A. 单独面试
    B. 系列面试
    C. 小组面试
    D. 集体面试

13. [单项选择题] 情境化结构面试通常需要遵循"STAR"原则，其中需要完成的主要工作任务由（　　）表示。
    A. A
    B. S
    C. R
    D. T

14. [单项选择题] "如果客户投诉你的某位下属存在工作态度问题，你会怎么做？"这种面试问题属于（　　）。
    A. 知识性问题
    B. 人格性问题
    C. 经验性问题
    D. 情境化问题

15. [多项选择题] 根据标准化程度划分的面试类型不包括（　　）。
    A. 结构化面试
    B. 一对一面试
    C. 电话面试
    D. 非结构化面试
    E. 半结构化面试

16. [多项选择题] 公司决定对面试考官进行系统培训，这种系统培训应当让考官掌握的要点包括（　　）。
   A. 为了更好地考核候选人的真实情况，应让候选人充分发挥，不要试图控制面试时间
   B. 如果在面试之初就对一位候选人很有把握，可尽快作出决定，不必浪费太多时间
   C. 了解面试中容易出现的误区和相应的解决方法
   D. 让面试考官学会如何与各种不同类型的被面试者打交道
   E. 应当对不同的被面试者提问的问题不一致

17. [单项选择题] 组织根据某种特定的先后顺序，安排组织中的若干人员对同一位被面试者进行多轮面试，最后再将所有面试考官独立得出的面试结果加以汇总，从而最终得出面试结论。这种面试是（　　）。
   A. 系列面试　　　　　　　　　B. 小组面试
   C. 单独面试　　　　　　　　　D. 集体面试

✎ 学习笔记

Day 17

▽ **考点**：履历分析

1. [多项选择题] 关于履历分析技术对作为分析对象的履历要求的说法，正确的有（　　）。
   A. 真实
   B. 清晰
   C. 全面
   D. 必须和工作相关
   E. 实用性强

▽ **模块**：案例集锦

2. [案例分析题] 最近，某公司人力资源部对员工甄选效果进行了评估，发现了一些不太理想的情况。

   第一，公司很多管理人员甚至高层管理人员不重视员工甄选工作，参与面试时存在"应付差事""走过场"的情况，向求职者提出的问题天马行空，比较随意。

   第二，有些已经录用的员工与公司文化不相匹配。例如，有些人沟通能力较差，缺乏团队合作精神，无法融入集体。

   第三，尽管公司在甄选过程中采用了多种测试方法，但在实际工作中却发现，一些当时测试得分较高的人，其实实际工作绩效反而不如一些测试分数相对较低的人。

   人力资源部就这些情况，咨询了相关专家。专家建议针对第一种情况可实施情景化结构面试并建立题库；针对第二种情况可增加无领导小组讨论方法。

   根据以上材料，回答下列问题：

   (1) 下列面试问题中，属于情境化的结构面试题目的是（　　）。
      A. 请谈一谈你本人有哪些优点
      B. 请谈一下你对所面试工作的认识
      C. 请谈一谈你为什么希望进入本公司
      D. 请你举一个具体的例子，说明你自己确定了一个很高的目标并最终得以实现

   (2) 关于无领导小组讨论的说法，正确的是（　　）。
      A. 无领导小组讨论能够考察被试者的人际沟通能力、口头表达能力和领导能力
      B. 在无领导小组讨论中，每个人的地位都是平等的
      C. 在无领导小组讨论中，评价者不参与讨论过程
      D. 无领导小组讨论对评价者的评价技术要求比较低

   (3) 第三种情况表明，该公司员工甄选体系的（　　）比较低。
      A. 预测效度
      B. 构想效度
      C. 内部一致性信度
      D. 重测信度

3. [案例分析题] 某公司过去的员工甄选工作比较简单，一般是人力资源部门先筛选简历，重点看简历是否符合公司的任职资格要求，然后再将条件最好的几个人推荐给用人部门进行简单的笔试和面试。

   最近几年，公司发现这种过于简单的员工甄选方法存在很多问题。问题一是陆续出现了一些管理人员违规侵占公司利益的问题。经过调查发现，公司录用的跳槽过来的个别人员在上家公司工作时就存在类似问题，因为被发现，才不得不选择跳槽。问题二是公司采用的甄

选测试方法缺乏有效性，一些测试得分较高的人被录用后，实际工作绩效却不如一些分数低的人。问题三是由于面试考官没有受过系统培训，面试方法不够科学。问题四是公司在招录管理人员时，只进行简单的笔试和面试，甄选方法过于单一，效果欠佳。

为此，公司人力资源管理部门准备系统学习和掌握员工甄选工作的基本原理和相关规范，并在此基础上改进公司员工甄选系统，包括引进评价中心技术、改善面试效果等。

根据以上材料，回答下列问题：

（1）一些测试得分较高的人被录用后，实际工作绩效却不如一些分数低的人，这说明该公司甄选测试的（　　）比较低。

　　A. 内部一致性效度　　　　　　　　B. 预测效度

　　C. 同质性效度　　　　　　　　　　D. 分半效度

（2）为了解决案例中的问题一，该公司可以采取的措施有（　　）。

　　A. 对候选人进行履历分析以更好地了解其背景

　　B. 对候选人进行知识测试以了解其专业知识程度

　　C. 对候选人进行认知能力测试以了解其认知能力

　　D. 对候选人进行职业兴趣测试以了解其职业兴趣

（3）为了解决案例中的问题三，公司决定对面试考官进行系统培训。这种系统培训应当让考官掌握的要点包括（　　）。

　　A. 为了更好地考核候选人的真实情况，应让候选人充分发挥，不要试图控制面试时间

　　B. 如果在面试之初，就对一位候选人很有把握，可尽快作出决定，不必浪费太多时间

　　C. 了解面试中容易出现的误区和相应的解决方法

　　D. 为了更好地考察，考官应该在面试前留出时间看候选人的简历

（4）为了解决案例中的问题四，该公司准备采用评价中心技术，关于评价中心技术的说法，正确的是（　　）。

　　A. 评价中心技术能够有效考察候选人的管理能力和问题解决能力

　　B. 评价中心技术通过要求候选人完成实际工作任务来进行测试

　　C. 评价中心技术在甄选管理人员方面具有较高的效度

　　D. 评价中心技术包括公文筐测试和角色扮演等

学习笔记

第六章　甄选

参考答案及解析

Day 15

1. C ［解析］本题中，C项说法太绝对，故错误。
2. A ［解析］甄选方案都是要努力找出最有可能达到或超越组织绩效准确要求的人，实现最优匹配，而不是挑选最优秀的人。
3. A ［解析］效标效度是指一种测试或甄选技术对被试者的一种或多种工作行为或工作绩效进行预测的准确程度。
4. A ［解析］内容效度是指一项测试的内容与测试所要达到的目标之间的相关程度，即一项测试的内容能够代表它所要测量的主题或特质的程度。
5. ABD ［解析］时间间隔越长，两次测试之间的相关系数就越低，C项错误。复本信度的高低反映了两个测验在内容上的等值性程度，E项错误。
6. AD ［解析］内部一致性信度的方式主要有两种，即分半信度和同质性信度。
7. A ［解析］复本信度是指对同一组被测试者进行某种测试时，使用两种功能等值但是表面内容并不相同的测试形式，然后考察在这两种等值的测试中被试者取得的分数之间的相关程度。
8. C ［解析］重测信度又称再测信度，是指用同一种测试工具在不同时间对同一群人进行多次测试所得到的结果的一致性程度，A项错误；复本信度是指对同一组的被测试者进行某种测试时，两种功能等值但表面内容并不相同的测试形式，然后考察在两种等值的测试中被试者取得的分数之间的相关程度，B项错误；评价者信度是指不同评价者在使用同一种测试工具时所给出的分数之间的一致性程度，D项错误。
9. C ［解析］选取的样本要具有广泛的代表性，抽样时样本应尽量具有异质性，而不是集中于某一类人。
10. C ［解析］内容效度是指一项测试的内容与测试所要达到的目标之间的相关程度，即一项测试的内容能够代表它所要测量的主题或特质的程度。
11. D ［解析］内容效度的检验主要采用专家判断法，不太适合对智力、领导能力以及诚实性等较为抽象的特质进行评价，A项错误。如果一个组织准备在甄选和雇用求职者之后，再通过正式培训计划来教会他们掌握工作所必需的技能，那么内容效度就不太适合，B项错误。在内容效度中主观判断的作用很大，因而必须设法将判断过程中的推测成分减至最少，最好是将评价者的评分建立在某种相对具体和可观察的行为的基础之上，C项错误。
12. BDE ［解析］心理测试可以分为能力测试、人格测试、职业兴趣测试三大类。
13. D ［解析］身体能力测试是对一个人动态强度、爆发力、广度灵活性、动态灵活性、身体协调性与平衡性等所进行的测试。
14. B ［解析］MBTI测试问卷从4个两极性的维度来测试人的行为风格：①外倾—内倾，反映了一个人的注意力集中方向；②感觉—直觉，反映了获取信息的方式；③思考—情感，反映了处理信息和做出决策的方式；④判断—知觉，反映了通常表现出来的对待外界的方式。
15. C ［解析］社会型适合从事教育、咨询等方面的工作。
16. B ［解析］自陈量表法，即编制好一套人格测试问卷之后，由被测试者本人根据自己的实际情况或感受来回答问卷中的全部问题，以此来衡量一个人的人格。

17. B [解析] 根据霍兰德职业兴趣理论，具有企业型职业兴趣的人勇于冒险、乐观、自信、精力充沛、有野心，喜欢担任有领导责任的工作，看重政治和经济方面的成就，喜欢追求财富、权力和地位，喜欢与人争辩，喜欢说服别人接受自己的观点，适合担任企业领导或行政管理人员。

Day 16

1. D [解析] 工作样本测试普遍适用性低，只能针对不同的职位来开发不同的测试，D项错误。

2. A [解析] 工作样本测试是在一个对实际工作的一部分或全部进行模拟的环境中，让求职者实地完成某些具体的工作任务的一种测试方法。

3. C [解析] 成就测试通常是对一个人在接受了一定的教育或训练之后获得的成果进行的测试，测试目的是考察一个人多大程度上掌握了对于从事某种具体的工作而言非常重要的那些知识或技能，包括知识测试和工作样本测试。其中，知识测试也就是考试，主要考察一个人在一定领域中掌握的知识的广度和深度，如注册会计师考试。

4. BDE [解析] 成就测试又被称为熟练性测试或学绩测验，通常是对一个人在接受了一定的教育或训练之后获得的成果进行测试，测试目的是考察一个人在多大程度上掌握了对于从事某种具体的工作而言非常重要的那些知识或技能。成就测试注重内容效度。B、D两项属于认知能力测试，E项属于工作样本测试。

5. C [解析] 角色扮演不能测出行政管理能力。

6. CD [解析] 表面效度较高，容易得到被测试者的理解和接受，C项错误。编制成本较高，D项错误。

● 考点再现

Q_6. 公文筐测试的优点包括：①适合对管理人员进行评价，有较高的内容效度和效标效度；②操作比较简单，对场地没有过多的要求；③表面效度较高，容易得到被测试者的理解和接受。公文筐测试的缺点包括：①编制成本较高；②评分比较困难，不同的评价者由于自身的背景、工作经验、管理理念等不同，对不同的公文处理方式的看法也会有所不同；③由被测试者单独完成的，无法观察被测试者的人际交往能力和团队工作能力。

7. ACE [解析] 无领导小组讨论分为五种形式：开放式问题、两难性问题、多项选择题、操作性问题、资源争夺性问题，A项正确。操作性问题适合技术性比较强的行业，如电器安装和维修以及设计图片或者其他需要实际手动操作的职业，C项正确。对测试题目的要求较高，对评价者的评分技术要求较高，被测试者仍然有可能会有意识地表现自己或掩饰自己，E项正确。B项属于公文筐测试的内容，D项属于角色扮演的内容。

8. D [解析] 资源争夺性问题适用于指定角色的无领导小组讨论，它是让处于同等地位的被测试者就有限的资源进行分配，从而考察被测试者分析问题的能力、逻辑思维能力、语言表达能力、辩论以及说服他人的能力、反应的灵活性等。所以此类问题可以引发被测试者的充分辩论。

9. ABD [解析] 所谓的"无领导小组"，就是指在讨论的过程中，组织者不会为该小组指定一名领导人，而是让大家自由发言，是评价中心技术中经常使用的一种测评技术，C项错误。无领导小组讨论有五种试题的选择，E项错误。

10. BE [解析] A、C两项属于非结构化面试特点；D项属于半结构化面试特点。

11. B [解析] 系列面试的优点：最终的甄选决策是在综合多位面试考官分别独立得出的面试结论

的基础上作出的,从而有利于确保面试结果的有效性,避免了因为某一名面试考官个人的偏见或疏忽出现的评价误差。缺点:需要参与的人员数量较多,耗费的时间较长。

12. C [解析] 小组面试是由一组面试考官在同一时间和同一场所,共同对一名被面试者进行提问、观察并做出评价的面试方法。

13. D [解析] "STAR"原则中,S是指环境、A是指行动、R是指结果、T是指需要完成的主要工作任务。

14. D [解析] 情境化结构面试的题目分为以过去经验为依据和未来导向型,题干属于"假设"的情况,D项正确。

15. BC [解析] 根据面试的标准化程度,面试可以分为非结构化面试、结构化面试以及半结构化面试三种类型。B项属于根据面试组织形式划分的面试类型。C项属于特殊的面试形式。

16. CD [解析] 在面试时应当由面试考官掌握主动,控制面试的问题及时间,A项错误;避免对自己评价求职者的能力过于自信,导致匆忙下结论,B项错误;应当避免对不同的被面试者提问的问题不一致才能更好地保证面试的公平性,E项错误。

17. A [解析] 系列面试又称顺序面试,是指组织根据某种特定的先后顺序,安排组织中的若干人员对同一位被面试者进行多轮面试,最后再将所有面试考官独立得出的面试结果加以汇总,从而最终得出面试结论。

Day 17

1. ACD [解析] 履历分析技术对作为分析对象的履历的要求包括:①履历信息必须真实;②履历信息必须全面;③履历信息必须和工作相关。

2. (1) D [解析] 在情境化结构面试中,被面试者需要回答的问题并不是一些抽象的或者与未来的实际工作联系不那么紧密的问题,而是他们将来在实际工作中很可能会遇到的工作环境以及非常具体的工作任务、工作问题或难题。D项中的"具体"是关键词。

   (2) ABC [解析] 无领导小组讨论存在的问题之一是对评价者的评分技术要求较高,D项错误。

   (3) A [解析] 预测效度考察的是员工被雇用之前的测试分数与其被雇用之后的实际工作绩效之间是否存在实证性联系。根据案例,尽管公司在甄选过程中采用了多种测试方法,但在实际工作中却发现,一些当时测试得分较高的人,其实际工作绩效反而不如一些测试分数相对较低的人,由此可知,该公司员工甄选体系的预测效度较低。

3. (1) B [解析] 预测效度考察的是员工被雇用之前的测试分数与其被雇用之后的实际工作绩效之间是否存在实证性联系。

   (2) A [解析] 履历分析又称资历分析或评价技术,它通过对一个人的基本背景以及学习、工作、生活经历甚至个人习惯等与工作相关的履历信息进行收集和分析,从而判断一个人对未来工作岗位的适应性以及预测其未来工作绩效、任职年限和流动性等特征的一种人才测评方法。因此,想要解决问题一,应该对候选人进行履历分析以更好地了解其背景。

   (3) CD [解析] 对面试考官的培训重点包括:①明确面试考官的职责及其在面试过程中所扮演的角色;②传授引导和控制面试过程的技巧;③让面试考官学会如何与各种不同类型的被面试者打交道;④使面试考官理解在进行面试评价时可能出现的各种偏差。面试中应该根据岗位的情况合理确定对每一位被面试者进行面试的时间长度,A、B两项错误。

   (4) ACD [解析] 评价中心技术通过要求候选人完成模拟工作任务进行测试,B项错误。

本章学习检查表

知识点或模块名称	初次学习		第一次复习		第二次复习	
	做对题目数/总题目数	学习日期	做对题目数/总题目数	复习日期	做对题目数/总题目数	复习日期
甄选的概念及其意义						
甄选的可靠性与有效性						
心理测试						
成就测试						
评价中心技术						
面试						
履历分析						
案例集锦						

填写建议：

"做对题目数/总题目数"记录针对该知识点自己做题的情况，比如该知识点总题目数为10题，做对了其中7题，记录为7/10。

"学习日期"记录自己学习该知识点时的日期，建议把下一次复习的日期也写上。

本章强化测试

扫码做题

备忘录：

第七章 绩效管理

学习指导

本章是重难点章节，内容多、分值高。本章涉及专业词汇较多，不容易理解、记忆。其中，绩效考核技术与绩效管理工具属于易错易混知识点，在充分理解的基础上做题，会有事半功倍的效果。

时间	考点或模块
Day 18	➢ 绩效管理概述 ➢ 战略性绩效管理 ➢ 绩效计划
Day 19	➢ 绩效监控及辅导 ➢ 绩效评价 ➢ 绩效管理工具
Day 20	➢ 绩效反馈面谈 ➢ 绩效改进 ➢ 绩效考核结果的应用 ➢ 团队绩效考核 ➢ 国际人力资源的绩效考核
Day 21	➢ 案例集锦

▶▶▶ Day 18

▼ 考点：绩效管理概述

1. [单项选择题] 关于绩效管理与绩效考核的说法，正确的是（　　）。
   A. 绩效考核侧重于信息的沟通和绩效的提高
   B. 绩效管理有助于组织战略目标的实现
   C. 绩效管理是绩效考核的重要组成部分
   D. 绩效考核有助于建设和谐的组织文化

2. [多项选择题] 关于有效的绩效管理体系的说法，正确的有（　　）。
   A. 可靠性是指能够确保不同的评价者对同一个员工的评价基本相同
   B. 准确性是指可以明确区分高效率员工和低效率员工
   C. 敏感性是指能够将工作标准和组织目标相联系
   D. 可接受性是指能够得到组织上下的接受和支持
   E. 实用性是指收益要大于绩效管理体系的建立和维护成本

3. [单项选择题] 关于绩效管理的说法，错误的是（　　）。
   A. 绩效管理是管理者与员工通过持续开放的沟通，就组织目标和目标实现方式达成共识

的过程

B. 绩效管理侧重于绩效的评估

C. 绩效管理的目的之一是建立绩效优化体系，实现组织与个人绩效的紧密结合

D. 绩效管理强调信息的沟通和绩效的提高

4. [多项选择题]影响绩效管理实施有效性的因素包括（　　）。

A. 绩效奖金的发放方式　　　　B. 高层领导者的支持

C. 管理者对绩效管理的认知　　D. 绩效系统的时效性

E. 绩效管理与组织战略的相关性

▽ 考点：战略性绩效管理

5. [单项选择题]对于采用成本领先战略的企业，适宜的绩效管理策略是（　　）。

A. 选择以结果为导向的绩效考核方法

B. 评价指标选择一些非财务指标

C. 采取频繁的绩效考核和多元化的评价主体

D. 选择以行为为导向的绩效考核方法

6. [单项选择题]关于企业不同竞争战略下的绩效管理策略的说法，正确的是（　　）。

A. 采用成本领先战略的企业，应尽量使绩效考核的主体多元化

B. 采用差异化战略的企业，应尽量缩短绩效考核的周期

C. 采用差异化战略的企业，应尽量使绩效考核的主体简单化

D. 采用成本领先战略的企业，应选取以结果为导向的绩效考核方法

7. [单项选择题]关于不同竞争态势战略下的绩效管理策略的说法，正确的是（　　）。

A. 企业在采用探索者战略时，绩效考核应尽量采用以内部流程为导向的评价方法

B. 企业在采用跟随者战略时，绩效考核应尽量采用平衡计分卡法

C. 企业在采用探索者战略时，绩效考核应尽量采用以行为为导向的评价方法

D. 企业在采用防御者战略时，绩效考核应尽量多角度地选择考核指标

8. [单项选择题]采用跟随者战略的企业适宜采用的绩效考核方法是（　　）。

A. 关键事件法　　　　　　　　B. 以行为为导向的考核方法

C. 标杆超越法　　　　　　　　D. 行为锚定法

▽ 考点：绩效计划

9. [单项选择题]绩效计划的内容、形式、指标的设定要充分考虑到不同职位的特点，体现的制订原则是（　　）。

A. 战略相关性原则　　　　　　B. 系统化原则

C. 职位特色原则　　　　　　　D. 突出重点原则

10. [单项选择题]关于绩效计划的说法，错误的是（　　）。

A. 绩效计划是绩效管理的第一个环节，是绩效管理的起点

B. 绩效计划的制订是一个自上而下的过程，也可以是自下而上的过程

C. 绩效计划应该由各级主管和员工共同参与制订

D. 绩效计划目标可以包括绩效目标和发展目标两类

11. ［多项选择题］绩效目标中的发展目标强调的是与组织目标相一致的（　　）。
    A. 部门目标　　　　　　　　　　B. 个人目标
    C. 价值观　　　　　　　　　　　D. 能力
    E. 核心行为

✎ 学习笔记

Day 19

▼ **考点**：绩效监控及辅导

1. [单项选择题] 关于绩效辅导的说法，错误的是（　　）。
   A. 绩效辅导是绩效考核的一种方法和手段
   B. 绩效辅导是一种提高员工绩效水平的方法
   C. 绩效辅导能够帮助员工解决当前绩效实施过程中出现的问题
   D. 绩效辅导贯穿于绩效实施的全过程，是一种经常性的管理行为

2. [单项选择题] 通过管理者与员工进行持续的沟通，预防或解决绩效周期内可能存在的问题，以确保更好地完成绩效计划的过程称为（　　）。
   A. 绩效考核　　　B. 绩效监控　　　C. 绩效计划　　　D. 绩效反馈

3. [单项选择题] 关于绩效监控与绩效辅导的说法，错误的是（　　）。
   A. 绩效辅导是在已经掌握下属工作绩效的前提下，为提高绩效水平而进行的一系列活动
   B. 绩效监控是绩效辅导的基础
   C. 绩效监控是管理者为掌握下属的工作绩效情况而进行的一系列活动
   D. 绩效监控能够客观、准确地评价员工工作行为和工作结果

▼ **考点**：绩效评价

4. [单项选择题] 关于绩效评价误区的说法，正确的是（　　）。
   A. 上级根据最初印象对员工做出绩效评价，因此产生的评价误区称为刻板印象
   B. 上级对员工某一特质产生强烈、清晰的感知，导致其忽略了此员工其他方面品质，因此产生的评价误区称为晕轮效应
   C. 上级不恰当地给自己喜爱的下属较高的绩效评价分数，因此产生的评价误区称为盲点效应
   D. 上级对员工的绩效评价结果受到员工所属群体的影响，因此产生的评价误区称为首因效应

5. [单项选择题] 关于绩效评价误区的说法，正确的是（　　）。
   A. 上级根据过宽或过严的标准对员工进行绩效评价的误区，称为趋中效应
   B. 上级根据对员工的最初印象做出绩效评价的误区，称为晕轮效应
   C. 上级根据对员工的最终印象做出绩效评价的误区，称为近因效应
   D. 上级对员工的某种强烈而清晰的特质感知导致其忽略了员工在其他方面的表现，这种评价误区称为盲点效应

6. [多项选择题] 关于绩效评价技术的说法，正确的有（　　）。
   A. 图尺度评价法开发成本较低，但适应性不强
   B. 行为锚定法的计量方法更为准确，评价结果有利于绩效反馈
   C. 配对比较法在人数较少的情况下，能快速比较出员工的绩效水平
   D. 强制分布法的结果比较客观，且有利于管理手段的实施
   E. 关键事件法非常费时

7. [多项选择题] 下列绩效评价技术属于比较法的有（　　）。
   A. 排序法　　　　　　　　　　　　　B. 配对比较法

C. 行为锚定法 D. 强制分布法
E. 关键事件法

8. [多项选择题] 行为观察量表法的主要缺点有（　　）。
   A. 很难包括所有的行为指标的代表性样本　B. 开发成本高
   C. 效度有待提高　D. 主管人员单独考核工作量太大
   E. 操作流程简单

9. [单项选择题] 关于绩效评价技术的说法，正确的是（　　）。
   A. 根据某项评价标准，将每位员工逐一与其他员工比较选出优胜者，最后根据每位员工获胜的次数进行绩效排序，这种绩效评价方法是配对比较法
   B. 列出评估指标，要求评估者在观察的基础上将员工的工作行为与评价标准进行对照，以判断该行为出现的频率或完成程度，这种绩效评价方法是交替排序法
   C. 将每项工作的特定行为用一张等级表（从最积极的行为到最消极的行为）进行反映，评估者只需将员工的行为对号入座，这种绩效评价方法是行为观察量表法
   D. 采取"掐头去尾"和"逐级评价"的方法最终获得员工业绩排序，这种绩效评价方法是行为锚定法

10. [单项选择题] 关于绩效评价技术的说法，错误的是（　　）。
    A. 强制分布法要求评估者将被评估者的绩效结果放入一个类似于正态分布的标准中
    B. 行为观察量表法是指列出评估指标，要求评估者在观察的基础上将员工的工作行为与评价标准进行对照，以判断该行为出现的频率或完成程度
    C. 图尺度评价是指将每项工作的特定行为用一张等级表（从最积极的行为到最消极的行为）进行反映，评估者只需将员工的行为对号入座
    D. 简单排序法是指评价者把所有员工按照业绩的顺序排列起来

▼ 考点：绩效管理工具

11. [单项选择题] 关于绩效管理工具的说法，正确的是（　　）。
    A. 目标管理法的假设之一是员工天生不喜欢工作，只要有可能就会逃避工作
    B. 标杆超越法设计流程中选择标杆时，标杆企业不需要有卓越的业绩
    C. 关键绩效指标必须是数量类指标
    D. 与目标管理法和标杆超越法相比，关键绩效指标法与平衡计分法更适用于企业战略重大调整期

12. [单项选择题] 关于绩效管理工具的说法，正确的是（　　）。
    A. 目标管理法的假设之一是员工是愿意工作的，而不是逃避工作的
    B. 目标管理法比关键绩效指标法更适合用于企业战略调整期
    C. 标杆超越法强调标杆企业应该与本企业高度相似并且属于同一行业
    D. 关键绩效指标必须是数量类指标

13. [单项选择题] 关于绩效管理工具中的平衡计分卡法的说法，错误的是（　　）。
    A. 这种方法的实施成本很高
    B. 这种方法避免了仅仅关注财务指标的弊端
    C. 这种方法实现了评估系统与控制系统的结合

D. 这种方法着眼于企业的短期目标实现

14. [多项选择题] 关于关键绩效指标法的表述，错误的有（　　）。
    A. 是反映企业关键绩效指标贡献的评价依据和量化指标
    B. 是对重点活动的反映
    C. 指标不是一成不变的
    D. 指标类型包括数量类和质量类
    E. 要求同类型职位的关键绩效指标必须保持一致

学习笔记

第七章 绩效管理

Day 20

考点：绩效反馈面谈

1. [单项选择题] 关于绩效面谈的说法，正确的是（ ）。
   A. 在绩效面谈中，主管人员应当将重点放在对员工进行批评和教育方面
   B. 主管人员应该主导绩效面谈，可以随时打断员工的陈述
   C. 主管人员可以利用在公司食堂吃午餐的时间与员工进行绩效面谈
   D. 在绩效面谈时，主管人员应当以积极的方式结束谈话

2. [单项选择题] 关于绩效反馈面谈的说法，错误的是（ ）。
   A. 应采取赞扬与建设性批评结合的方式
   B. 分析不良绩效产生的原因并探讨解决方案才是面谈的核心
   C. 面谈中员工应认真倾听，避免对立和冲突
   D. 应开诚布公，客观解释绩效现状，切忌含糊笼统

3. [单项选择题] 为了避免走入"不适当的发问"误区，管理者应采取的行为是（ ）。
   A. 在面谈结束时，归纳并确认谈话内容
   B. 尽量避免同时对两件以上的事情发问
   C. 在发问中避免产生强烈的心理预期
   D. 尽量考虑对方的立场，以同情的态度提出建议

考点：绩效改进

4. [单项选择题] 找出工作绩效差距，制定并实施有针对性的改进计划来提高员工绩效水平的过程称为（ ）。
   A. 绩效计划   B. 绩效辅导
   C. 绩效反馈   D. 绩效改进

5. [单项选择题] 一家企业在整个业务流程的所有环节上都努力运用科学的方法提高效率，减少失误率，以使整个流程达到最优状态来满足客户的要求，这种绩效改进方法是（ ）。
   A. 标杆超越法   B. ISO质量管理体系
   C. 卓越绩效标准   D. 六西格玛管理

6. [单项选择题] 关于绩效改进方法的说法，错误的是（ ）。
   A. 卓越绩效标准关注组织的管理理念
   B. 六西格玛管理关注组织业务流程的误差率
   C. ISO质量管理体系关注组织产品或服务的生产过程
   D. 标杆超越法中的企业标杆必须是管理水平相当、业绩相近的企业

7. [单项选择题] 对绩效改进效果进行评价的维度不包括（ ）。
   A. 员工对绩效改进结果的反应   B. 员工能力素质的提升程度
   C. 员工工作心态调整的程度   D. 员工工作方式的改进效果

▽ 考点：绩效考核结果的应用

8. [多项选择题] 企业可以根据绩效考核结果划分出四种类型的员工，关于针对这四种员工应当采取的措施的说法，正确的有（　　）。
  A. 应该对堕落型员工进行适当的惩罚以促使其改善绩效
  B. 应该对贡献型员工给予必要的奖励
  C. 应该对冲锋型员工进行绩效辅导
  D. 应该对安分型员工进行必要的培训以提升其工作技能
  E. 应该对防守型员工加以更严密的监督

9. [多项选择题] 绩效考核后，组织可以通过对员工（　　）的交叉分析，将员工划分成安分型、贡献型、堕落型和冲锋型四种类型。
  A. 工作分析　　　　　　　　　　B. 人际关系
  C. 工作经验　　　　　　　　　　D. 工作态度
  E. 工作能力

10. [单项选择题] 绩效考核的结果可以应用的方面不包括（　　）。
  A. 招聘　　　B. 人员调配　　　C. 奖金分配　　　D. 入、离职办理

▽ 考点：团队绩效考核

11. [单项选择题] 知识型团队的绩效考核指标不包括（　　）。
  A. 追求员工工作态度的过程型指标　　B. 判断工作产出成果的效益型指标
  C. 追求投入产出比例的效率型指标　　D. 追求长远影响的递延型指标

12. [单项选择题] 关于团队绩效考核的说法，正确的是（　　）。
  A. 确定团队绩效考核指标与个人绩效考核指标的方法无明显差异
  B. 在进行团队绩效考核时，成员之间不应进行沟通
  C. 团队绩效考核指标可采用工作流程图方法确定
  D. 团队绩效考核主要评价团队负责人的绩效

13. [多项选择题] 建立团队层面绩效考核指标的方法包括（　　）。
  A. 利用客户关系图来确定团队绩效考核指标
  B. 利用组织绩效指标来确定团队绩效考核指标
  C. 利用绩效金字塔来确定团队绩效考核指标
  D. 利用工作分析图来确定团队绩效考核指标
  E. 利用工作流程图来确定团队绩效考核指标

14. [单项选择题] 对知识型团队的绩效考核，应以（　　）为导向。
  A. 行为　　　　　　　　　　　　B. 员工的特征
  C. 结果　　　　　　　　　　　　D. 员工的态度

15. [单项选择题] 关于跨部门团队绩效考核的说法，错误的是（　　）。
  A. 跨部门团队绩效考核的关键是做好考核的标准化
  B. 跨部门团队的绩效考核应当建立以人为本的考核制度
  C. 在跨部门的绩效考核中，各部门要建立不同的考核标准
  D. 矩阵制的组织结构适宜采用跨部门团队的绩效考核

16. [多项选择题] 关于知识型团队的绩效考核的说法，正确的有（　　）。
    A. 效率型指标能够反映知识型团队的工作产出成果
    B. 风险型指标能够判断不确定性风险的数量和对团队及其成员的危害程度
    C. 效益型指标能够反映知识型团队所付出的成本和投入产出比
    D. 递延型指标能够反映知识型团队的工作过程和工作结果对客户、投资者、团队成员的长远影响
    E. 知识型团队的绩效考核应该以行为为导向

考点：国际人力资源的绩效考核

17. [多项选择题] 跨国公司对员工的绩效考核（　　）。
    A. 更关注当期业绩而非长远发展
    B. 更倾向于基于结果的绩效考核
    C. 更注重管理者和员工的沟通
    D. 更重视个人、团队和公司目标的密切结合
    E. 更强调企业的长远发展

学习笔记

Day 21

模块：案例集锦

[案例分析题] 首先是给老王打分，老王家庭比较困难，苗经理想到自己也曾经困难过，而且老王是部门内两位副经理中工作年限较长的一位，多年来对部门各项工作的安排都积极拥护，尽管不少工作差强人意，但苗经理仍然把他评为：优秀。

然后是给小赵打分，虽说小赵的各项工作，干得不错。但小赵年初刚来时，有一次上班时间玩游戏，被巡视的上级领导逮住。搞得苗经理自己很没面子，想到这儿，苗经理把小赵评为：基本合格。

至于小钱，工作能力和工作态度实在一般，工作中还出过几次大的差错，按道理应该给个不合格。但想到小钱不好惹，为了避免将来发生冲突，苗经理把他确定在合格档次上。

年终绩效考核结束后，公司发现像苗经理这样稀里糊涂考核员工绩效的管理人员还不少，为了提高绩效考核质量，决定对全体管理者进行相关培训。

根据以上材料，回答下列问题：

(1) 苗经理对老王的绩效评价，陷入了（　　）误区。
　　A. 年资倾向　　　　　　　　B. 盲点效应
　　C. 晕轮效应　　　　　　　　D. 职位倾向

(2) 苗经理对小赵的绩效评价，陷入了（　　）误区。
　　A. 过严倾向　　　　　　　　B. 近因倾向
　　C. 晕轮效应　　　　　　　　D. 首因效应

(3) 苗经理对小钱的绩效评价，陷入了（　　）误区。
　　A. 刻板印象　　　　　　　　B. 近因倾向
　　C. 过宽倾向　　　　　　　　D. 首因效应

(4) 该公司对苗经理等人进行绩效评价主体培训的内容应当包括（　　）。
　　A. 绩效考核的理论和技术
　　B. 工作绩效的多角度性
　　C. 绩效考核误区的类型及其避免方法
　　D. 激励员工提升绩效的技巧

学习笔记

第七章 绩效管理

参考答案及解析

Day 18

1. B [解析] 绩效考核侧重于绩效的识别判断和评估，A 项错误；绩效考核是绩效管理的重要组成部分，C 项错误；绩效管理有助于建设和谐的组织文化，D 项错误。

2. ADE [解析] 敏感性是指可以明确区分高效率员工和低效率员工，B 项错误；准确性是指能够将工作标准和组织目标相联系，C 项错误。

3. B [解析] 绩效考核侧重于绩效识别、判断和评估，B 项错误。

4. BCDE [解析] 绩效管理有效实施的影响因素包括对绩效管理的认识程度、高层领导支持、人力资源管理部门的尽职程度、各层员工对绩效管理的态度、绩效管理与组织战略的相关性、绩效目标的设定、绩效指标的设置、绩效系统的时效性。

5. A [解析] 采用成本领先战略的企业适合选择以结果为导向的绩效考核方法，A 项正确。

6. D [解析] 成本领先战略：①选择以结果为导向、实施成本较低的评价方法（如目标管理法）；②选择客观的财务指标；③只选择直接上级为评价主体；④考核周期不宜过短。差异化战略：①弱化员工工作的直接结果，鼓励员工多进行创新的活动；②选择以行为为导向的评价方法；③评价主体多元化；④考核周期不宜过短。

7. D [解析] 企业在采用探索者战略时，绩效考核应尽量采用以结果为导向的评价方法，A、C 两项错误。企业在采用防御者战略时，绩效考核应尽量采用平衡计分卡法，B 项错误。

● 考点再现

Q_{6-7} 成本领先战略与差异化战略的比较：

战略	绩效考核
成本领先战略	(1) 选择以结果为导向、实施成本较低的评价方法（如目标管理法） (2) 选择客观的财务指标 (3) 只选择直接上级为评价主体 (4) 考核周期不宜过短
差异化战略	(1) 弱化员工工作的直接结果，鼓励员工多进行创新的活动 (2) 选择以行为为导向的评价方法 (3) 评价主体多元化 (4) 考核周期不宜过短

8. C [解析] 跟随者战略的企业适宜采用的绩效考核方法是标杆超越法。

9. C [解析] 绩效计划的制订原则包括：①战略相关性原则。绩效计划中的工作目标应与组织战略目标密切相关。②系统化原则。绩效计划应与战略计划、财务计划、经营计划、人力资源计划等密切结合、相互匹配、配套使用。③职位特色原则。绩效计划的内容、形式、指标的设定要充分考虑不同职位的特点。④突出重点原则。在设定绩效指标时，要注意突出重点，选择与组织目标和本职位职责关联程度较高的指标。⑤价值驱动原则。绩效计划的制订要与组织追求的提升组织价值的宗旨相一致。⑥可测量性原则。绩效计划中设定的绩效指标或工作标准必须是可以清晰测量的。⑦全员参与原则。人力资源部门的主管人员、员工都应当积极参与到绩效计划制订的过程中。

10. B [解析] 绩效计划的制定是一个自上而下的过程，也是将组织绩效分解成个人绩效目标的过程，不是自下而上的过程，B 项错误。

11. CDE [解析] 发展目标是指支持员工实现绩效目标、促进员工自身发展的能力标准，主要强调与组织目标一致的价值观、能力和核心行为。

Day 19

1. A [解析] 绩效辅导是指在掌握了下属工作绩效的前提下，为了提高员工绩效水平和自我效能感而进行的一系列活动。它贯穿于绩效实施的整个过程中，是一种经常性的管理行为，它帮助员工解决当前绩效实施过程中出现的问题。它和绩效考核分别是绩效管理的两个不同环节。

2. B [解析] 绩效监控指的是在绩效考核期间内管理者为了掌握下属的工作绩效情况而进行的一系列活动。绩效监控通过管理者和员工持续的沟通，观测、预防或解决绩效周期内可能存在的问题，更好地完成绩效计划。

3. D [解析] 绩效监控的局限性是指工作行为和工作结果相比更加主观，有时很难客观、准确地评价，D 项错误。

4. B [解析] 上级根据最初印象对员工做出绩效评价，因此产生的评价误区称为首因效应，A 项错误。上级不恰当地给自己喜爱的下属较高的绩效评价分数，因此产生的评价误区称为晕轮效应，C 项错误。上级对员工的绩效评价结果受到员工所属群体的影响，因此产生的评价误区称为刻板效应，D 项错误。

5. C [解析] 上级根据过宽或过严的标准对员工进行绩效评价的误区，称为过宽或过严倾向，A 项错误。上级根据对员工的最初印象做出绩效评价的误区，称为首因效应，B 项错误。上级对员工的某种强烈而清晰的特质感知导致其忽略了员工在其他方面的表现，这种评价误区称为晕轮效应，D 项错误。

● 考点再现

Q4-5 绩效评价常见误区及应对方法：

绩效评价	常见误区	应对方法
晕轮效应	喜则高，不喜则低，某一遮盖其他	消除主管偏见
趋中效应	考核结果没有好坏区分	与员工接触，采取强制分布法、排序法
过宽或过严倾向	过分严厉，过分宽松	建立评价者信心，采用强制分配法
盲点效应	主管很难发现员工身上和自己身上相似的缺点	将更多的考核主体纳入考核
刻板效应	受所属群体影响	从员工的行为出发
首因效应	第一印象	多角度考核
近因效应	最终印象	考核前员工自我总结

6. BCE [解析] 图尺度评价法开发成本较低，且具有普遍适应性，A 项错误；强制分布法的缺点是会受评价主观意识的影响，即评价结果比较主观，D 项错误。

7. ABD [解析] 比较法包括排序法、配对比较法和强制分布法。

8. ACD [解析] 行为观察量表法的缺点包括：①很难包含所有的行为指标的代表性样本，效度有待提高；②工作量大，无可操作性。

• 考点再现

Q_{7-8} 绩效评价技术：

方法		优点	缺点
量表法	图尺度评价法	容易开发、成本小	准确性低、不利于绩效反馈评估
	行为锚定法	准确、信度高	成本高、复杂
	行为观察量表法	有利于绩效反馈	①很难包含所有的行为指标的代表性样本，效度有待提高；②工作量大，无可操作性
比较法	排序法	简单、成本低	员工不易接受，很难提供详细的绩效评估结果
	配对比较法	人少时快速比较出员工绩效的水平	无法反映员工绩效的差距和工作能力
	强制分布法	利于管理	员工都优秀时会有失公平
描述法	关键事件法	有针对性	费时
	不良事故评估法	迎合企业	无法比较员工、部门、团队的绩效水平

9. A [解析] B项属于行为观察量表法；C项属于行为锚定法；D项属于交替排序法。

10. C [解析] 图尺度评价法也称等级评价法，是一种最简单和运用最普遍的绩效评价方法。该方法列举一些特征要素，并分别为每一个特征要素列举绩效的取值范围。行为锚定法是指将每项工作的特定行为用一张等级表（从最积极的行为到最消极的行为）进行反映，评估者只需将员工的行为对号入座。C项错误。

11. D [解析] 目标管理法的假设之一是认为员工是乐于工作的，这种过分乐观的假设高估了企业内部自觉、自治氛围形成的可能性。A项错误。选择标杆应遵循以下两个标准：①标杆企业要有卓越的业绩；②标杆企业被瞄准的领域与本企业有相似的特点。B项错误。关键绩效指标类型包括：①数量类，如产品的数量、销售量等；②质量类，如合格品的数量、错误的百分比等；③成本类，如单位产品的成本、投资回报率等；④时限类，如及时性、供货周期等。C项错误。

12. A [解析] 目标管理法的假设之一是认为员工是乐于工作的，这种过分乐观的假设高估了企业内部自觉、自治氛围形成的可能性。A项正确。关键绩效指标法适用于企业战略进行重大调整的时期，B项错误。标杆超越法并不局限于本行业，应该有更广阔的视角，C项错误。关键绩效指标有四种类型：数量类、质量类、成本类、时限类，D项错误。

13. D [解析] 平衡计分卡法是一种新型的战略性绩效管理工具和方法，比较适用于企业战略进行重大调整的时期，它着眼于公司的长远发展，D项错误。

14. AD [解析] 关键绩效指标法是反映个体关键绩效指标贡献的评价依据和量化指标，而不是企业，A项错误。关键绩效指标法的指标类型包括数量类、质量类、成本类和时限类等四个类别，D项错误。

Day 20

1. D [解析] 绩效面谈的技巧包括：①时间场所的选择。避免上下班、开会等让人分心的时段，应安静、轻松的会客厅。②认真倾听。最忌讳主管人员喋喋不休，时常打断员工谈话。③鼓励员工多说话。④以积极的方式结束对话。

2. C [解析] 绩效反馈面谈的注意事项之一是鼓励员工积极参与到反馈过程中。面谈应营一种相互尊重的氛围以利于解决绩效中的问题，C项错误。

3. B [解析] 面谈中应当注意提问的技巧，尽量避免诱导发问、发问内容没有逻辑性、同时对两件以上的事情发问等情况的出现。

4. D [解析] 绩效改进是指通过找出组织或员工工作绩效中的差距，制订并实施有针对性的改进计划来提高员工绩效水平的过程。具体程序为：①绩效诊断与分析（基本环节）；②组建绩效改进部门；③选择绩效改进方法；④绩效改进实施管理；⑤绩效改进效果评价。

5. D [解析] 六西格玛管理的核心理念是在企业整个业务流程的所有环节上，都运用科学的方法提高效率，减少失误，使整个流程达到最优状态，从而满足客户的要求。

6. D [解析] 标杆超越法的企业标杆设立可以比较灵活，组织可以将优秀企业的某个管理"片断"作为标杆，也可以将优秀企业整体作为标杆。D项说法太绝对。

● 考点再现

Q_{5-6} 绩效改进方法：

方法	内容
卓越绩效标准	核心包括领导的远见卓识、以顾客为导向追求卓越、组织的和个人的学习、尊重员工和合作伙伴、灵敏性、关注未来、管理创新、基于事实的管理、社会责任、重在结果及创新价值、系统观点
六西格玛管理	企业整个业务流程的所有环节上，都运用科学的方法提高效率，减少失误
ISO质量管理体系	明确管理层在质量管理中的职责，强调纠正和预防措施，强调不断的审核和监督
标杆超越	标杆超越法的企业标杆设立可以比较灵活，组织可以将优秀企业的某个管理"片断"作为标杆，也可以将优秀企业整体作为标杆

7. C [解析] 绩效改进效果评价可以从四个维度来评价绩效改进，包括反应、学习或能力、工作方式的转变、结果与预期的对比。

8. ABCD [解析] 安分型员工：态度高，能力低，组织要对其进行必要的培训以提升其工作技能；贡献型员工：双高，组织应该给予必要的奖励；堕落型员工：双低，组织要对其进行适当的惩罚，敦促其改进绩效；冲锋型员工：能力高，态度低，主管人员应当对其进行绩效辅导。

9. DE [解析] 通过绩效考核，组织可以掌握员工的工作态度和工作能力。通过这两个维度的交叉分析，我们可以将组织员工划分为四种类型，即安分型、贡献型、堕落型和冲锋型。

10. D [解析] 绩效考核的结果可应用于招聘、人员调配、奖金分配、员工培训与开发、员工职业生涯规划。

11. A [解析] 知识型团队的绩效考核要以结果为导向。知识型团队的绩效考核需要综合以下四个角度的指标进行：①效益型指标（可以直接用来判断知识型团队的工作产出成果，即团队的产出满足客户需求的程度）；②效率型指标（知识型团队为获得效益指标所付出的成本和投入产出的比例）；③递延型指标（团队的工作过程和工作结果对客户、投资者、团队成员的长远影响）；④风险型指标（判断不确定性风险的数量和对团队及其成员的危害程度的指标）。

12. C [解析] 确定团队绩效考核指标与个人绩效考核指标的方法有明显差异，A项错误。

第七章 绩效管理

在进行团队绩效考核时，团队成员的间接上级、直接上级和员工本人都应该参与其中，彼此之间还应进行有效的沟通，B项错误。D项说法片面，错误。

13. ABCE [解析] 建立团队层面绩效考核指标的方法包括：①利用客户关系图来确定；②利用组织绩效指标确定；③利用绩效金字塔来确定；④利用工作流程图来确定。

14. C [解析] 知识型团队的任务一般是创造性的而不是重复性的，考核要以结果为导向，而不是行为。

15. C [解析] 跨部门团队绩效考核的关键是做好考核的标准化，对于性质相同的部门要采用同一评价的方法，使考核结果具有可比性，C项错误。

16. BD [解析] 效益型指标能够反映知识型团队的工作产出成果，并不能反映知识型团队所付出的成本和投入的产出比，A、C两项错误；知识型团队绩效考核以结果为导向，E项错误。

17. BCDE [解析] 国际人力资源的绩效考核特点包括：①从目标来看，不但关注业绩，而且突出战略方向，强调企业的长远发展；②从目的来看，除了为员工薪酬调整和晋升提供依据，还加入了新的因素（如重视个人、团队和公司目标的密切结合，寻找在工作要求、个人能力、兴趣和工作重点之间发展的最佳契合点）；③从侧重点来看，更倾向于基于结果的绩效考核，而不是员工特征的绩效考试；④从操作过程来看，更加注重管理者和员工的沟通。

Day 21

(1) AD [解析] 题干中"苗经理对老王的绩效评价"对应案例内容"老王家庭比较困难，苗经理想到自己也曾经困难过，而且老王是部门内两位副经理中工作年限较长的一位，多年来对部门各项工作的安排都积极拥护，尽管不少工作差强人意，但苗经理仍然把他评为：优秀"。年资或职位倾向是指主管倾向于给予那些服务年资较久、担任职务较高的被评价者较高的分数。所以苗经理对老王的绩效评价，陷入了年资或职位倾向误区。

(2) D [解析] 题干中"苗经理对小赵的绩效评价"对应案例内容"虽说小赵的各项工作，干得不错。但小赵年初刚来时，有一次上班时间玩游戏，被巡视的上级领导逮住。搞得苗经理自己很没面子，想到这儿，苗经理把小赵评为：基本合格"。首因效应是指根据最初的印象去判断一个人。所以苗经理对小赵的绩效评价，陷入了首因效应误区。

(3) C [解析] 题干中"苗经理对小钱的绩效评价"对应案例内容"小钱，工作能力和工作态度实在一般，工作中还出过几次大的差错，按道理应该给个不合格。但想到小钱不好惹，为了避免将来发生冲突，苗经理把他确定在合格档次上"。过严或过宽倾向是指过分严厉或过分宽大评定员工的倾向。所以苗经理对小钱的绩效评价，陷入了过宽倾向误区。

(4) ABC [解析] 绩效评价主体的培训内容是让每一个考核者了解绩效考核的理论和技术，同时也要向考核者提出以前考核中存在的问题以及合理的解决方案。培训内容可增加工作绩效的多角度性、客观记录所见事实的重要性、合格与不合格员工的具体事例。

本章学习检查表

知识点或模块名称	初次学习		第一次复习		第二次复习	
	做对题目数/总题目数	学习日期	做对题目数/总题目数	复习日期	做对题目数/总题目数	复习日期
绩效管理概述						
战略性绩效管理						
绩效计划						
绩效监控及辅导						
绩效评价						
绩效管理工具						
绩效反馈面谈						
绩效改进						
绩效考核结果的应用						
团队绩效考核						
国际人力资源的绩效考核						
案例集锦						

填写建议：

"做对题目数/总题目数"记录针对该知识点自己做题的情况，比如该知识点总题目数为10题，做对了其中7题，记录为7/10。

"学习日期"记录自己学习该知识点时的日期，建议把下一次复习的日期也写上。

本章强化测试

扫码做题

备忘录：

第八章 薪酬管理

学习指导

本章是考试的重点，也是难点章节，分值高，内容多，专业性强，还有大量的数字、时间等刚性内容，理解、记忆的难度较大，单项选择题、多项选择题和案例分析题均会出现，应投入精力重点复习。本章的考情特点是考点分布范围广，考查细致，题目以原文考查为主，较少出现特别灵活或特别偏的题目，学习时应以掌握基础性内容为主。

时间	考点或模块
Day 22	▶战略性薪酬管理 ▶薪酬体系设计的基本步骤 ▶职位评价流程及方法
Day 23	▶上市公司股权激励 ▶非上市公司股权激励
Day 24	▶员工持股计划 ▶经营者薪酬 ▶销售人员薪酬 ▶驻外人员薪酬 ▶专业技术人员薪酬 ▶薪酬成本预算的方法 ▶薪酬成本的控制 ▶企业人工成本 ▶案例集锦

Day 22

考点：战略性薪酬管理

1. [单项选择题] 关于不同公司战略下的薪酬管理特征的说法，正确的是（　　）。
   A. 采取成长战略的企业往往在短期内提供较高水平的基本薪酬
   B. 采取稳定战略的企业薪酬结构中的基本薪酬和福利所占比重通常较小
   C. 采取稳定战略的企业一般采取市场跟随或略高于市场水平的薪酬
   D. 采取收缩战略的企业薪酬结构中的基本薪酬所占比例通常较高

2. [单项选择题] 关于不同企业竞争战略下的薪酬管理特征的说法，正确的是（　　）。
   A. 企业若采用成本领先战略，薪酬水平应当比竞争对手相对更高
   B. 企业若采用差异化战略，基本薪酬应略低于劳动力市场通行工资水平
   C. 企业若采用客户中心战略，应根据员工的工作年限支付报酬
   D. 企业若采用成本领先战略，奖金在薪酬结构中所占比例应相对较大

3. [单项选择题] 基本薪酬和福利所占比重较大的薪酬结构适用的企业发展战略类型是（　　）。
   A. 成长战略　　　　B. 收缩战略　　　　C. 稳定战略　　　　D. 精简战略

4. [单项选择题] 采用稳定战略的企业适宜采用的薪酬结构是（　　）。
   A. 无基本薪酬，只支付奖金
   B. 基本薪酬较高，基本薪酬和福利在薪酬中的比重较大
   C. 基本薪酬较低，奖金在薪酬中的比重较大
   D. 基本薪酬较低，股权激励在薪酬中的比重较大

5. [单项选择题] 对于采用成本领先战略的企业，薪酬管理思路不符合的是（　　）。
   A. 企业强调客户满意度和产品市场的领袖地位
   B. 追求效率最大化、成本最小化
   C. 整体薪酬水平比竞争对手的薪酬相对较低
   D. 基本薪酬所占比重较低，奖金部分所占比重较高

6. [单项选择题] 关于全面薪酬战略的表述，错误的是（　　）。
   A. 全面薪酬战略以科层体系为基础
   B. 鼓励创新精神和可持续性的绩效改进
   C. 对娴熟的专业技能提供奖励
   D. 以客户满意度为中心

✓ 考点：薪酬体系设计的基本步骤

7. [单项选择题] 薪酬体系设计的第一步是（　　）。
   A. 明确企业的战略目标
   B. 职位评价
   C. 工作分析
   D. 薪酬调查

8. [单项选择题] 薪酬结构设计的有效标准是（　　）。
   A. 内部一致性、系统性
   B. 系统性、实用性
   C. 内部一致性、外部竞争性
   D. 战略性、外部竞争性

9. [单项选择题] 薪酬调查的步骤不包括（　　）。
   A. 确定调查目的
   B. 确定调查范围
   C. 选择调查方式
   D. 评估调查效果

10. [单项选择题] 企业根据内外部环境确定薪酬水平，不可以采用的策略是（　　）。
    A. 领先策略
    B. 跟随策略
    C. 培训策略
    D. 混合策略

11. [单项选择题] 关于薪酬体系设计的说法，错误的是（　　）。
    A. 工作分析是确定薪酬体系的基础
    B. 薪酬调查主要是为了解决薪酬的外部竞争性问题
    C. 职位评价主要是为了解决薪酬的内部公平性问题
    D. 奖励性薪酬在薪酬体系中所占的比重越高越好

✓ 考点：职位评价流程及方法

12. [单项选择题] 关于职位评价的说法，错误的是（　　）。
    A. 职位评价是对职位的评价而不是对任职者的评价

B. 职位评价是对一般水平的评价而非特殊业绩的评价

C. 职位评价是对过去的评价而非未来的评价

D. 职位评价是对正常业绩的评价而非特殊业绩的评价

13. [单项选择题] 适合大规模企业中的管理类职位的评价方法是（　　）。

　　A. 因素比较法　　　　　　　　　B. 排序法
　　C. 分类法　　　　　　　　　　　D. 要素计点法

14. [单项选择题] 关于各类职位评价方法的说法，错误的是（　　）。

　　A. 因素比较法的设计难度低，易于理解
　　B. 分类法需要设定一套供参考的职位等级标准
　　C. 要素计点法是一种定量的职位评价方法
　　D. 排序法不适用于规模较大、职位类型多的企业

15. [单项选择题] 关于职位评价方法的说法，正确的是（　　）。

　　A. 排序法属于定量方法
　　B. 要素计点法属于定性方法
　　C. 因素比较法属于直接职位比较法
　　D. 分类法属于定量方法

16. [多项选择题] 关于职位评价原则的说法，正确的有（　　）。

　　A. 组织应该选择最先进的评价体系
　　B. 职位评价标准和职位等级结构应该公开化
　　C. 员工不能参与职位评价工作
　　D. 工作分析是职位评价与薪酬设计相联系的桥梁，具有承上启下的作用
　　E. 职位评价的选择应具有实用有效性

17. [单项选择题] 关于要素计点法的表述，错误的是（　　）。

　　A. 更为精确　　　　　　　　　　　B. 评价结果不容易被员工接受
　　C. 设计与实施都比较复杂　　　　　D. 对管理水平要求较高

18. [单项选择题] 关于因素比较法的表述，错误的是（　　）。

　　A. 需要预先开发一个"评比标尺"
　　B. 需要在企业中找出有代表性的标杆职位作为参照物
　　C. 舍弃了代表职位相对价值的抽象分数
　　D. 由职位内容直接求得具体薪酬金额

学习笔记

Day 23

▼ **考点**：上市公司股权激励

1. [单项选择题] 关于股票期权的说法，错误的是（　　）。
   A. 股票期权是一种权利，也是一种义务
   B. 受益人既可以购买股票，也可以不买
   C. 股票期权只有行权价格低于行权时，本企业股票的市场价格才有价值
   D. 股票期权是无偿给予经营者的

2. [多项选择题] 股票期权计划的局限性在于（　　）。
   A. 只适用于成长性较好的上市公司
   B. 需要依托规范而有生机的股票市场
   C. 容易诱发弄虚作假、恶意操纵等不良行为
   D. 难以将经营者的利益和股东利益及企业发展结合起来
   E. 难以准确衡量企业真实的经营状况

3. [单项选择题] 下列公司成员中，不属于股票期权的激励对象的是（　　）。
   A. 上市公司的独立董事　　　　B. 上市公司的外籍核心业务人员
   C. 上市公司的外籍董事　　　　D. 上市公司的高级管理人员

4. [单项选择题] 关于股票期权激励的相关时间的说法，错误的是（　　）。
   A. 股权激励的有效期自首次授予权益日起不得超过10年
   B. 股票期权授权日必须是股票市场正常交易日
   C. 股票期权不可以在重大事项决定过程中至该事项公告后2个交易日交易
   D. 股票期权授予日与获授股票期权首次可以行权日之间间隔不得少于2年

5. [单项选择题] 关于我国股票期权的说法，正确的是（　　）。
   A. 行权价格应为股权激励计划草案摘要公布前一交易日的公司标的股票收盘价
   B. 我国行权价格采用实值法
   C. 为避免股价操作应遵循"孰高原则"
   D. 上市公司应在定期报告公布前30日向激励对象授予股票期权

6. [多项选择题] 关于我国股票期权的说法，正确的有（　　）。
   A. 单独持有上市公司10%以上股份的股东不得成为激励对象
   B. 激励对象包括独立董事、监事
   C. 股票期权只适用于上市公司
   D. 股权激励方案所涉及标的股票总数累积不得超过公司股本总额的10%
   E. 个人所获取股权激励方法对应的股票总数累计不得超过公司股本总额的1%

7. [单项选择题] 关于限制性股票的说法，错误的是（　　）。
   A. 限制性股票的禁售期不得低于2年
   B. 在禁售期内员工不可以在二级市场或其他方式转让
   C. 解锁期不得低于2年，原则上采取匀速解锁办法
   D. 为避免股价操纵，授权价格应遵循"孰高原则"

8. ［单项选择题］关于上市公司三种股权激励模式的表述，正确的是（　　）。
   A. 股票期权适合对资金投入要求不是非常高的企业
   B. 限制性股票适合境外上市公司
   C. 股票增值权适合现金流量比较充裕且股价比较稳定的上市公司
   D. 限制性股票适合成长性较好、股价呈强势上涨的上市公司

9. ［单项选择题］关于股票增值权的说法，正确的是（　　）。
   A. 实施股票增值权时需全额兑现
   B. 股票增值权的行权期一般不超过任期
   C. 实施股票增值权时可以用现金，也可以折合成股票，还可以两者结合
   D. 股票增值权的激励对象拥有规定数量的股票所有权

▼ **考点**：非上市公司股权激励

10. ［多项选择题］关于非上市公司股权激励的表述，正确的有（　　）。
    A. 股份期权的最终价值体现在购买价和行权价的价差上
    B. 现值有利法是股份期权行权价的方法之一
    C. 激励对象持有的业绩股份，在规定持股的期限内享有分红权和表决权
    D. 虚拟股票期权的行权价格取决于公司股票的市价
    E. 虚拟股票期权是股份期权模式的一种变通

✎ 学习笔记

Day 24

考点：员工持股计划

1. [单项选择题] 关于我国员工持股计划，说法正确的是（　　）。
   A. 单个员工所获股份权益对应的股票总数累计可以超过公司总股本的1%
   B. 上市公司应当在员工持股计划届满前12个月公告到期计划持有的股票数量
   C. 上市公司全部有效的员工持股计划持有的股票总数累计不得低于公司总股本的10%
   D. 每期员工持股计划的持股期限不得低于12个月

2. [多项选择题] 关于员工持股计划的股份设置及持股比例的说法，正确的有（　　）。
   A. 参与员工持股计划的员工不得高于企业员工总数的90%
   B. 只有本企业正式聘用的员工才能参与员工持股
   C. 参与员工持股计划的员工能够购买的企业股票数量由本人工资占员工全体薪金总额的比例确定
   D. 员工持股占企业总股本的比例应超过20%
   E. 一般企业高管人员与一般职工在员工持股中的认购比例不得低于10∶1

3. [多项选择题] 关于员工持股计划的说法，正确的有（　　）。
   A. 员工持股计划既能激励员工努力工作，也能吸引人才
   B. 员工持股计划可以使企业获得低成本的资金来源
   C. 持股人和认购者可以是本企业员工，也可以是外部人员
   D. 认购者认购的股份在转让和交易方面不受限制
   E. 员工持股计划可以为企业提供稳定、长期且能够减轻企业税务负担的资金

4. [多项选择题] 关于员工持股计划的说法，正确的有（　　）。
   A. 公司的董事、监事、经理不得成为员工持股计划的激励对象
   B. 员工持股计划能激发员工的工作积极性
   C. 持股人必须是本企业的在职员工
   D. 员工认购的股份在转让、交易等方面较为自由，不会受到限制
   E. 员工持股计划参与人盈亏自负，风险自担

5. [单项选择题] 关于员工持股计划的说法，正确的是（　　）。
   A. 科学合理的员工持股计划能够降低企业融资成本
   B. 员工持股计划的认购者可以是本企业员工，也可以是企业外部人士
   C. 员工持股计划中员工所认购的股份进行转让不受限制
   D. 员工持股计划会显著增加企业的税务负担

考点：经营者薪酬

6. [单项选择题] 关于年薪制的说法，错误的是（　　）。
   A. 年薪制是一种高稳定、低风险的薪酬制度
   B. 年薪制根据经营者业绩好坏而计发薪酬
   C. 年薪制可以把年薪收入的一部分直接转化为股权激励形式
   D. 年薪制可以根据企业经营者年度的经营业绩，灵活确定与其贡献相当的年度和长期薪

酬水平及支付方式

考点：销售人员薪酬

7. [多项选择题] 关于销售人员薪酬的说法，正确的有（　　）。
   A. 销售人员的薪酬应主要以行为为导向
   B. 单纯佣金制因将销售人员的薪酬收入与其工作业绩直接挂钩而使薪酬管理成本较低
   C. 产品具有较高技术含量的企业会对销售人员采用高佣金加低基本薪酬的薪酬制度
   D. 单纯佣金制会导致销售人员的薪酬缺乏稳定性
   E. 单纯佣金制不利于培养销售人员对企业的归属感

8. [单项选择题] 有一些产品的技术含量高，市场较为狭窄，销售周期较长，对于这类产品的销售人员，适宜采用的薪酬制度是（　　）。
   A. 单纯佣金制
   B. 低基本薪酬加高佣金
   C. 单纯基本薪酬制
   D. 高基本薪酬加低佣金或奖金

考点：驻外人员薪酬

9. [多项选择题] 驻外人员基本薪酬组成包括（　　）。
   A. 本国薪酬
   B. 东道国薪酬
   C. 总部薪酬
   D. 驻外津贴
   E. 额外福利

考点：专业技术人员薪酬

10. [多项选择题] 专业技术人员基本薪酬与加薪取决于（　　）因素。
    A. 绩效评价结果
    B. 岗位的重要性
    C. 职称
    D. 工作年限
    E. 性别

考点：薪酬成本预算的方法

11. [多项选择题] 薪酬成本预算的方法有（　　）。
    A. 自上而下的薪酬成本预算方法
    B. 全面控制基本薪酬
    C. 自下而上的薪酬成本预算方法
    D. 部门比较的薪酬成本预算方法
    E. 职位比较的薪酬成本预算方法

考点：薪酬成本的控制

12. [多项选择题] 薪酬成本控制的方法有（　　）。
    A. 控制雇佣量
    B. 控制基本薪酬
    C. 控制差旅支出
    D. 控制福利支出
    E. 控制奖金

考点：企业人工成本

13. [多项选择题] 企业人工成本分析指标有（　　）。
    A. 人工成本总量指标
    B. 人工成本结构指标
    C. 人工成本分析比率型指标
    D. 人工成本指数
    E. 人工成本有效性指数

14. [单项选择题] 人工成本结构指标反映了（　　）。
    A. 企业员工平均收入的高低
    B. 企业人工成本投入构成的情况及其合理性
    C. 企业的劳动生产率
    D. 一定时期内企业人工成本的变动幅度

15. [多项选择题] 人工成本总量指标反映了（　　）。
    A. 企业员工平均收入的高低
    B. 企业人工成本投入构成的情况及其合理性
    C. 企业的劳动生产率
    D. 人工成本与经济效益联系起来的相对数
    E. 企业向劳动力市场提供劳动力价格信号

▽ 模块：案例集锦

16. [案例分析题] 某公司是一家快速发展的中小板上市公司，该公司关注市场开发和产品开发，提出了通过内部成长实现跨越式发展的战略。为配合公司战略的实现，公司调整了薪酬政策，重新进行职位评价，确定了职位等级结构和薪酬等级，设计了各等级的薪酬变动范围和薪酬水平，并制定了核心人员股票期权计划。

    根据以上材料，回答下列问题：

    (1) 根据该公司的发展战略，适合该公司的薪酬设计思路是（　　）。
        A. 让员工与企业共担风险、共享收益
        B. 提高基本薪酬比重，提高整体薪酬水平
        C. 由公司承担风险并享受收益，员工实行固定薪酬
        D. 提高基本薪酬和福利水平，降低奖金比重

    (2) 该公司确定职位等级结构主要依据应是（　　）。
        A. 职位的相对价值   B. 员工绩效考核结果
        C. 员工的工作态度   D. 员工能力素质的差异

    (3) 对于该公司提出的股票期权计划，正确的理解是（　　）。
        A. 该计划的获受人可以不购买本公司的股票
        B. 该计划只有在行权价低于行权时本公司股票的市场价格才有价值
        C. 该计划可以使获受人在风险较小的前提下得到较大的激励
        D. 该计划能否实施与该公司的成长性和股票市场的景气程度无关

17. [案例分析题] 某合资公司成立于1995年，目前是中国最重要的中央空调和机房空调产品生产销售厂商之一。公司在人力资源管理方面起步较晚，基础比较薄弱，尚未形成完整的体系，在薪酬福利方面存在严重的问题。早期，公司人员较少，单凭领导一双手、一支笔就可以明确给谁多少工资，但人员激增之后，靠过去的老办法显然不灵，并且这样的做法带有强烈的个人色彩，更谈不上公平性、公正性和竞争性了。为了改变这种情况，公司新聘用了一位人力资源部经理。人力资源部经理上任后经过调查认为，该公司的薪酬分配原则不清晰，存在内部不公平：不同职位之间、不同员工之间的薪酬差别基本上是凭感觉来确定；不能准确了解外部，特别是同行业的薪酬水平，无法准确定位薪酬整体水平；给谁加薪、加多

少，老板和员工心里都没底。

根据以上材料，回答下列问题：

(1) 该公司薪酬管理的主要问题有（　　）。

  A. 薪酬没有体现不同职位之间的差距

  B. 薪酬随意性大，没有统一的政策

  C. 员工之间薪酬水平差距不大

  D. 薪酬水平没有参考市场水平

(2) 为了解决该公司薪酬的内部公平性问题，应进行（　　）。

  A. 薪酬调查　　　　　　　　B. 成本分析

  C. 职位评价　　　　　　　　D. 薪酬预算

(3) 为了解决该公司薪酬的外部公平性问题，应进行（　　）。

  A. 工作分析　　　　　　　　B. 绩效考核

  C. 薪酬调查　　　　　　　　D. 薪酬预算

✏学习笔记

参考答案及解析

Day 22

1. C [解析] 采取成长战略的企业往往在短期内提供较低水平的基本薪酬，A项错误。采取稳定战略的企业薪酬结构中的基本薪酬和福利，所占比重通常较大，B项错误。采取收缩战略的企业薪酬结构中的基本薪酬所占比例通常较低，D项错误。

2. D [解析] 企业若采用成本领先战略，薪酬水平应当比竞争对手相对较低，A项错误。企业若采用创新战略，基本薪酬应略高于劳动力市场通行工资水平，B项错误。企业若采用客户中心战略，应根据员工向客户所提供服务的数量和质量来支付报酬，C项错误。

3. C [解析] 稳定战略：在薪酬管理方面，薪酬决策的集中度比较高，薪酬的确定基础主要是员工从事的职位本身，在薪酬结构上基本薪酬和福利所占的比重较大。

● 考点再现

Q_{1-3} 适用于企业不同发展战略下的薪酬管理：

战略	内容
稳定战略 或集中战略	(1) 在薪酬管理方面，薪酬决策的集中度比较高，薪酬的确定基础主要是员工从事的职位本身，在薪酬结构上基本薪酬和福利所占的比重较大 (2) 薪酬水平：市场跟随或略高于市场水平的薪酬，长期内不会有太大增长
成长战略	(1) 内容：关注市场开发、产品开发、创新等 (2) 类型：内部和外部 (3) 指导思想：企业与员工共担风险 (4) 薪酬方案：短期内基本薪酬较低，长期实行奖金股票选择权等计划
收缩战略 或精简战略	(1) 指导思想：将企业经营业绩与员工收入挂钩 (2) 薪酬结构：基本薪酬所占比例相对较低

4. B [解析] 稳定战略或集中战略，在薪酬结构上基本薪酬和福利所占的比重较大，薪酬水平一般采用市场跟随或略高于市场水平的薪酬，但长期内不会有太大的增长。

5. A [解析] 创新战略企业强调客户满意度和产品市场的领袖地位。成本领先战略在产品本身大体相同的情况下，以低于竞争对手的价格向客户提供产品。

6. A [解析] 全面薪酬战略是一种摒弃了原有的科层体系和官僚结构，以客户满意度为中心，鼓励创新精神和可持续性的绩效改进，并对娴熟的专业技能提供奖励，从而在员工和企业之间营造出一种双赢的工作环境的薪酬战略，A项错误。

7. A [解析] 薪酬体系设计的基本步骤是：明确企业基本现状及战略目标、工作分析及职位评价、薪酬调查、确定薪酬水平、薪酬结构设计、薪酬预算与控制。

8. C [解析] 薪酬结构设计是薪酬内部一致性和外部竞争性，这两种有效性标准之间进行平衡的一种结果。

9. D [解析] 薪酬调查的步骤包括确定调查目的、确定调查范围、选择调查方式、统计分析调查数据、提交薪酬调查分析报告。

10. C [解析] 结合企业所处的内外部环境确定薪酬水平,企业可以选择领先策略、跟随策略(匹配策略)、滞后策略、混合策略。

11. D [解析] 企业现状及未来战略目标是制定薪酬政策、进行薪酬决策的重要前提条件。只有明确了企业现状及未来战略目标才能确定适合本企业的薪酬水平,才能建立具有内部公平性和外部竞争性的薪酬体系结构。并不是奖励性薪酬在薪酬体系中所占的比重越高越好。D项错误。

12. C [解析] 职位评价过程需要注意的问题:①职位评价是对职位的评价而非对任职者的评价;②职位评价是对正常或一般水平的评价而非特殊业绩的评价;③职位评价是对目前而非过去或未来职位状况的评价。

13. D [解析] 要素计点法是一种比较复杂的量化评价方法,适用大规模企业中的管理类职位。

14. A [解析] 因素比较法的优点是较为完善,可靠性高,同时,也使不同的职位之间更具可比性,且可由职位内容直接求得具体薪酬金额。其缺点是评价体系设计复杂,难度较大,成本较高。A项错误。

15. C [解析] 排序法属于定性方法,A项错误。要素计点法属于定量方法,B项错误。分类法属于定性方法,D项错误。

● 考点再现

Q_{13-15} 职位评价方法分类对比表:

比较基础	比较范围	
	定量方法	定性方法
直接职位比较法	因素比较法	排序法
职位尺度比较法	要素计点法	分类法

16. BE [解析] 职位评价时,应当让员工适当地参与到职位评价中来。最理想、最先进的职位评价体系并不一定是最好的,应该选择最实用有效的评价体系。职位评价是工作分析与薪酬设计相联系的桥梁,具有承上启下的作用。A、C、D三项错误。

17. B [解析] 要素计点法的优点是更为精确,评价结果更容易被员工所接受,允许对职位之间的差异进行微调。缺点是设计与实施都比较复杂,因此,对管理水平要求较高,主要适用于大规模企业中的管理类职位。

18. A [解析] 因素比较法要先找出适当的付酬要素,无须预先开发一个"评比标尺",而是先在本企业中找出若干有代表性的标杆职位作为评价时的参照物。

Day 23

1. A [解析] 股票期权的特点包括:①股票期权是一种权利而不是义务,受益人可以买公司股票也可以不买(A项错误);②股票期权只有在行权价低于市场价格时,本企业股票的行权才有价值;③股票期权是公司无偿给予经营者的。

2. ABCE [解析] 股票期权的局限性有:①只适用于成长性较好、股价呈强势上涨的上市公司;②需要依托规范而有生机的股票市场;③容易引发弄虚作假、恶意操纵和短期炒作等不良行为;④难以准确地衡量经营者的表现和企业真实的经营状况。

3. A [解析] 股票期权的激励对象包括上市公司的董事、高级管理人员、核心技术人员或者核心业务人员,以及公司认为应当激励的其他员工,但不应当包括独立董事和监事。外籍员工任职上市公司董事、高级管理人员、核心技术人员或核心业务人员的,可以成为激励对象。单独或合计持股5%以上的股东或实际控制人及其配偶、父母、子女,不得成为激励对象。

4. D [解析] 股票期权的等待期,即股票期权授予日与获授股票期权首次可以行权日之间间隔不得少于1年,D项错误。

5. C [解析] 我国采用平值法,规定以股权激励计划草案摘要公布前1日的公司标的股票收盘价与公布前30个交易日的公司标的股票平均收盘价"孰高原则"确定行权价格。上市公司向激励对象授予股票期权的日期必须是交易日,但不得是:①定期报告公布前30日;②重大交易或重大事项决定过程中至该事项公告后2个交易日;③其他可能影响股价的重大事件发生之日至公告后2个交易日。

6. CDE [解析] 单独或合计持有上市公司5%以上股份的股东或实际控制人及其配偶、父母、子女,不得成为激励对象,A项错误。激励对象不应当包括独立董事和监事,B项错误。

7. C [解析] 限制性股票时间规定:①禁售期,是指公司员工取得限制性股票后不得通过二级市场或其他方式进行转让的期限,其禁售期不得低于2年。②解锁期,不得低于3年,原则上采取匀速解锁办法。解锁后,员工的股票就可以在二级市场自由出售。

8. C [解析] 股票期权适用于成长性较好,股价呈强势上涨的上市公司;限制性股票适用于成熟型企业,对资金投入要求不是非常高的企业;股票增值权适用于现金流量比较充裕且股价比较稳定的上市公司、境外上市公司。

9. C [解析] 股票增值权的特点主要有:①行权期一般超过任期;②激励对象拥有股价上升所带来的收益,但不拥有这些股票的所有权,也不拥有表决权、配股权;③实施股票增值权时可以是全额兑现,也可以是部分兑现;④股票增值权的实施,可以用现金,也可以折合成股票,还可以是现金和股票形式的结合。

10. ABE [解析] 激励对象持有的业绩股份,在规定持股的期限内享有分红和送配股权利,不享有表决权,C项错误。虚拟股票期权的行权价格取决于公司虚拟股票的内部市场价格,D项错误。

Day 24

1. D [解析] 单个员工所获股份权益对应的股票总数累计不得超过公司股本总额的1%,A项错误。上市公司应当在员工持股计划届满前6个月公告到期计划持有的股票数量,B项错误。上市公司全部有效的员工持股计划所持有的股票总数累计不得超过公司股本总额的10%,C项错误。每期员工持股计划的持股期限不得低于12个月。D项正确。

2. BC [解析] 强调职工持股的广泛参与性,原则上要求企业正式聘用的员工都参与,明确规定参与的员工不得低于员工总数的90%。A项错误。要明确界定员工持股占企业总股本的比例,一般不宜超过20%。D项错误。要明确界定企业内部员工持股额度的分配比例,一般企业高管人员与一般职工的认购比例不宜拉得太大,原则上控制在4∶1的范围之内。E项错误。

3. ABE [解析] 员工持股计划对企业发展具有重要的作用，一套科学合理的员工持股计划不仅能激励员工努力工作，吸引人才，提高企业的核心竞争力，起到"留人"的作用，同时还可以令企业获得资金来源，而这种资金来源于员工持股，因而是低成本资金，并且是稳定、长期的，能够减轻企业的税务负担。A、B、E三项正确。

4. BCE [解析] 公司的董事、监事、经理可以成为员工持股计划的激励对象，A项错误。员工所认购的股份在转让、交易等方面受到一定的限制。D项错误。

5. A [解析] 持股人或认购者必须是本企业的员工，B项错误；员工所认购的股份在转让、交易等方面受到一定的限制，C项错误；员工持股计划能够减轻企业的税务负担，D项错误。

6. A [解析] 年薪制是以企业会计年度为时间单位，根据经营者的业绩好坏而计发薪酬的一种薪酬制度，是一种高风险的薪酬制度，A项错误。

7. BDE [解析] 销售人员的薪酬以结果为导向，A项错误。单纯佣金制是指全部薪酬收入都来自于佣金。其优点是薪酬收入与工作绩效直接挂钩，薪酬管理成本较低。B项正确。对技术含量较高，市场较为狭窄，销售周期较长产品的销售人员采取高基本薪酬＋低佣金或奖金，C项错误。单纯佣金制缺点包括：①缺乏稳定性，易受外部环境因素的影响而引起大幅波动；②可能造成上下级之间、新旧员工之间的较大薪酬差距，不利于培养销售人员对企业的归属感。D、E两项正确。

8. D [解析] 技术含量较高，市场较为狭窄，销售周期较长的行业，销售人员的素质及稳定性要求都比较高，易采用"高基本薪酬加低佣金或奖金"薪酬制度。

9. ABC [解析] 驻外人员薪酬组成：①基本薪酬。基于本国薪酬的方法，给驻外员工提供与其在国内从事相似职位相同的薪酬；基于东道国的方法，指依据东道国的薪酬标准补偿驻外人员的一种方法；基于总部的方法，指根据总部所使用的薪酬标准来补偿所有的员工。②激励薪酬。驻外人员薪酬包括各种鼓励驻外员工接受并完成国际任务的激励薪酬。驻外津贴是为了鼓励员工接受在海外的工作。往往驻外的时间越长，这一比例越高。困难补助是补偿驻外员工为海外工作所做出的牺牲，这些补助是为了补偿他们艰苦的生活和工作条件。地区越困难，津贴越高。流动津贴是对员工变换工作地点的奖励。驻外人员通常一次性获得流动津贴。③福利。由标准福利和额外福利组成，标准福利包括保障计划和带薪休假；额外福利包括搬家补助、驻外人员子女教育津贴、探亲假和差旅补助、带薪休假及津贴。

10. AD [解析] 基本薪酬取决于他们所掌握的专业知识与技术的广度与深度以及运用这些专业知识与技术的熟练程度，而不是所从事岗位的重要性。加薪主要取决于他们的专业知识和技能的积累程度以及运用这些专业知识和技能的熟练水平的提高。包括：①接受培训和学习机会（提升的主要途径）；②工作年限；③绩效评价结果。

11. AC [解析] 薪酬成本预算的方法包括自上而下的薪酬成本预算方法、自下而上的薪酬成本预算方法。

12. ABDE [解析] 企业薪酬成本控制的基本方法包括：①控制雇佣量；②控制基本薪酬；③控制奖金；④控制福利支出；⑤利用适当的薪酬技术手段。

13. ABC [解析] 常用的人工成本分析指标有人工成本总量指标、人工成本结构指标、人工成本分析比率型指标。

14. B [解析] 人工成本结构指标是指人工成本各组成部分占人工成本总额的比例，它能够反映人工成本投入构成的情况与合理性。

15. AE [解析] 人工成本总量指标能够显示本企业员工平均收入的高低，也能作为企业向劳动力市场提供劳动力价格信号。

16. (1) A [解析] 题干中"该公司的发展战略"对应案例内容"通过内部成长实现跨越式发展的战略"，可知该公司的发展战略是成长战略。成长战略下的薪酬管理的指导思想是企业与员工共担风险、共享收益；薪酬方案为短期内提供相对低的基本薪酬，而长期实行奖金或股票选择权等计划。

(2) A [解析] 公司调整了薪酬政策，重新进行职位评价，则职位等级结构是依据各职位的相对价值进行评价的。

(3) ABC [解析] 股票期权计划需要依托规范而有生机的股票市场，需要公司建立规范的法人治理结构，D项错误。

17. (1) ABD [解析] 根据案例，该公司的薪酬分配原则不清楚，存在内部不公平：不同职位之间、不同员工之间的薪酬差别基本上是凭感觉来确定（A、B两项）；不能准确了解外部，特别是同行业的薪酬水平，无法准确定位薪酬整体水平（D项）。

(2) C [解析] 职位评价主要是为了解决薪酬的内部公平性问题。

(3) C [解析] 薪酬调查主要是为了解决薪酬的外部竞争性问题。

本章学习检查表

知识点或模块名称	初次学习		第一次复习		第二次复习	
	做对题目数/总题目数	学习日期	做对题目数/总题目数	复习日期	做对题目数/总题目数	复习日期
战略性薪酬管理						
薪酬体系设计的基本步骤						
职位评价流程及方法						
上市公司股权激励						
非上市公司股权激励						
员工持股计划						
经营者薪酬						
销售人员薪酬						
驻外人员薪酬						
专业技术人员薪酬						
薪酬成本预算的方法						
薪酬成本的控制						
企业人工成本						
案例集锦						

填写建议：

"做对题目数/总题目数"记录针对该知识点自己做题的情况，比如该知识点总题目数为10题，做对了其中7题，记录为7/10。

"学习日期"记录自己学习该知识点时的日期，建议把下一次复习的日期也写上。

本章强化测试

扫码做题

备忘录：

第九章 培训与开发

学习指导

本章知识点内容较少，比较容易理解和记忆，且核心考点突出，可以有针对性地学习。根据历年考情来看，题目考查难度较低，以考查历年真题和简单变形题目为主。

时间	考点或模块
Day 25	➤培训与开发的决策分析 ➤培训与开发决策的制定 ➤培训与开发的组织体系
Day 26	➤培训与开发效果的评估 ➤职业生涯管理概述 ➤职业生涯管理的方法
Day 27	➤职业生涯管理效果的评估 ➤职业生涯管理的注意事项

Day 25

考点：培训与开发的决策分析

1. [单项选择题] 从投资的成本—收益角度分析，只有在（　　）情况下，培训与开发才会提高组织的利润。（注：B——培训可带来的增值，C——培训的支出，S——员工受训后要求的加薪）

   A. $S-C>B$

   B. $B-S>C$

   C. $S-B>C$

   D. $C>S$

考点：培训与开发决策的制定

2. [多项选择题] 在实际工作中，管理层关于培训与开发的决策误区，表现为（　　）。

   A. 人力资源投资的回报难以量化

   B. 不愿意做那些难以衡量或反馈周期长的培训与开发投资

   C. 将培训与开发视为一项开支或员工福利

   D. 扩大企业资金投入

   E. 将培训与开发视为一项投资

考点：培训与开发的组织体系

3. [单项选择题] 关于培训与开发组织体系的陈述，错误的是（　　）。

   A. 在设立培训与开发机构时，需要考虑组织规模和人力资源管理在组织中的地位和作用

B. 培训与开发机构隶属于人力资源部的优点是有利于形成协调统一的培训开发计划

C. 培训与开发机构作为独立部门的优点是不易受其他工作干扰,保证培训与开发的力度和连续性

D. 企业大学是非独立的培训与开发机构的一种扩展模式

4. [单项选择题] 关于培训与开发组织体系的陈述,错误的是( )。

A. 大型组织一般设置专业的培训机构

B. 企业大学是独立的培训与开发机构的一种扩展模式

C. 培训与开发机构隶属于人力资源部可以保证培训与开发的力度和连续性

D. 培训与开发机构隶属于人力资源部的优点是有利于形成协调统一的培训开发计划

5. [多项选择题] 组织在设立培训与开发机构时,需要考虑的因素包括( )。

A. 组织的规模
B. 人力资源管理在组织中的地位
C. 人力资源管理在组织中的作用
D. 人力资源管理的管理能力
E. 组织的文化

✎学习笔记

Day 26

考点：培训与开发效果的评估

1. [单项选择题] 关于培训与开发评估方法中的控制实验法的说法，错误的是（　　）。
   A. 它是一种最为规范的培训与开发效果评估方法
   B. 它可以提高培训与开发评估的准确性和有效性
   C. 它操作起来比较复杂，且费用比较高
   D. 它适用于管理技能培训与开发项目

2. [多项选择题] 关于培训与开发效果评估的说法，正确的有（　　）。
   A. 效果评估是培训与开发体系中最难实现的一个环节
   B. 效果评估中应用最广的是层次评估模型
   C. 反应评估是效果评估中最基本、最常用的评估方法
   D. 行为评估中最常用的是直接观察法
   E. 学习评估的内容包括知识、技能、态度三个方面

3. [单项选择题] 关于培训的效果评价中结果评估的说法，错误的是（　　）。
   A. 是评估受训人员对培训与开发的主观感受和看法
   B. 是组织进行培训与开发效果评估的最重要的内容
   C. 是最具说服力的评价指标
   D. 是组织高层管理人员最关心的评估内容

4. [多项选择题] 在培训与开发效果的评估中，结果评估的硬指标包括（　　）。
   A. 质量
   B. 产出
   C. 成本
   D. 满意度
   E. 时间

5. [多项选择题] 下列评估方法中，属于培训与开发回任工作评估方法的有（　　）。
   A. 利用知识或技能测验评估培训与开发效果
   B. 实地观察受训人员的工作实况来评估培训与开发效果
   C. 调查或访问受训员工的上级主管或下属
   D. 分析受训人员的人事记录资料
   E. 记录培训与开发期间受训人员的出席情况

考点：职业生涯管理概述

6. [单项选择题] 组织实施职业生涯管理对组织和个人的发展都有十分重要的意义，对组织的重要性表现不包含（　　）。
   A. 使员工与组织共同发展，以适应组织发展与变革
   B. 为组织培养后备人才，特别是高级管理人才和高级技术人才
   C. 外面招募的员工比组织内部培养的员工的适应性强
   D. 满足员工的发展需要

考点：职业生涯管理的方法

7. [单项选择题] 关于职业生涯通道的说法，错误的是（　　）。
   A. 它是个体一生的职业生涯轨迹
   B. 它的四种基本类型中的双通道是为管理人员设计的
   C. 它也称职业生涯路线
   D. 它是个体在职业生涯中经历的一系列岗位和层级所形成的链条

8. [单项选择题] 在典型的职业生涯通道类型中，描述员工在同一管理层级或同一技术、技能等级上不同工种之间变动路径的是（　　）。
   A. 横向通道　　　　　　　　　　　　B. 纵向通道
   C. 双通道　　　　　　　　　　　　　D. 职业生涯通道

9. [多项选择题] 下列职业生涯管理方法中，属于个人层次的方法有（　　）。
   A. 提供内部劳动力市场信息
   B. 给个人提供自我评估工具和机会
   C. 提供职业生涯手册
   D. 实施培训与发展项目
   E. 提供个人职业生涯指导与咨询

10. [单项选择题] 下列职业生涯管理方法中，不属于提供职业生涯信息的方法是（　　）。
    A. 公布职位空缺信息
    B. 实行双通道职业生涯设计
    C. 介绍组织内的职业生涯通道
    D. 建立职业生涯信息中心

学习笔记

Day 27

▼ **考点**：职业生涯管理效果的评估

1. [多项选择题] 职业生涯管理效果评估标准包括（　　）。
   A. 劳动力市场就业率
   B. 劳动力市场平均工资水平
   C. 组织的绩效指数变化
   D. 员工态度或心理变化
   E. 具体活动的完成情况

▼ **考点**：职业生涯管理的注意事项

2. [单项选择题] 关于职业生涯发展阶段及主要任务的表述，正确的是（　　）。
   A. 探索期的发展任务是晋升、成长、安全感、生涯类型的确立
   B. 建立期的活动是训练、帮助、政策制定
   C. 维持期的发展任务是维持成就感、更新技能
   D. 衰退期的身份是导师

3. [单项选择题] 具有分析能力、人际沟通能力和情绪控制能力的强强组合特点的职业生涯锚属于（　　）。
   A. 自主独立型
   B. 创造型
   C. 管理能力型
   D. 技术/职能能力型

4. [多项选择题] 关于职业生涯锚的说法，正确的有（　　）。
   A. 它是可以通过各种测试提前预测出来的
   B. 它并非完全固定不变的
   C. 他强调个人能力、动机和价值观三方面的相互作用与整合
   D. 它产生于一个人的早期职业生涯阶段，以个体习得的工作经验为基础
   E. 它是一个人无论如何都不会放弃的职业生涯中的某种至关重要的东西或价值观

5. [单项选择题] 关于管理能力型职业生涯锚的说法，错误的是（　　）。
   A. 它追求一般性的管理工作，且责任越大越好
   B. 它强调实际技术/职能等业务工作
   C. 它具有强烈的升迁动机
   D. 它具有分析能力、人际沟通能力和情绪控制能力的强强组合特点

6. [单项选择题] 关于职业生涯锚的说法，错误的是（　　）。
   A. 职业生涯锚产生于职业生涯的早期阶段
   B. 职业生涯锚以个体习得的工作经验为基础
   C. 职业生涯锚强调个人能力、动机和价值观三方面的相互作用与整合
   D. 可以根据各种测试提前对职业生涯锚进行预测

✎ **学习笔记**

第九章　培训与开发

参考答案及解析

Day 25

1. B [解析] 培训与开发的决策分析：只有 $B-S>C$ 时，才会提高组织的利润。
2. ABC [解析] 培训与开发决策误区表现在：①对人力资源投资的回报难以量化，容易遭到管理层的反对；②效果评估存在滞后性，导致管理层不愿意做那些难以衡量或反馈周期长的培训与开发投资；③在一定程度上，视培训开发为一种开支或一种员工福利，而不是一项投资，其预算经常落后于经营战略计划。
3. D [解析] 企业大学是独立的培训与开发机构的一种扩大发展模式，D 项错误。
4. C [解析] 培训与开发机构隶属于人力资源部的优点是有利于形成协调统一的培训开发计划，缺点是无法体现其战略性，难以保证培训与开发的力度和连续性，两个部门并列容易出现冲突，C 项错误。

> **●考点再现**
>
> Q_{3-4}　培训与开发机构隶属于人力资源部的优点是有利于形成协调统一的培训开发计划，缺点是无法体现其战略性，难以保证培训与开发的力度和连续性。培训与开发部门与人力资源部两个部门并列容易出现冲突。大型的、实行分权化管理的组织建立企业大学，企业大学是独立的培训与开发机构的一种扩大发展的模式。

5. ABC [解析] 组织在设立培训与开发机构时，需要考虑的因素包括组织的规模、人力资源管理在组织中的地位和作用。

Day 26

1. D [解析] 控制实验法不适用于那些难以找到量化绩效指标的培训与开发项目或活动，如管理技能培训与开发等。
2. ABCE [解析] 效果评估是培训与开发体系中最难实现的一个环节，效果评估中应用最广的是层次评估模型，包括：①反应评估是效果评估中最基本、最常用的评估方法；②学习评估的内容包括知识、技能、态度三个方面；③工作行为评估最常用的方法是行为评价量表；④结果评估；⑤投资收益评估。
3. A [解析] 反应评估重点是评估受训人员对培训与开发的主观感受和看法，A 项错误。
4. ABCE [解析] 结果评估的硬指标包括产出、质量、成本和时间四大类。结果评估的软指标包括工作习惯、工作满意度、主动性、顾客服务等。这些指标难以被量化，也难以被转化为货币价值，评估过程带有主观性。
5. BCD [解析] 回任工作评估的方法：①结束一段时间后，调查受训人员工作的绩效改善；②实地观察受训人员的工作实况；③调查受训员工的上级主管或下属；④分析受训人员的人事记录资料；⑤比较受训和未受训人员的工作效率；⑥根据受训人员是否达到工作的标准；⑦根据培训与开发活动的目标来评估培训与开发的效果。
6. C [解析] C 项，组织内部培养的员工适应性比外部招募的员工强。
7. B [解析] 职业生涯通道，也称职业生涯路线或职业生涯道路，是指个体在职业生涯过程中所经历的一系列岗位和层级所形成的链条，是个体一生的职业生涯轨迹。典型的职业生涯通道包括以下三种类型：①横向通道，即员工在同一个管理层级或同一个技术、技能等级上不同岗位或不同工种之间的变动路径；②纵向通道，即员工在不同管理层级、技术等级、技能等级上下之间的变动路径；③双通道，即员工同时承担管理工作和技术工作，俗称"双肩挑"，主要是为组织中技术人员或专业人员设计的，也是组织培养高层管理人员的主要方式之一。

8. A［解析］横向通道是指员工在同一管理层级或同一技术、技能等级上不同工种之间变动路径。纵向通道是指员工在不同管理层级、技术等级上不同岗位或不同工种之间的变动路径。双通道是指员工同时承担管理工作和技术工作，俗称"双肩挑"，主要是为技术人员或专业人员设计的，也是组织培养高层管理人员的主要方式之一。

9. BCE［解析］个人层次的职业生涯管理方法包括：①给个人提供自我评估工具和机会。具体方法包括职业生涯讨论会、提供职业生涯手册、退休前讨论会。②职业生涯指导与咨询。A、D两项属于组织层次的职业生涯管理方法。

10. B［解析］组织层次职业生涯管理的方法包括提供职业生涯信息、成立潜能评价中心、实施培训与发展项目。其中，提供职业生涯管理包括公布职位空缺信息、介绍组织内的职业生涯通道、建立职业生涯信息中心。

Day 27

1. CDE［解析］职业生涯管理效果评估标准包括：①是否达到个人或组织目标及程度；②具体活动的完成情况；③绩效指数变化；④态度或心理变化（包括认同度、满意度和忠诚度）。

2. C［解析］探索期的任务是确定兴趣、能力，让自我与工作匹配，A项错误；建立期的任务是晋升、成长、安全感、生涯类型的确立，B项错误；衰退期的身份是顾问，D项错误。

3. C［解析］管理能力型的特点包括：①追求一般性管理工作，且责任越大越好；②分析能力、人际沟通能力和情绪控制能力的强强组合；③具有强烈升迁的动机。

4. BCDE［解析］职业生涯锚不可能根据各种测试提前进行预测，A项错误。

5. B［解析］管理能力型的特点包括：①追求一般性管理工作，且责任越大越好；②具有强烈的升迁动机，以提升等级和收入作为衡量成功的标准；③具有分析能力、人际沟通能力和情绪控制能力的强强组合特点，对组织有很大的依赖性。

6. D［解析］职业生涯锚具有以下四个特点：①产生于早期职业生涯阶段，以个体习得的工作经验为基础；②强调个人能力、动机和价值观三方面的相互作用与整合；③不可能根据各种测试提前进行预测；④并不是完全固定不变的。D项错误。

本章学习检查表

知识点或模块名称	初次学习		第一次复习		第二次复习	
	做对题目数/总题目数	学习日期	做对题目数/总题目数	复习日期	做对题目数/总题目数	复习日期
培训与开发的决策分析						
培训与开发决策的制定						
培训与开发的组织体系						
培训与开发效果的评估						
职业生涯管理概述						
职业生涯管理的方法						
职业生涯管理效果的评估						
职业生涯管理的注意事项						

填写建议：

"做对题目数/总题目数"记录针对该知识点自己做题的情况，比如该知识点总题目数为10题，做对了其中7题，记录为7/10。

"学习日期"记录自己学习该知识点时的日期，建议把下一次复习的日期也写上。

本章强化测试

扫码做题

备忘录：

第十章 劳动关系

学习指导

本章的知识点特点是简单且容易理解，核心考点突出，考查非常细致，题型主要为单项选择题和多项选择题。因考试大纲变动，删除了较多的核心考点，本章分值会有所下降，在学习精力有限的情况下，可以抓大放小，突击重点内容。

时间	考点或模块
Day 28	➤ 劳动关系的概念 ➤ 劳动关系系统 ➤ 劳动关系调整的原则
Day 29	➤ 我国调整劳动关系的制度和机制 ➤ 员工申诉管理 ➤ 劳动争议调解管理

Day 28

考点：劳动关系的概念

1. [单项选择题] 关于劳动关系的说法，错误的是（　　）。
   A. 劳动关系是一种社会经济关系
   B. 劳动关系在劳动过程中形成
   C. 劳动关系是指劳动者和企业之间的关系
   D. 劳动关系不仅影响劳资双方，还会影响社会公众

2. [单项选择题] 劳动关系最主要的特点是（　　）。
   A. 独立性　　　　B. 平等性　　　　C. 经济性　　　　D. 从属性

3. [多项选择题] 下列属于劳动关系主体的有（　　）。
   A. 劳动者
   B. 工会
   C. 用人单位
   D. 劳动争议调解委员会
   E. 雇主组织

4. [单项选择题] 关于劳动关系中的劳动者所包括的含义，表述错误的是（　　）。
   A. 劳动者必须是以工资收入作为主要生活来源的人员
   B. 劳动者是在用人单位管理下从事劳动的人员
   C. 劳动者必须是被用人单位雇用或自雇用的人员
   D. 劳动者仅限定在国家劳动法律所规定的范围之内

5. [单项选择题] 关于工会的说法，错误的是（　　）。
   A. 工会是为维护和改善劳动者的劳动条件和生活条件而设立的组织
   B. 设立工会的主要目标是为工会成员争取利益和价值

第十章 劳动关系

    C. 全国总工会是我国唯一合法的工会组织
    D. 工会可以按组织结构和层级两种形式划分

6. [多项选择题] 按层级形式划分，工会可划分为（　　）。
    A. 全国性工会   B. 地方性工会
    C. 总工会   D. 企业工会
    E. 产业工会

7. [单项选择题] 我国工会法规定，工会是自愿结合的工人阶级的（　　）。
    A. 盈利组织   B. 行政组织   C. 群众组织   D. 事业组织

8. [单项选择题] 关于劳动关系中雇主组织的表述，错误的是（　　）。
    A. 雇主组织设立的目的是通过群体优势同工会组织抗衡
    B. 雇主组织是为了维护每个雇主成员的具体利益
    C. 雇主组织是随着雇主对利益无限追求而不断发展壮大的
    D. 中国企业联合会是雇主组织在我国的具体体现形式之一

9. [多项选择题] 雇主组织的主要形式包括（　　）。
    A. 产业协会   B. 行业协会
    C. 地区雇主协会   D. 消费者协会
    E. 国家级雇主联合会

10. [单项选择题] 雇主组织最基本的功能是（　　）。
    A. 参与立法   B. 参与集体谈判
    C. 提供法律服务   D. 提供培训服务

11. [多项选择题] 关于政府在劳动关系中的作用的说法，正确的有（　　）。
    A. 是劳动关系的推动者
    B. 是劳动关系运行的监督者
    C. 在劳动争议调解仲裁中起到辅助作用
    D. 是劳动关系重大冲突的控制者
    E. 是协调劳动关系制度和机制建设的规制者

12. [单项选择题] 政府推动建立劳动争议双方自主协商机制，体现政府的角色是（　　）。
    A. 劳动关系的规制者
    B. 劳动关系运行的监督者
    C. 劳动争议的调解仲裁者
    D. 协调劳动关系机制建设的推动者

▽ **考点**：劳动关系系统

13. [单项选择题] 下列关于劳动关系系统的说法，错误的是（　　）。
    A. 劳动关系也称产业关系或劳资关系系统，基本要素都是以个体身份出现的
    B. 劳动关系系统是社会大系统中的一个子系统
    C. 以适应环境为目标，稳定的社会环境保障劳动关系有序运行
    D. 劳动关系的稳定与整体功能的优化，需要各要素的有机搭配与协调

▼ 考点：劳动关系调整的原则

14. [单项选择题] 下列关于调整劳动关系的原则的说法，错误的是（　　）。

    A. 劳动关系主体权利义务是统一的
    B. 保护劳动关系主体权益的原则中的优先保护，是指当对劳动者权益保护和对用人单位权益保护出现矛盾、发生冲突时，对用人单位实施优先保护
    C. 平等保护指对全体劳动者和各类用人单位的权益都应平等保护
    D. 劳动关系的建立、存续和终止以及劳动关系双方的纠纷处理，由劳动关系双方依法自主协商决定

15. [单项选择题] 在市场经济条件下，劳动关系是通过劳动者个人和用人单位自主双向选择加以确定和形成，属于劳动关系调整的（　　）。

    A. 劳动关系主体权利义务统一原则
    B. 保护劳动关系主体权益的原则
    C. 以劳动关系双方自主协调为基础的原则
    D. 促进经济发展和社会进步的原则

✎ 学习笔记

第十章 劳动关系

Day 29

考点：我国调整劳动关系的制度和机制

1. [单项选择题] 下列关于对我国调整劳动关系的制度和机制描述正确的是（　　）。
   A. 劳动合同制度是市场经济条件下调整集体劳动关系的一项基本制度
   B. 集体合同制度是调整个别劳动关系的基本制度
   C. 我国职工民主管理制度的主要体现形式是工会制度
   D. 我国实行的是"一调、一裁、两审"的争议处理体制

2. [单项选择题] 下列关于劳动争议处理机制，顺序正确的是（　　）。
   A. 仲裁、调解、协商、诉讼
   B. 调解、协商、仲裁、诉讼
   C. 协商、调解、仲裁、诉讼
   D. 诉讼、调解、协商、仲裁

3. [多项选择题] 在2001年8月，由（　　）共同建立国家协调劳动关系三方会议制度。
   A. 劳动和社会保障部
   B. 中华全国总工会
   C. 中国企业联合会
   D. 企业工会
   E. 用人单位

4. [单项选择题] 公有制企业实行职工民主管理的基本形式是（　　）。
   A. 经理信誉
   B. 职工董事局监督
   C. 厂务公开
   D. 职工代表大会

考点：员工申诉管理

5. [单项选择题] 关于员工申诉管理的说法，正确的是（　　）。
   A. 非正式的申诉处理程序就是由双方共同的上级进行说和
   B. 员工申诉是一种表达不满的途径
   C. 员工不满全都可以通过申诉程序进行申诉
   D. 正式的申诉程序中，员工无需举证，由受理部门查明事实

6. [单项选择题] 以下不属于员工申诉范围的是（　　）。
   A. 对绩效考评结果有异议的
   B. 认为职务升迁处理不当的
   C. 认为上级滥用职权的
   D. 家庭纠纷无法正确处理的

7. [单项选择题] 员工申诉管理的（　　），要明确界定员工的申诉范围。
   A. 合法原则
   B. 公平原则
   C. 明晰原则
   D. 反馈原则

考点：劳动争议调解管理

8. [单项选择题] 下列关于劳动争议调解的描述，正确的是（　　）。
   A. 劳动争议调解主要运用说服教育、劝导协商的方式，调解的结果具有强制性
   B. 广义的劳动争议调解是指企业劳动争议调解委员会对本企业发生的劳动争议案件进行的调解

C. 狭义的劳动争议的调解专指仲裁庭调解人民法院审判中的调解,政府有关行政部门的调解,劳动争议诉前的专家调解等

D. 劳动争议调解属于我国劳动争议解决机制之一

9. [单项选择题] 关于劳动争议调解委员会的表述,错误的是（　　）。

A. 大中型企业应当依法设立劳动争议调解委员会,并应配备专职工作人员

B. 小微型企业可以由劳动者和企业共同推举人员开展调解工作

C. 劳动争议调解委员会可以根据需要在车间、工段、班组设立调解小组

D. 有分店、分厂的企业,可以根据需要在分支机构设立劳动争议调解委员会

10. [多项选择题] 下列选项中,属于劳动争议调解员的职责的有（　　）。

A. 关注本企业劳动关系状况,及时向企业劳动争议调解委员会报告

B. 接受企业劳动争议调解委员会指派,调解劳动争议案件

C. 作为企业代表参加劳动争议人事仲裁委员会,担任仲裁员

D. 完成企业劳动争议调解委员会交办的其他工作

E. 监督和解协议、调解协议的履行

学习笔记

第十章 劳动关系

参考答案及解析

Day 28

1. C [解析] 劳动关系是指劳动者与劳动力使用者以及相关组织为实现劳动过程所构成的社会关系，因为除了劳资双方，还包括相关组织，C项错误。

2. D [解析] 劳动者是具有"从属性特点的雇佣劳动者"，从属性是劳动关系最主要的特点。

3. ABCE [解析] 劳动关系是以雇员和雇主（劳动者和用人单位）为基本主体构成的，实现劳动过程中，政府作为社会生产过程的组织协调者，劳动者利益代表的工会组织，雇主利益代表的雇主组织也是不可或缺的。D项，劳动争议调解委员会属于处理劳动争议的群众性自治性组织，不属于劳动关系主体。

4. C [解析] 劳动者的概念包括四层含义：①劳动者是被用人单位依法雇用（录用）的人员，不包括自雇用者；②劳动者是在用人单位管理下从事劳动的人员；③劳动者是以工资收入为主要生活来源的人员；④劳动者仅限定在国家劳动法律所规定的范围之内。

5. C [解析] 中华全国总工会（简称全总）及其下工会体系是我国唯一合法的工会组织，C项错误。

6. ABD [解析] 按工会的层级划分，可分为企业工会、区域性（或地方性）工会、全国性工会；按工会的组织结构形式划分，可分为职业工会、产业工会、总工会。

7. C [解析] 工会是自愿结合的工人阶级的群众组织。

8. C [解析] 按照劳动关系理论，雇主组织是由雇主依法组成的组织，目的是通过群体优势同工会组织抗衡，最终促进并维护每个雇主成员的具体利益。雇主组织是随着工会组织的不断发展壮大而建立和发展的，C项错误。

9. BCE [解析] 雇主组织形式主要包括：①行业协会；②地区协会；③国家级雇主联合会；④中国企业联合会。

10. B [解析] 参与集体谈判：同工会进行谈判，签订集体协议，协调劳动关系，是雇主组织发展的最基本的原因，也是最基本的功能。

11. BD [解析] 政府在劳动关系中的作用如下：①劳动关系的规制者。②劳动关系运行的监督者。③劳动争议的重要调解仲裁者。政府在处理劳动争议时，居中调解和发挥主导作用。④劳动关系重大冲突的控制者。⑤协调劳动关系制度和机制建设的推动者。

12. D [解析] 协调劳动关系制度和机制建设的推动者是指政府通过推动建立劳动合同制度、集体协商机制和企业内部矛盾纠纷的协商解决机制，形成劳动关系双方的自主协调机制。

13. A [解析] 劳动关系系统的基本要素是以个体或群体身份出现的，A项错误。

14. B [解析] 保护劳动关系主体权益的原则中的优先保护，是指在特定条件下，当对劳动者权益保护和对用人单位权益保护出现矛盾、发生冲突时，对劳动者实施优先保护，B项错误。

15. C [解析] 以劳动关系双方自主协调为基础的原则是指劳动关系的建立、存续和终止以及劳动关系双方的纠纷处理，主要是由劳动关系双方依法自主协商决定。在市场经济条件下，劳动关系是通过劳动者个人和用人单位自主双向选择加以确定和形成的。

Day 29

1. D [解析] 劳动合同制度是调整个别劳动关系的基本制度，集体合同制度是调整集体劳动关系的制度，A、B两项错误。我国职工民主管理制度的主要体现形式是职工代表制度，C项错误。

2. C [解析]《劳动争议调解仲裁法》等法律法规，明确了以协商、调解、仲裁、诉讼为主要环节的先裁后审的劳动争议处理制度。

3. ABC [解析] 三方机制是由政府、工会代表、雇主代表组成的三方性劳动关系协调制度。2001年8月，由劳动和社会保障部、中华全国总工会、中国企业联合会三方共同建立了国家协调劳动关系三方会议制度。

4. D [解析] 公有制企业实行职工民主管理的基本形式是职工代表大会。

5. B [解析] 非正式的申诉处理主要是依靠第三方调解实现的，主要依靠训练有素的中立的第三方，协调处理申诉双方当事人的意见分歧，以解决有关问题。A项错误。员工申诉的主要作用是处理员工工作过程中产生的不满的情绪，员工申诉范围一般限于与工作有关的问题，与工作无关的问题，通常排除在外（如员工的家庭问题、私人问题），虽然这些问题可能间接影响到工作绩效，但这并不是申诉制度应该或能够处理的问题。C项错误。员工申诉的正式处理流程一般包括四个阶段：①向申诉受理人提交员工申诉表，应写明申诉缘由，并尽量列举可靠的依据；②申诉受理；③查明事实；④解决问题。D项错误。

6. D [解析] 员工申诉的主要作用是处理员工工作过程中产生的不满的情绪，员工申诉范围一般限于与工作有关的问题，与工作无关的问题，通常排除在外（如员工的家庭问题、私人问题）。

7. C [解析] 明晰原则是要明确界定员工的申诉范围，避免员工将本可以通过正常管理渠道解决的问题也通过申诉方式提出。同时，还应对申诉问题进行分类处理，使组织尽早发现和解决问题。

8. D [解析] 劳动争议调解主要运用说服教育、劝导协商的方式，促使其在互谅互让的基础上解决争议的一种活动，但其并不具有强制性，A项错误。B项描述的是狭义的劳动争议调解，C项描述的是广义的劳动争议调解。

9. A [解析]《企业劳动争议协商调解规定》第十三条、第十四条规定，大中型企业应当依法设立劳动争议调解委员会，并配备专职或者兼职工作人员（A项错误）。有分公司、分店、分厂的企业，可以根据需要在分支机构设立劳动争议调解委员会。总部劳动争议调解委员会指导分支机构劳动争议调解委员会开展劳动争议预防调解工作。劳动争议调解委员会可以根据需要在车间、工段、班组设立调解小组。小微型企业可以设立劳动争议调解委员会，也可以由劳动者和企业共同推举人员，开展调解工作。

10. ABDE [解析] 劳动争议调解员的职责包括：①关注本企业劳动关系状况，及时向企业劳动争议调解委员会报告；②接受企业劳动争议调解委员会指派，调解劳动争议案件；③监督和解协议、调解协议的履行；④完成企业劳动争议调解委员会交办的其他工作。劳动人事仲裁委员会由三方的代表组成，但不包括调解员。

本章学习检查表

知识点或模块名称	初次学习		第一次复习		第二次复习	
	做对题目数/总题目数	学习日期	做对题目数/总题目数	复习日期	做对题目数/总题目数	复习日期
劳动关系的概念						
劳动关系系统						
劳动关系调整的原则						
我国调整劳动关系的制度和机制						
员工申诉管理						
劳动争议调解管理						

填写建议：

"做对题目数/总题目数"记录针对该知识点自己做题的情况，比如该知识点总题目数为10题，做对了其中7题，记录为7/10。

"学习日期"记录自己学习该知识点时的日期，建议把下一次复习的日期也写上。

本章强化测试

扫码做题

备忘录：

第三部分 人力资源经济分析

第十一章 劳动力市场理论

学习指导

本章部分知识点的内容与"经济基础知识"科目中的微观经济学内容相近,另外有三个涉及计算题的知识点。本章历年分值较高,案例分析题的出题频率较高,考查较细致,需要全面学习。本章的学习应重在理解,切忌死记硬背。

时间	考点或模块
Day 30	➢ 劳动力市场的概念与特征 ➢ 劳动力市场的结构 ➢ 效率工资和晋升竞赛 ➢ 劳动力供给总量
Day 31	➢ 个人及市场劳动力供给 ➢ 家庭劳动力供给与周期性劳动力供给 ➢ 劳动力需求及其影响因素
Day 32	➢ 劳动力需求弹性与派生需求定理 ➢ 劳动力市场均衡及其变动 ➢ 劳动力市场非均衡及其影响因素 ➢ 劳动力市场政策
Day 33	➢ 案例集锦

▶▶▶ Day 30

▼ **考点**：劳动力市场的概念与特征

1. [多项选择题] 关于劳动力市场的说法,正确的有（　　）。
   A. 在劳动力市场上有很多机构为劳动力供求双方的接触和联系提供方便
   B. 劳动力供求双方在劳动力市场上会通过某种方式交换劳动力质量和价格信息
   C. 劳动力供求双方通过劳动力市场达成协议后最终都会签订书面的正式雇佣合同
   D. 它是在市场经济条件下对劳动力这种生产性资源进行有效配置的根本手段
   E. 它是一种特殊的产品市场

2. [多项选择题] 为了应对劳动力市场交易对象的难以衡量性问题,企业通常可以采用的做法包括(　　)。
   A. 提供高于市场水平的工资
   B. 利用受教育程度、工作经验等对求职者进行筛选
   C. 加强对新员工的培训
   D. 利用面试、笔试和心理测试等手段对求职者进行筛选
   E. 通过试用期来对求职者进行考察

3. [多项选择题] 关于劳动力市场特征的说法,正确的有(　　)。
   A. 特殊性是指劳动力的所有权没有转移,转移的只是使用权
   B. 多样性是指不同劳动力之间不能相互替代或不能完全相互替代
   C. 不确定性是指劳动力市场会表现出明显的动态属性
   D. 交易条件的复杂性是指双方之间在一定的时期内被固化下来
   E. 出售者地位不利性是指在经济不景气、失业率上升的情况下,劳动者的不利地位尤其明显

4. [多项选择题] 劳动者在劳动力市场上的议价能力在相当大程度上取决于(　　)。
   A. 某种类型劳动力在劳动力市场上的供求情况
   B. 劳动者是否加入工会
   C. 劳动者本人的技术、能力情况
   D. 某种类型劳动者的市场工资水平
   E. 劳动者本人的经验情况

▼ 考点：劳动力市场的结构

5. [多项选择题] 关于内部劳动力市场的说法,正确的有(　　)。
   A. 它是在某些特定行业内形成的有多家企业和大量劳动者参与的劳动力市场
   B. 它是在大型组织内形成的借助一系列规则和程序指导组织内部雇佣关系调整的有序管理体系
   C. 它是有助于企业对员工的生产率和工作动机等做出准确判断,保护企业的大量在职培训投资
   D. 它有可能会因为员工之间竞争不足而导致组织内部的激励水平下降
   E. 它是独立于外部劳动力市场的一种自我封闭型劳动力市场

6. [多项选择题] 次等劳动力市场的特征包括(　　)。
   A. 就业不稳定
   B. 工资率较低
   C. 工作条件较差
   D. 工作的社会地位较低
   E. 流动率、缺勤率和迟到率比较低

7. [单项选择题] 关于优等和次等劳动力市场的说法,错误的是(　　)。
   A. 是基于双层劳动力市场理论划分的
   B. 优等和次等劳动力市场是相对独立运转的

C. 两个市场之间也可以存在劳动力流动

D. 贫穷和歧视是造成两种劳动力市场之间出现相对隔离的主要原因

考点：效率工资和晋升竞赛

8. [单项选择题] 企业愿意支付高工资的理由不包括（　　）。

A. 能够帮助组织吸引到更为优秀的、生产率更高的员工

B. 有利于降低员工的离职率

C. 有助于提高员工对内部不公平的忍耐程度

D. 效率工资总是能够保证企业的收益超过成本

9. [单项选择题] 下列人力资源管理措施中，有助于使效率工资发挥更大激励作用的是（　　）。

A. 拉大企业内部工资差别　　　　B. 构建短期雇佣关系

C. 缩小企业内部工资差别　　　　D. 构建长期雇佣关系

10. [多项选择题] 晋升竞赛的基本特点包括（　　）。

A. 更高一级的职位通常是事先设计好的

B. 晋升到更高职位的优势大小，不会影响到被晋升后得到的工资水平高低

C. 设计合理的工资差距需要考虑晋升的综合价值

D. 被晋升者将得到更高一级新职位对应的全部报酬，即工资水平上涨

E. 失败者将会因为参加竞赛而得到报酬

11. [多项选择题] 关于设计合理的工资差距需要考虑的因素，说法正确的有（　　）。

A. 应该考虑晋升的综合价值

B. 不用考虑运气因素

C. 综合价值越高，则参与晋升竞赛者努力的积极性就越高

D. 越是靠近上层的晋升，与每一次晋升相关的工资差距往往会很小

E. 晋升的风险越低，则参与晋升竞赛者的努力程度越高

考点：劳动力供给总量

12. [多项选择题] 对一国的劳动力供给数量产生影响的主要因素包括（　　）。

A. 人口总量　　　　　　　　　B. 劳动力参与率

C. 失业率　　　　　　　　　　D. 就业率

E. 周平均工作时间

13. [单项选择题] 某市人口普查结果表明，该市共有2 000万人口，其中16岁以上的人口为1 500万，就业人口总数为1 000万，失业人口为200万，则该市的劳动力参与率为（　　）。

A. 50%　　　　　　　　　　　B. 60%

C. 70%　　　　　　　　　　　D. 80%

14. [单项选择题] 实际劳动力人口与潜在劳动力人口之比称为（　　）。

A. 劳动力参与率　　　　　　　B. 失业率

C. 就业率　　　　　　　　　　D. 净人口流入率

15. [单项选择题] 以下统计指标无法包含全部就业人口的是（　　）。
    A. 实际劳动供给人口 B. 经济活动人口
    C. 劳动力人口 D. 劳动年龄内人口

16. [单项选择题] 关于劳动参与率计算公式的说法，正确的是（　　）。
    A. 劳动力参与率＝（就业人口＋失业人口）/劳动力总人口
    B. 劳动力参与率＝就业人口/16周岁以上总人口
    C. 劳动力参与率＝经济活动人口/16周岁以上总人口
    D. 劳动力参与率＝劳动力人口/该地区总人口

17. [单项选择题] 关于保留工资的说法，错误的是（　　）。
    A. 劳动者的保留工资越高，劳动力参与率越低
    B. 保留工资相当于本地的最低工资水平
    C. 保留工资实际上是一种工资的心理价位
    D. 每个人的保留工资存在差异

✎ 学习笔记

Day 31

考点：个人及市场劳动力供给

1. [单项选择题] 关于劳动力供给的说法，错误的是（ ）。
   A. 劳动者个人的劳动力供给时间就是其工作时间
   B. 个人劳动力供给决策涉及劳动者在工作和闲暇之间的时间分配问题
   C. 工资率越高，劳动者个人的劳动供给时间就越多
   D. 劳动力供给涉及劳动力供给的数量和质量两个方面

2. [单项选择题] 在一个以工作小时数为横轴，工资率为纵轴的坐标系中，个人劳动力供给曲线的形状为（ ）。
   A. 平行于横轴的一条直线
   B. 垂直于横轴的一条直线
   C. 自左下方向右上方倾斜的一条直线
   D. 一条向后弯曲的曲线

3. [单项选择题] 一些国家征收高额遗产税，目的之一在于（ ）。
   A. 抑制非劳动收入对劳动力供给产生的不利影响
   B. 抑制工资率上涨的收入效应对劳动力的供给产生不利影响
   C. 抑制上涨的替代效应对劳动力供给产生的不利影响
   D. 抑制非劳动收入对劳动力需求产生的不利影响

4. [单项选择题] 关于市场劳动力供给曲线的说法，错误的是（ ）。
   A. 常见的市场劳动力供给曲线为自右下方向左上方倾斜的曲线
   B. 垂直形状的劳动力供给曲线表示短期劳动力供给存在滞后性或非常稀缺
   C. 垂直形状的劳动力供给曲线表示长期很可能存在无法增加供给的情况，如顶级的运动员或歌星
   D. 水平形状的劳动力供给曲线代表市场上可以获得任意数量的劳动力供给

5. [单项选择题] 关于工资率上涨对个人劳动力供给产生的影响的说法，正确的是（ ）。
   A. 工资率上涨的收入效应和替代效应都导致个人劳动力供给时间减少
   B. 工资率上涨的替代效应导致个人劳动力供给时间减少
   C. 工资率上涨的收入效应和替代效应都导致个人劳动力供给时间增加
   D. 工资率上涨的收入效应导致个人劳动力供给时间减少

6. [单项选择题] 某行业所面临的劳动力供给弹性为0.6，如果该行业的市场工资率下降2%，则该行业的劳动力供给工时总量会（ ）。
   A. 增加3%　　　　　　　　　　　B. 减少3%
   C. 增加1.2%　　　　　　　　　　D. 减少1.2%

7. [单项选择题] 某地家政服务人员当前的市场工资是每小时40元，平均每天劳动力供给时间为10万小时。若为此类人员的工资水平提高到每小时50元，平均每天的劳动力总供给时间将会上升到12万小时，则该地家政服务人员的劳动供给弹性是（ ）。
   A. 缺乏弹性的　　　　　　　　　　B. 富有弹性的
   C. 无弹性的　　　　　　　　　　　D. 单位弹性的

▼ 考点：家庭劳动力供给与周期性劳动力供给

8. [多项选择题] 家庭生产理论认为（　　）。
   A. 家庭可以用时间密集型和商品密集型两种方式生产家庭物品
   B. 家庭的可支配时间可以划分为市场工作时间和家庭生产时间两大类
   C. 家庭的直接效用的来源是整个家庭获得的总劳动收入
   D. 家庭需要决定消费哪些家庭物品
   E. 家庭的劳动力供给行为是家庭成员劳动力供给行为的简单加总

9. [单项选择题] 关于老年劳动力人口供给时间的说法，正确的是（　　）。
   A. 政府提高养老金所产生的收入效应明显超过替代效应
   B. 政府提高养老金一定会使老年劳动力人口劳动供给时间减少
   C. 工资率的提高对老年人劳动供给时间只会产生收入效应
   D. 工资率的提高对老年人劳动供给时间会同时产生替代效应和收入效应，且两个效应的作用方向是相同的

10. [多项选择题] 关于经济周期中劳动力供给的表述，错误的有（　　）。
    A. 在经济衰退时期，附加的劳动者效应类似于替代效应
    B. 灰心丧气的劳动者效应是指失业劳动者停止寻找工作，临时成为非劳动力的情况
    C. 附加的劳动者效应会导致政府公布的失业率上升
    D. 附加的劳动者效应与灰心丧气的劳动者效应在作用方向上是相同的
    E. 在经济衰退时期，灰心丧气的劳动者效应占据着主导地位

11. [单项选择题] 附加的劳动者效应和灰心丧气的劳动者效应都是在（　　）中可能发生的促使劳动者进入和退出劳动力市场的因素。
    A. 经济周期
    B. 生命周期
    C. 家庭
    D. 企业

▼ 考点：劳动力需求及其影响因素

12. [单项选择题] 在其他条件不变的情况下，相关因素对劳动力需求的影响是（　　）。
    A. 工资率上涨的规模效应导致劳动力需求下降
    B. 工资率上涨的替代效应导致劳动力需求上升
    C. 产品需求上升导致劳动力需求下降
    D. 产品需求下降导致劳动力需求上升

13. [单项选择题] 关于劳动力需求的说法，错误的是（　　）。
    A. 劳动力需求是一种派生需求
    B. 其他条件一定，工资率上升必然导致劳动力需求数量下降
    C. 劳动力需求与资本价格无关
    D. 在长期中，工资率变动会对劳动力需求同时产生规模效应和替代效应

14. ［多项选择题］在其他条件一定的情况下，必然导致劳动力需求下降的有（　　）。
   A. 工资率下降的替代效应　　　　　　B. 工资率下降的规模效应
   C. 工资率上升的规模效应　　　　　　D. 工资率上升的替代效应
   E. 工资率下降的收入效应

15. ［单项选择题］在其他条件不变的情况下，会导致劳动力需求量上升的是（　　）。
   A. 资本价格下降的收入效应　　　　　B. 资本价格上升的替代效应
   C. 资本价格下降的替代效应　　　　　D. 资本价格上升的规模效应

✏学习笔记

第十一章 劳动力市场理论

Day 32

▼ **考点**：劳动力需求弹性与派生需求定理

1. [单项选择题] 如果劳动力需求是富有弹性的，在只看绝对值的情况下，劳动力需求数量的变化规律是（　　）。
   A. 变化百分比大于其工资率变化百分比
   B. 变化百分比小于其工资率变化百分比
   C. 变化值大于其工资率变化值
   D. 变化值小于其工资率变化值

2. [单项选择题] 某市对家具生产工人的劳动力需求是单位弹性的，该市企业目前雇用的家具生产工人总人数为 20 000 人，工人的市场工资率是 20 元/小时，如果工资率上升为 25 元/小时，则该市企业愿意雇用的家具生产工人总人数将变成（　　）人。
   A. 30 000　　　　　　　　　　B. 25 000
   C. 20 000　　　　　　　　　　D. 15 000

3. [单项选择题] 若劳动力需求富有弹性，当工资率下降时，其劳动力工资总量（　　）。
   A. 上升　　　　　　　　　　　B. 下降
   C. 无变化　　　　　　　　　　D. 先上升再下降

4. [多项选择题] 根据派生需求定理，在其他条件相同的情况下，若（　　），则劳动力需求弹性越高。
   A. 最终产品的需求价格弹性越大
   B. 其他要素对劳动力的替代越困难
   C. 其他生产要素的供给弹性越大
   D. 劳动力成本在总成本中所占的比重越小
   E. 其他要素对劳动力的替代越容易

5. [单项选择题] 下列属于不利于中国劳动者就业的情况是（　　）。
   A. 中国劳动者的劳动力需求弹性比较小
   B. 发达国家劳动者对中国劳动者的替代难度比较高
   C. 中国劳动者生产的产品具有较高的需求价格弹性
   D. 能够替代中国劳动者的其他生产要素（资本和发达国家劳动者等）的供给弹性比较小

6. [单项选择题] 如果青年劳动力的工资率上涨 1% 导致中年劳动力的就业量上升 0.5%，则青年劳动力与中年劳动力之间存在（　　）。
   A. 总互补关系　　　　　　　　B. 总替代关系
   C. 互补关系　　　　　　　　　D. 替代关系

▼ **考点**：劳动力市场均衡及其变动

7. [单项选择题] 如果在沿海地区就业的大量内地农村劳动力返还家乡，而沿海地区的劳动力需求没有发生变化，则此时沿海地区的劳动力市场状况会表现为（　　）。
   A. 均衡工资率上升，均衡就业量下降
   B. 均衡工资率下降，均衡就业量上升
   C. 均衡工资率和均衡就业量均下降
   D. 均衡工资率和均衡就业量均上升

8. [单项选择题] 在劳动力市场均衡分析图形中，如果劳动力供给曲线不变，出口下降导致劳动力需求减少，则可能出现的情况是（　　）。

   A. 均衡工资率下降，均衡就业率上升

   B. 均衡工资率上升，均衡就业率下降

   C. 均衡工资率和均衡就业率同时上升

   D. 均衡工资率和均衡就业率同时下降

9. [多项选择题] 某城市汽车生产工人的劳动力市场当前处于均衡状态，汽车生产工人的市场工资率为25元/小时，但由于该市最近增加了两家新的汽车生产厂，导致当地对汽车生产工人的劳动力需求出现了大规模增长，但劳动力供给短期内无法快速增加，因此，该市很可能会出现的情况有（　　）。

   A. 汽车生产企业要想获得足够的劳动力，就必须支付25元/小时以上的工资

   B. 汽车生产企业只要支付25元/小时的工资就能够满足自己的劳动力需求

   C. 汽车生产工人劳动力市场的均衡就业量会上升

   D. 汽车生产工人劳动力市场的均衡工资水平会大幅度下降

   E. 汽车生产工人劳动力市场的均衡工资水平会上升

▼ 考点：劳动力市场非均衡及其影响因素

10. [单项选择题] 导致劳动力市场非均衡现象出现的原因不包括（　　）。

    A. 有些企业可能会支付超过市场通行水平的工资

    B. 劳动者跨企业流动是有成本的

    C. 劳动力对工资率的反应是极其敏感的

    D. 企业往往并不能随意调整所雇用的员工人数

11. [单项选择题] 即使企业可以随时雇佣员工，并且可以在不额外支付任何补偿的情况下解雇员工，它们往往也不会随意调整雇佣量，其主要原因不包括（　　）。

    A. 企业在雇用员工时付出的搜寻成本和筛选成本会随着员工被解雇而流失

    B. 解雇员工在一定程度上会对企业未来的新员工招募能力产生不良影响

    C. 解雇员工的成本总是会超过雇用新员工的成本

    D. 解雇员工意味着企业在员工身上付出的培训成本流失掉了

▼ 考点：劳动力市场政策

12. [多项选择题] 货币政策施行手段不包括（　　）。

    A. 降低税率

    B. 法定准备金制度

    C. 贴现率调整

    D. 公开市场业务

    E. 增加转移支付

13. [单项选择题] 政府为支持企业扩大生产，增值税、小规模纳税人增值税属于（　　）。

    A. 货币政策　　　　　　　　　B. 财政政策

    C. 法律政策　　　　　　　　　D. 人力政策

14. [单项选择题] 工资指导线的原则是，使年度报酬增加的百分比（　　）。
    A. 不超过劳动生产率的增长趋势
    B. 超过劳动生产率的增长趋势
    C. 不超过企业生产成本的增加额
    D. 超过企业生产成本的增加额

15. [单项选择题] 关于最低工资立法的经济学分析，正确的是（　　）。
    A. 最低工资立法必然导致收入分配的不平等程度下降
    B. 最低工资立法有助于增加全体低收入劳动者的收入
    C. 最低工资立法的扩大效应会导致部分低收入劳动者失去工作
    D. 最低工资立法的压缩效应有助于提高管理层的工资水平

✎ 学习笔记

Day 33

模块：案例集锦

1. [案例分析题] 计算机专业毕业的研究生小韩非常庆幸自己能够顺利地在一家世界知名的国内通信技术公司找到一份研发工作，因为这家公司的工资水平远远超过市场水平，因此每年都有大批毕业生来求职。这家公司的人力资源管理水平很高，在招聘、晋升、绩效、薪酬以及解雇等各个人力资源管理领域都制定了非常明确的规则和程序，管理非常规范。入职后小韩发现，该公司非常重视新员工的培训，而且倾向于从内部提拔管理人员，公司在做出晋升决定时，会严格根据任职员工的历史绩效以及在一线的工作时间和发展潜力等来进行综合考察，晋升标准和晋升待遇也是非常明确的，每一次晋升都会有若干员工作为候选人，其中优秀的人将被选拔至上一级领导岗位。

根据以上材料，回答下列问题：

(1) 与该公司的人力资源管理实践相吻合的特征包括（　　）。
　　A. 内部劳动力市场　　　　　　　　B. 封闭劳动力市场
　　C. 终身雇佣　　　　　　　　　　　D. 晋升竞赛

(2) 该公司支付高工资的作用在于（　　）。
　　A. 吸引优秀的、高生产率员工　　　B. 降低员工离职率
　　C. 削弱员工的偷懒动机　　　　　　D. 降低人工成本

(3) 该公司做出晋升决策的依据是候选人的（　　）。
　　A. 学历　　B. 相对绩效水平　　C. 资历　　D. 能力

(4) 可以使公司的晋升体系更为有效的做法包括（　　）。
　　A. 使多位候选人在晋升潜力和实力方面存在较为明显的差距
　　B. 使候选人的现有薪酬和新职位的薪酬水平之间存在明显差距
　　C. 尽可能确保在晋升决策中不掺杂实力以外的运气成分
　　D. 不把候选人的直接上级的主观评价作为晋升决策的唯一依据

2. [案例分析题] 小吕在大学毕业找工作时不仅考虑工资水平，还要考虑职业发展前途、企业声誉等因素。他在求职过程中发现，有些企业坚持支付超过市场均衡工资水平的高工资，而不像教科书说的那样，按照通行市场水平支付工资。此外，他去求职的一些企业面对人工成本不断上涨的形势，开始用机器人代替一些人工操作。让他没想到的是，大学同班同学小王由于一时找不到好工作，家庭经济状况又不好，先选择去一家快递公司当快递员了。

根据以上材料，回答下列问题：

(1) 小吕在找工作时考虑多种因素的情况表明，劳动力市场存在（　　）的特征。
　　A. 交易对象难以衡量性　　　　　　B. 交易条件的复杂性
　　C. 交易延续性　　　　　　　　　　D. 出售者地位不利性

(2) 关于企业支付的超过市场均衡水平高工资的说法，正确的是（　　）。
　　A. 企业支付的这种高工资称为绩效工资
　　B. 这种高工资有助于吸引生产率更高的员工
　　C. 这种高工资有助于降低员工的离职率
　　D. 这种做法在员工期望与企业保持长期雇佣关系的情况下更有意义

(3) 关于一些企业用机器人替代人工操作现象的说法，正确的是（　　）。
   A. 机器人价格下降的规模效应会导致企业的劳动力需求上升
   B. 机器人价格下降的替代效应会导致企业的劳动力需求上升
   C. 机器人对人工操作的替代反映了产品需求对劳动力需求产生的影响
   D. 机器人对人工操作的替代反映了两种生产要素之间的互补关系

(4) 关于小王选择当快递员的说法，正确的是（　　）。
   A. 小王不得不去次等劳动力市场就业　　B. 小王是通过劳动力市场实现就业的
   C. 小王领取的是效率工资　　D. 小王不可能再回到优等劳动力市场就业

3. [案例分析题] 小罗是国内重点大学计算机专业毕业的研究生。找工作过程中他发现，与几年前报考研究生时相比，由于整体经济下滑、计算机专业学生过剩，工作不如当年好找，工资水平也达不到当年的预期。

　　由于小罗学习成绩优异，在校期间曾开发的一套校园交友软件还被某公司收购，他很快通过了一家知名网络公司的专业笔试、面试和心理测试，作为软件编程人员开始在这家公司实习。实习三个月后，小罗顺利得到了这份工作。公司给他这类的软件编程人员的工资比市场水平高出 20%，办公环境和各项福利待遇也很好。小罗对这份工作比较满意。

　　根据以上材料，回答下列问题：

(1) 小罗大学毕业后的求职经历表明，劳动者在劳动力市场上的议价能力在相当大程度上取决于（　　）。
   A. 某种类型劳动力在劳动力市场上的供求状况
   B. 劳动者是否加入工会
   C. 劳动者本人的技术、能力和经验
   D. 某种类型劳动者的市场工资水平

(2) 关于小罗毕业后就职的这家网络公司的工资水平，正确的是（　　）。
   A. 这种高工资有利于降低优秀员工的离职率
   B. 这种高工资会使企业的人工成本过高，从而无法与对手展开有效竞争
   C. 这种高工资更容易让员工产生公平感
   D. 企业支付这种高工资的一个基本假设是高工资往往能带来高生产率

(3) 这家网络公司之所以利用笔试、面试、能力测试和实习等手段来对小罗进行考察，是因为劳动力市场具有（　　）特征。
   A. 交易对象难以衡量性　　B. 多样性
   C. 交易连续性　　D. 不确定性

(4) 小罗所在的劳动力市场属于（　　）。
   A. 地区性劳动力市场　　B. 优等劳动力市场
   C. 次等劳动力市场　　D. 内部劳动力市场

✎ 学习笔记

参考答案及解析

Day 30

1. **ABD** [解析] 劳动力供求双方通过劳动力市场也会形成非全日制用工，非全日制用工不需要签订书面劳动合同，C项错误。劳动力市场是进行劳动力交易的一种要素市场，E项错误。

2. **BDE** [解析] 为了应对劳动力市场交易对象的难以衡量性问题，人力资源部门除了利用劳动者受教育程度、工作经历以及在职训练等客观指标来作为筛选员工的依据，还利用面试、笔试、心理测试等多种甄选手段以及利用试用期来最后决定是否最终雇佣某位求职者。

3. **ABCE** [解析] 交易条件的复杂性是指在除工资之外的劳动力市场的交易条件中，工作条件和工作环境的好坏也是交易能否达成的一个重要决定因素。工作条件和工作环境要素包括物质工作环境和监督与控制的软环境因素，D项错误。

4. **ACE** [解析] 劳动者在劳动力市场上的议价能力大小取决于：①劳动者所属的同种劳动力在市场上的供求状况；②个人的技术、能力和经验等劳动力质量要素的水平。

5. **BCD** [解析] 内部劳动力市场通常是指在大型组织内部存在的，由一系列规则和程序来指导企业内部的雇佣关系调整形成的一种有序的管理体系。A项错误。内部劳动力市场不能脱离外部劳动力市场而独立存在，它不能是完全自我封闭的，在薪酬水平、福利等方面必须与外部劳动力市场保持适度一致。E项错误。

6. **ABCD** [解析] 次等劳动力市场的特征包括：①就业不稳定；②工资率较低；③工作条件差；④工作的社会地位低；⑤流动率、缺勤率和迟到率比较高。

7. **D** [解析] 因贫穷、歧视以及受教育程度不高导致的技能缺乏是造成两种劳动力市场之间出现相对隔离的主要原因，D项错误。

8. **D** [解析] 企业实行效率工资的理由主要有三点：①高工资能够帮助组织吸引到更为优秀的、生产率更高的员工。②高工资有利于降低员工的离职率，强化他们的实际生产率。③高工资往往能够更容易让人产生公平感。高工资有助于提高员工的外部公平感，有时候还有助于提高员工对内部不公平的忍耐程度。

9. **D** [解析] 要想使效率工资能够对生产率产生促进作用，通常需要具备一个条件，这就是劳动者期望与企业保持长期雇佣关系。

10. **ABD** [解析] 晋升竞赛的基本特点包括：①在企业中，更高一级的职位通常是事先设计好的，而与每个职位对应的则是一个确定的工资率或一个工资浮动区间，职位级别越高，对应的工资率也就越高；②与同事相比，一位员工之所以晋升到更高职位，往往仅仅是因为他们比其他人更有优势一些，至于这种优势是大还是小，则不会影响到他们被晋升后得到的工资水平高低；③被晋升者将得到更高一级新职位对应的全部报酬，即工资水平上涨，而失败者将不会因为参加竞赛而得到任何报酬。

11. **ACE** [解析] 一个候选人得到晋升，有实力和绩效因素，还有运气因素。B项错误。组织中越是靠近上层的晋升，与每一次晋升相关系的工资差距往往会很大。D项错误。

12. **ABE** [解析] 劳动力数量取决于人口总量、劳动力参与率及劳动者的周平均工作时间。

第十一章 劳动力市场理论

13. D [解析] 劳动力参与率（%）＝（就业人口＋失业人口）/16岁以上总人口×100%＝(1 000＋200)/1 500×100%＝80%。

14. A [解析] 实际劳动人口与潜在劳动人口之比称为劳动力参与率。

15. D [解析] 在各类人口中，劳动适龄就业人口、未成年就业人口、老年就业人口统称"就业人口"，就业人口与失业人口之和统称为"实际劳动力供给人口"或"经济活动人口"，有时简称"劳动力人口"。

16. C [解析] 劳动参与率通常指就业人口与失业人口之和在一个国家或地区的16周岁以上人口中所占的百分比。就业人口和失业人口构成实际劳动力供给人口或经济活动人口，简称劳动力人口。

17. B [解析] 所谓保留工资，就是指为了使一位劳动者愿意到市场上来工作，而不是待在家里所必须达到的最低工资水平。这种保留工资是一种工资的心理价位，每个人的具体情况不同，保留工资水平也存在差异。

Day 31

1. C [解析] 工资率上升对于个人劳动力供给决策会产生两个方面的作用，即收入效应和替代效应。

2. D [解析] 个人劳动力供给曲线呈现出一条"向后弯曲的"劳动力供给曲线。

3. A [解析] 遗产属于非劳动收入，影响劳动力供给的三个因素包括工资率、非劳动收入和个人偏好。征收高额遗产税可以减少人们获得非劳动收入，抑制因非劳动收入过高而减少劳动力供给，A项正确；工资率上涨的收入效应和替代效应均属于工资率的变化，与遗产无关，B、C两项错误；非劳动收入只对劳动力供给产生影响，与劳动力需求无关，D项错误。

4. A [解析] 常见的市场劳动力供给曲线为自左下方向右上方倾斜的曲线。随着工资率的提高，市场劳动力供给总量不断增加；相反，随着工资率的下降，市场劳动力供给总量有所减少。

5. D [解析]

工资率	收入效应	替代效应	收入效应＞替代效应	替代效应＞收入效应
上升	减少	增加	减少	增加
下降	增加	减少	增加	减少

结论：工资率上涨对劳动力供给产生的收入效应和替代效应作用方向是相反的

6. D [解析] 该行业的劳动力供给工时变动＝2%×0.6＝1.2%，因工资率下降，则工时总量减少1.2%。

7. A [解析] 劳动力供给弹性＝劳动工时变动百分比/工资率变动百分比＝[(12－10)/10]/[(50－40)/40]＝0.2/0.25＝0.8。劳动供给弹性小于1，为缺乏弹性的。

8. ABD [解析] 一个家庭会把它生产出来的家庭物品看成是效用的直接来源，C项错误。家庭内部分工决策采用比较优势的原理，即每个家庭成员都应当去从事生产率相对效率最高或最擅长的工作，E项错误。

9. D [解析] 养老金福利的变化会对劳动者产生收入效应和替代效应，只不过两种效应的作用方向都是一样的，都是鼓励老年人减少劳动力供给或提前退休。

10. AD [解析] 在经济衰退时期，附加的劳动者效应类似于收入效应，A项错误；附加的劳动者效应与灰心丧气的劳动者效应在作用方向上是相反的，附加的劳动者效应使失业率上升，灰心丧气的劳动者效应使失业率下降，D项错误。

11. A ［解析］经济周期中的劳动力供给包括附加的劳动者效应和灰心丧气的劳动者效应。

12. A ［解析］工资率变动的替代效应和规模效应对劳动力需求的影响方向是相同的，工资率上升的替代效应和规模效应都使劳动力需求减少，反之亦然。A项正确、B项错误。产品需求上升的规模效应（或产出效应）导致劳动力需求上升，反之亦然。C、D两项错误。

13. C ［解析］影响劳动力需求的因素包括工资率、产品需求和资本价格。

14. CD ［解析］工资率上升的规模效应和替代效应导致劳动力需求下降，C、D两项正确。

15. B ［解析］资本价格上升的替代效应会导致劳动力需求量上升，资本价格上升的规模效应会导致劳动力需求量下降。

Day 32

1. A ［解析］劳动力需求弹性（η）＝劳动力需求量变动/工资率变动×100％，主要包括三种类型：①需求富有弹性：$|\eta|>1$，工资率上升1％所引起的劳动力需求量下降的幅度大于1％。②需求缺乏弹性：$|\eta|<1$，工资率上升1％所引起的劳动力需求量下降的幅度小于1％。③单位弹性：$|\eta|=1$，工资率上升1％引起劳动力需求量下降的幅度等于1％。

2. D ［解析］单位弹性是指劳动力需求的自身工资弹性为1，即当工资率上升1％，劳动力需求同比下降1％。题目中工资率上升了（25－20）/20＝25％，所以劳动力需求下降25％，即20 000－20 000×25％＝15 000（人）。

3. A ［解析］劳动力需求富有弹性，工资率下降，劳动力需求上升的相对程度会高于工资率下降的程度，这类劳动力工资总量上升（工资率×劳动力需求总水平或总就业量）。

4. ACE ［解析］影响劳动力需求弹性的因素，除要素替代的难易度外，最终产品的需求价格弹性、其他生产要素的供给弹性、产品总成本中劳动力成本所占比重均为同方向变动。

5. C ［解析］劳动力自身需求工资弹性越大，则企业对劳动者工资率变动越敏感，当劳动者工资上涨，企业会加大对劳动力需求的减少（裁员）。因此，劳动力需求弹性比较小，对劳动者是有利的，A项错误；对中国劳动者的替代难度比较高，即难以替换，对劳动者是有利的，B项错误；替换中国劳动者的其他生产要素的供给弹性小则劳动力需求弹性比较小，对中国劳动者是有利的，D项错误。

6. B ［解析］如果两种劳动力的交叉工资弹性值为正，则意味着一种劳动力的工资率提高会促使另一种劳动力的就业量增加，这说明两者之间是一种总替代关系。

7. A ［解析］根据题干可知劳动力需求不变而供给减少，可画出图形，供给曲线向左上方移动，所以使得均衡工资率上升，均衡就业量下降。

8. D ［解析］根据劳动力供给曲线不变，劳动力需求减少，需求曲线向左移动，得出均衡工资率与均衡就业量同时下降。

9. ACE ［解析］增加的新汽车生产厂导致劳动力需求增长，劳动力供给短期内无法快速增加，即劳动力供给曲线不变，劳动力需求曲线向右移动，导致市场均衡工资率和均衡就业量同时上升。如果企业想获得足够的劳动力，就必须支付比原有更高的工资水平。

10. C ［解析］劳动力市场的非均衡及其影响因素包括：①劳动力需求方遇到的摩擦力（企业并非必须支付市场通行工资率；企业并非可以自由调整雇佣量）。②劳动力供给方遇到的摩擦力（劳动者并非可以零成本自由流动；劳动者对工资率的反应并非极其敏感）。
11. C ［解析］企业在雇佣劳动者和解雇员工的过程中都需要支付很多成本，包括搜寻成本和筛选成本，以及雇佣劳动者之后的培训成本，并且解雇员工的做法可能会影响企业未来在市场上招募员工的能力，甚至会损害留用员工的生产率。
12. AE ［解析］货币政策的实施手段包括法定准备金制度、贴现率调整、公开市场业务。
13. B ［解析］财政政策是利用政府预算来影响总需求的一种政策，其主要手段是调整税率和政府支出水平。我国制定的减免增值税属于调整税率，属于财政政策。

● 考点再现

Q_{12-13} 劳动力市场政策：

政策	内容
货币政策	（1）扩张：提高货币供应增长速度来刺激总需求的增长，增加生产，提高就业 （2）紧缩：削减货币供应的增长率来降低总需求水平，治理通货膨胀，失业水平上升 （3）实施手段：法定准备金制度、贴现率调整、公开市场业务
财政政策	（1）扩张：降低税率、增加转移支付、扩大政府支出刺激总需求增加，提高就业 （2）紧缩：提高税率、减少转移支付、降低政府支出，治理通货膨胀，失业水平上升 （3）实施手段：调整税率和政府支出水平
收入政策	实际上是一种工资、物价管理政策，采取工资—价格指导的方针
人力政策	对劳动力进行重新训练与教育，针对结构性失业而提出的一种扩大就业的政策
产业政策	发展就业弹性高的产业，可实现提高就业水平的目标

14. A ［解析］工资指导线的原则是，使年度报酬增加的百分比不超过劳动生产率的增长趋势。
15. C ［解析］政府的最低工资立法对于收入分配的不平等程度有可能会同时产生压缩效应和扩大效应。如果前者的力量更大，则最低工资立法削弱了社会上的收入不平等程度；反之，则社会上的不平等程度会进一步加剧。

Day 33

1. （1）AD ［解析］根据案例得知，该企业倾向于从内部提拔管理人员（A项正确），公司在做出晋升决定时，会严格根据任职员工的历史绩效以及在一线的工作时间和发展潜力等来进行综合考察，晋升标准和晋升待遇也是非常明确的，每一次晋升都会有若干员工作为候选人，其中优秀的人将被选拔至上一级领导岗位（D项正确）。
（2）ABC ［解析］高工资带来高生产率的假设支持理由有以下三点：①高工资能够帮助组织吸引到更为优秀的、生产率更高的员工；②高工资有利于降低员工的离职率，同时强化他们的实际生产率；③高工资更容易让人产生公平感。
（3）BCD ［解析］根据案例，公司在做出晋升决定时，会严格根据任职员工的历史绩效以及在一线的工作时间和发展潜力等因素来进行综合考察，所以B、C、D三项符合题意。
（4）BCD ［解析］晋升竞赛的设计要点中，应使参与晋升竞赛的候选人之间在知识、能力或经验等方面具有较高的可比性，A项错误。注意涉及差距的内容是候选人的现有薪酬和新职位的薪酬水平之间存在明显差距。
2. （1）B ［解析］小吕在找工作时考虑多种因素，即劳动力市场上的交易往往受一整套条件的约束,这体现的是劳动力市场交易条件的复杂性的特征。

(2) BCD [解析] 效率工资是指企业提供的一种高于市场均衡水平的工资,A项错误。

(3) A [解析] 资本价格变化对劳动力需求数量的影响如下:

资本价格	规模效应	替代效应
上升	劳动力需求数量减少	劳动力需求数量增加
下降	劳动力需求数量增加	劳动力需求数量减少

(4) AB [解析] 根据案例内容,小王由于一时找不到好工作,家庭经济状况又不好,先选择去一家快递公司当快递员了,相对于小王,快递公司属于次等劳动力市场,A、B两项正确。

3. (1) AC [解析] 影响不同劳动者在劳动力市场上议价能力大小的因素包括:①取决于劳动者所属的同种劳动力在市场上的供求状况;②取决于个人的技术、能力和经验等劳动力质量要素的水平。根据案例,小罗在找工作过程中发现,与几年前报考研究生时相比,整体经济下滑、计算机专业学生过剩,A项正确。由于小罗学习成绩优异,在校期间曾开发的一套校园交友软件还被某公司收购,他很快通过了一家知名网络公司的专业笔试、面试和心理测试,作为软件编程人员开始在这家公司实习。C项正确。

(2) ACD [解析] 根据案例:公司给他这类的软件编程人员的工资比市场水平高出20%,某些企业提供的高于市场均衡水平的工资称为效率工资。企业支付这种高工资的一个基本假设是高工资往往能带来高生产率(D项正确)。高工资带来高生产率的假设支持理由有以下三点:第一,高工资能够帮助组织吸引到更为优秀的、生产率更高的员工。第二,高工资有利于降低员工的离职率,同时强化他们的实际生产率(A项正确)。第三,高工资更容易让人产生公平感(C项正确)。

(3) A [解析] 根据劳动力市场的特征,由于交易对象难以衡量性,人力资源部门利用面试、笔试、心理测验等多种甄选手段以及利用试用期来最后决定是否最终雇用某位求职者。

(4) B [解析] 优等劳动力市场的特征包括:①劳动力市场的就业条件好;②工资福利水平高;③工作环境良好;④职业保障性强。根据案例:公司给他这类的软件编程人员的工资比市场水平高出20%,办公环境和各项福利待遇也很好。B项正确。

第十一章　劳动力市场理论

本章学习检查表

知识点或模块名称	初次学习		第一次复习		第二次复习	
	做对题目数/总题目数	学习日期	做对题目数/总题目数	复习日期	做对题目数/总题目数	复习日期
劳动力市场的概念与特征						
劳动力市场的结构						
效率工资和晋升竞赛						
劳动力供给总量						
个人及市场劳动力供给						
家庭劳动力供给与周期性劳动力供给						
劳动力需求及其影响因素						
劳动力需求弹性与派生需求定理						
劳动力市场均衡及其变动						
劳动力市场非均衡及其影响因素						
劳动力市场政策						
案例集锦						

填写建议：

"做对题目数/总题目数"记录针对该知识点自己做题的情况，比如该知识点总题目数为10题，做对了其中7题，记录为7/10。

"学习日期"记录自己学习该知识点时的日期，建议把下一次复习的日期也写上。

本章强化测试

扫码做题

备忘录：

第十二章 工资与就业理论

学习指导

本章知识点内容可以分为比较独立的两个部分。第一部分"工资水平与工资差别",以概念记忆为主。第二部分"就业与失业",重点考查失业问题,考点出自失业统计及流量模型转换、计算失业率、失业类型等知识点。本章考查灵活性题目和案例分析题的可能性较高,应在充分理解后再做题目练习。

时间	考点或模块
Day 34	➢ 工资水平 ➢ 工资差别 ➢ 工资性报酬差别与劳动力市场歧视
Day 35	➢ 就业与就业统计 ➢ 失业与失业统计 ➢ 失业率统计与劳动力市场的存量——流量模型 ➢ 失业的类型及其成因与对策

▶▶▶ Day 34

考点：工资水平

1. [多项选择题] 关于工资水平的说法，正确的有（   ）。
   A. 实际工资就是指员工实际拿到手的货币工资
   B. 实际工资就是指名义工资
   C. 企业在确定工资水平时必须了解实际工资水平
   D. 货币工资上涨时，实际工资有可能是下降的
   E. 物价指数越高，相同的货币工资代表的实际工资水平越低

2. [单项选择题] 关于实际工资的说法，错误的是（   ）。
   A. 实际工资是企业支付给员工的货币工资
   B. 政府在制定相关宏观经济政策时，应了解市场上的实际工资水平
   C. 消费者价格指数越高，相同货币工资所代表的实际工资水平越低
   D. 实际工资是劳动力供给决策的依据

3. [单项选择题] 下列关于同工同酬的说法，错误的是（   ）。
   A. 在同一部门或单位内部贯彻的可能性比较大
   B. 是指不同职业的男女职工应支付相同工资
   C. 是指创造相同价值的工作职位应有同等水平的工资
   D. 在有劳动力流动壁垒的情况下难以实现

4. [单项选择题] 关于影响工资水平确定的因素，表述正确的是（ ）。
   A. 同工同酬的原则应当在全社会内贯彻
   B. 企业的工资支付能力主要取决于企业或部门的生产率
   C. 影响因素中不包括劳动者个人及其家庭所需的生活费用
   D. 影响因素中包括谈判双方的力量对比

5. [单项选择题] 一家企业的工资水平远远超过市场平均水平，该企业支付高工资的作用不包括（ ）。
   A. 吸引优秀的、高生产率的员工   B. 降低员工的离职率
   C. 削弱员工的偷懒动机   D. 降低人工成本

6. [多项选择题] 大企业的工资水平通常比较高，主要是因为（ ）。
   A. 大企业的生产过程相互依赖程度较高，因而需要对员工施加较大的约束，高工资属于一种补偿性工资差别
   B. 企业规模越大，对员工进行直接监督的成本越高，因而越需要采用效率工资等方案来对员工进行激励
   C. 大企业为员工提供更多的工作轮岗和晋升机会，员工流动率较低，生产率较高
   D. 大企业的劳动力供给弹性更大一些
   E. 大企业中一旦出现职位空缺，会给企业带来较高的成本，因此需要用高工资降低员工的离职率

▽ 考点：工资差别

7. [单项选择题] 关于不同产业部门间工资差别的说法，错误的是（ ）。
   A. 熟练劳动力所占比重高的产业通常工资水平更高
   B. 人均资本投资比例高的产业部门，人均工资水平通常也高
   C. 产业的工会化程度越高，则工资水平一定越高
   D. 工资水平较低的产业更多的集中在低工资地区

8. [单项选择题] 关于工资差别的说法，错误的是（ ）。
   A. 因劳动能力和劳动效率不同形式的工资差别属于技能性工资差别
   B. 高收入文体明星与一般劳动者之间的工资差别属于竞争性工资差别
   C. 因工作条件不同引起的工资差别属于补偿性工资差别
   D. 因城乡分割就业政策造成的工资差别属于垄断性工资差别

9. [多项选择题] 关于工资差别的说法，错误的有（ ）。
   A. 工资差别的存在不利于实现社会公平
   B. 工资差别具有重新配置人力资源的功能
   C. 劳动条件方面的差异往往会体现在工资差别中
   D. 工资差别的形成原因之一在于劳动者的素质和技能并不完全相同
   E. 社会工资差别越小越好

10. [单项选择题] 激励劳动者从低生产率的岗位、企业向高生产率的岗位、企业转移，从而在整个社会范围内不断重新配置劳动力资源的是（ ）。
    A. 劳动条件   B. 工资差别

C. 劳动力供给 D. 劳动力需求

11. [单项选择题] 导致不同产业部门之间形成工资差别的主要原因不包括（　　）。

   A. 劳动力规模 B. 熟练劳动力所占的比重
   C. 技术经济的特点 D. 所处的发展阶段

12. [多项选择题] 补偿性工资差别是由不同的职业在（　　）方面存在差异造成的。

   A. 劳动强度 B. 从业者需要具备的从业能力
   C. 劳动条件 D. 令人愉快程度
   E. 从业者需承担的责任

✓ 考点：工资性报酬差别与劳动力市场歧视

13. [单项选择题] 关于职业歧视的说法，正确的是（　　）。

   A. 职业歧视属于一种统计性歧视
   B. 不同性别劳动者之间的工资差别是职业歧视造成的
   C. 职业歧视是指针对具有不同生产率特征的不同劳动者群体支付不同的工资
   D. 对职业歧视进行衡量比较困难

14. [单项选择题] 关于工资歧视的说法，正确的是（　　）。

   A. 对于从事相同工作但所处地理位置不同的劳动者支付不同水平的工资
   B. 工资歧视难以被衡量
   C. 故意将女性劳动者安排到低工资的职业或岗位上去
   D. 对于其他条件均相同且从事相同工作的不同性别劳动者支付不同的工资

15. [单项选择题] 在其他条件相同的情况下，如果为同一家企业工作的劳动者仅仅因为（　　）不同而呈现的系统性差别，称为工资歧视。

   A. 工时 B. 岗位 C. 性别 D. 工龄

16. [多项选择题] 劳动者之间因为（　　）的不同而形成工资差别不应当视为歧视。

   A. 工作经验 B. 受教育程度
   C. 工时数量 D. 长相
   E. 性别

17. [单项选择题] 企业常常会利用不同劳动者的历史绩效水平来预测其未来生产率，这种做法很容易产生（　　）歧视。

   A. 统计性 B. 雇主
   C. 工资 D. 职业

18. [单项选择题] （　　）是指一个人口群体内部的职业分布与其他人口群体内部的职业分布存在很大差异的情况。

   A. 职业隔离 B. 职业歧视
   C. 个人歧视 D. 非竞争性歧视

✏️ 学习笔记

Day 35

考点：就业与就业统计

1. [单项选择题] 从理论上来说，关于就业的说法，不正确的是（　　）。
   A. 劳动者必须要既有劳动能力，还要有劳动意愿
   B. 劳动者所参加的劳动必须是某种形式的社会劳动
   C. 劳动必须能够获得报酬或收入
   D. 劳动者参加家庭劳动

2. [单项选择题] 我国对不充分就业人员进行判定有若干条标准，不包括（　　）。
   A. 调查周内的工作时间不足标准时间的一半
   B. 工作时间不足的原因不在本人
   C. 年龄在18岁以上
   D. 本人愿意从事更多的工作

考点：失业与失业统计

3. [单项选择题] 关于我国在就业和失业方面的规定的说法，错误的是（　　）。
   A. 虽然从事一定社会劳动，但劳动报酬低于当地城市居民最低生活保障标准的情况视同失业
   B. 超出法定劳动年龄的劳动者外出找工作但没有找到的情况，不属于失业
   C. 16周岁以上各类学校毕业或肄业的学生初次寻找工作但未找到，不属于失业人员
   D. 劳动者获得的劳动报酬达到和超过当地最低工资标准的，属于充分就业

4. [多项选择题] 在我国关于失业人员的统计中，失业人员必须满足的条件包括（　　）。
   A. 在法定劳动年龄之内
   B. 有工作能力
   C. 有工作意愿
   D. 尚未实现就业
   E. 正在领取失业保险金

5. [单项选择题] 根据我国关于城乡劳动力调查的规定，被列为失业者的劳动者应当满足的条件不包括（　　）。
   A. 在近3个月中采取某种方式找工作并且在调查周内可以应聘的人
   B. 在调查周内工作时间未达到10个小时
   C. 在调查周内未从事为取得报酬或经营利润的劳动，也没有处于就业定义中的暂时未工作状态
   D. 当前如有工作机会可以在一个特定期间内应聘就业或从事自营职业

考点：失业率统计与劳动力市场的存量—流量模型

6. [多项选择题] 在我国的城镇登记失业率统计中，失业人员需要满足的条件包括（　　）。
   A. 在当地就业服务机构进行登记
   B. 在城镇中居住
   C. 有劳动能力和劳动意愿
   D. 目前没有就业
   E. 在一定劳动年龄内

7. [单项选择题] 在其他条件相同的情况下，会导致失业率上升的情形是（　　）。
   A. 因退休而退出劳动力市场的人数增加
   B. 找到工作的失业者人数迅速上升
   C. 绝大部分应届大中专毕业生都找到了工作

D. 一部分长时间找不到工作的失业者决定放弃寻找工作

8. [单项选择题] 某城市2018年年初的总人口为10万人,其中非劳动力人口2万人,就业人口7万人,到2018年年底,在人口总量和非劳动力人口数量等不变的情况下,原来的失业人口中有5 000人找到了工作,则该城市在2018年年底的失业率为（ ）。

A. 5%
B. 6.25%
C. 6.7%
D. 12.5%

▼ **考点**：失业的类型及其成因与对策

9. [单项选择题] 在劳动力均衡状态下存在的正常性失业不包括（ ）。

A. 季节性失业
B. 摩擦性失业
C. 周期性失业
D. 结构性失业

10. [单项选择题] 劳动力市场上出现职位空缺和失业者并存的状态,且失业者没有填补职位空缺的能力,表明存在（ ）失业。

A. 摩擦性
B. 结构性
C. 季节性
D. 周期性

11. [单项选择题] 由于劳动力市场的动态属性以及信息不完善而形成的（ ）失业是竞争性劳动市场的一个自然特征。

A. 结构性
B. 摩擦性
C. 季节性
D. 周期性

12. [多项选择题] 关于失业的说法,正确的有（ ）。

A. 结构性失业容易通过劳动力市场信息传递得到缓解
B. 季节性失业主要源自一些行业或部门的劳动力需求具有季节性
C. 耐用消费品行业的劳动者受到周期性失业打击的可能性更大
D. 政府通过提供更好的职业指导和职业供求预测有助于缓解结构性失业
E. 失业和职位空缺并存的情况下存在的失业都是技术性失业

13. [单项选择题] 关于技术性失业的说法,错误的是（ ）。

A. 政府为失业者提供培训有助于应对技术性失业
B. 政府为失业者提供企业用工需求信息是解决技术性失业的有效手段
C. 技术性失业经常出现在产业结构调整时期
D. 技术性失业属于一种结构性失业

14. [单项选择题] 关于周期性失业的表述,错误的是（ ）。

A. 是由于经济波动引起的劳动力市场供求失衡所造成的失业
B. 产生的基本原因是劳动力过剩
C. 耐用消费品制造可以延期购买,周期性波动较大
D. 非耐用消费品制造业受到周期性影响较小

✎ 学习笔记

参考答案及解析

Day 34

1. CDE [解析] 实际工资是货币工资所能购买到的商品和服务量,可说明货币工资的购买能力。企业在确定工资水平时必须了解实际工资水平。A项错误,C项正确。货币工资又称名义工资,是指雇主以货币形式支付给员工的劳动报酬。B项错误。实际工资=货币工资/物价指数。货币工资上涨,实际工资有可能是下降的。D项正确。物价指数越高,相同货币工资代表的实际工资水平越低。E项正确。

2. A [解析] 实际工资是指货币工资所能购买到的商品和服务量。它可用来说明货币工资的购买能力。其公式为:实际工资=货币工资/物价指数。A项错误。

3. B [解析] 同工同酬原则是指对于完成同等价值工作的劳动者应支付同等水平的工资。

4. B [解析] 同工同酬的原则往往只能在同一部门或单位内部得到较好的贯彻,A项错误;影响工资水平确定的因素包括劳动者个人及其家庭所需的生活费用、同工同酬的原则、企业的工资支付能力,C、D两项错误。

5. D [解析] 企业支付高工资的作用在于两个方面:一是企业能够吸引到更优秀的员工;二是能够从既定员工身上挖掘出来较高的生产率。从企业角度,工资越高,辞职率越低,企业培训意愿越强。从员工角度,员工为避免被解雇损失而减少工作偷懒行为。同时,员工十分关注自己是否被公平对待。

6. ABCE [解析] 劳动力供给弹性是指劳动力供给数量随着工资率变动而发生变动的灵敏程度,大企业的劳动力供给弹性更小,D项错误。

7. C [解析] 传统的高工资产业一般具有较高的工会化程度。新兴的高工资行业如计算机、通信等行业本身的工会化程度很低,这也导致工会化程度与工资水平之间的关系越来越松散。C项说法太绝对。

8. B [解析] 明星和一般劳动者的工资差别属于自然性垄断所造成的工资差别,B项错误。

9. AE [解析] 工资差别的存在同市场经济中价格差别的存在一样,具有在整个社会范围内不断重新配置资源的功能,它会激励劳动者从低生产率的工作岗位、企业、职业、行业或产业甚至国家向高生产的地方转移,从而优化劳动力资源配置效率,这对于社会经济的发展具有积极的作用。

10. B [解析] 工资差别会激励劳动者从低生产率的工作岗位、企业、职业、行业或产业部门甚至国家向高生产率的地方转移,从而优化劳动力资源配置效率。

11. A [解析] 不同产业部门间的工资差别形成的原因主要包括:①熟练劳动力所占的比重;②技术经济的特点;③发展阶段;④工会化程度;⑤地理位置。

12. ACDE [解析] 因劳动强度和劳动条件、从业时的不愉快程度、工作保障和职业稳定程度、承担的责任程度而引起的工资差别,均属于补偿性工资差别。

13. D [解析] 职业歧视是对具有相同受教育水平和生产率特征的不同类型的劳动者区别对待,将其中某一类或某些类别的劳动者有意安排到那些低工资的职业当中,或者是有意让这些类别的劳动者去承担工作责任要求较低的工作岗位,而把那些高工资岗位留给某些特定类型的劳动者。统计性歧视是雇主利用求职者所属的特定群体的一般特征预测求职者的未来生产率。

故A、C两项错误。不同性别劳动者之间的工资差别是工资歧视造成的，B项错误。

14. D [解析] 对于从事相同工作但所处地理位置不同的劳动者支付不同水平的工资，属于正常的工资差异，而不是歧视，A项错误；工资歧视因为其他条件均相同且从事相同工作的不同性别劳动者支付不同的工资，所以工资歧视非常容易识别，B项错误；故意将女性劳动者安排到低工资的职业或岗位上去属于职业歧视，C项错误。

15. C [解析] 雇主支付给女性员工的工资要低于从事同种职业、具有相同工作经验以及在相同条件下工作的男性员工的工资，这就是对不同性别的劳动者实施的工资歧视。

16. ABC [解析] 男性和女性之间的工资性报酬产生差别的原因有：①年龄和受教育程度；②职业；③工时和工作经验。

17. A [解析] 统计性歧视与雇主的招募和甄选过程有关。企业经常会利用一些历史经验来帮助自己做出判断。

18. A [解析] 职业隔离是指一个人口群体内部的职业分布与其他人口群体内部的职业分布存在很大差异的情况。

Day 35

1. D [解析] 就业实际上有三层基本含义：①劳动者必须要既有劳动能力，还要有劳动意愿；②劳动者所参加的劳动必须是某种形式的社会劳动，而不是家庭劳动；③劳动必须能够获得报酬或收入，而不能是公益性或义务性的劳动。

2. C [解析] 在实际操作中，判断不充分就业人员的标准有三条：①调查周内工作时间不到标准时间的一半（A项），即不到20小时；②工作时间短是非个人原因（B项）；③愿意从事更多的工作（D项）。这三条必须同时具备才能统计为不充分就业人员。

3. C [解析] 16周岁以上各类学校毕业或肄业的学生初次寻找工作但未找到，属于失业人员，C项错误。

4. ABCD [解析] 在我国关于失业人员的统计中，失业人员是指在法定劳动年龄内，有工作能力，无业且要求就业而未能就业的人员。虽然从事一定社会劳动，但劳动报酬低于当地城市居民最低生活保障标准的情况视同失业。

5. B [解析] 我国从2005年开始，将具有劳动能力并同时符合以下各项条件的16岁及以上人员列为失业人员。具体包括：①在调查周内未从事为取得报酬或经营利润的劳动，也没有处于就业定义中的暂时未工作状态；②在某一特定期间内采取了某种方式寻找工作；③当前如有工作机会可以在一个特定期间内应聘就业或从事自营职业；④"失业"的具体标准是，在调查周（调查时点前的一周）内，工作时间未达到1个小时，在近3个月采取了某种方式找工作并且在调查周内可以应聘的人。

6. ACDE [解析] 城镇登记失业人员是指在劳动年龄（16周岁至退休年龄）内，有劳动能力，有就业要求，处于无业状态，并在公共就业服务机构进行失业登记的城镇常住人员。

7. A [解析] 就业者由于退休等原因而决定退出劳动力市场，即就业者变成非劳动力，根据失业率的公式，可得出失业率的分母减小而分子不变，失业率上升，A项正确。找到工作的失业者人数迅速上升，根据失业率的公式，可得出失业率的分母不变而分子变小，失业率下降，B、C两项错误。一部分长时间找不到工作的失业者决定放弃寻找工作，即失业者变成非劳动力，劳动力减少，根据失业率的公式，可得出失业率的分母变小分子变小，D项错误。

8. B [解析] 2018年年初失业人数＝100 000－20 000－70 000＝10 000（人）；2018年年底的失业人数＝10 000－5 000＝5 000（人）；失业率＝失业人数/劳动力人数×100％＝失业人数/（失业人数＋就业人数）×100％＝5 000/（5 000＋75 000）×100％＝6.25％。

9. C [解析] 摩擦性失业、结构性失业、季节性失业属于正常失业。

10. B [解析] 结构性失业，出现失业与职位空缺并存的现象。

11. B [解析] 摩擦性失业是竞争性劳动力市场的一个自然特征，形成摩擦性失业的原因是劳动力市场的动态属性和信息的不完善性。

● 考点再现

Q_{10-11} 失业的类型：

类型	内容
摩擦性失业	摩擦性失业是竞争性劳动力市场的一个自然特征，形成摩擦性失业的原因是劳动力市场的动态属性和信息的不完善性
结构性失业	最主要的是技术性失业，若不能适应产业结构变动，就会产生结构性失业，出现失业与职位空缺并存的现象
季节性失业	季节变化导致的定期性劳动者就业岗位丧失
周期性失业	与经济周期相联系

12. BCD [解析] 加快劳动力市场的信息传递速度和加大其扩散范围，疏通信息渠道属于解决摩擦性失业的对策。A项错误。技术性失业是指由于劳动力需求方需要的技术和劳动力供给方能够提供的技术之间存在差异或错位而导致的失业现象，一般来说，随着新技术的采用，产业结构不断改变，若不能适应这种变动，就会产生结构性失业，出现失业与职位空缺并存的现象。E项错误。

13. B [解析] B项是解决摩擦性失业的措施。

14. B [解析] 周期性失业产生的基本原因是总量需求不足进而造成了劳动力过剩的局面，其根本原因不是劳动力过剩。

本章学习检查表

知识点或模块名称	初次学习		第一次复习		第二次复习	
	做对题目数/总题目数	学习日期	做对题目数/总题目数	复习日期	做对题目数/总题目数	复习日期
工资水平						
工资差别						
工资性报酬差别与劳动力市场歧视						
就业与就业统计						
失业与失业统计						
失业率统计与劳动力市场的存量—流量模型						
失业的类型及其成因与对策						

填写建议：

"做对题目数/总题目数"记录针对该知识点自己做题的情况，比如该知识点总题目数为10题，做对了其中7题，记录为7/10。

"学习日期"记录自己学习该知识点时的日期，建议把下一次复习的日期也写上。

本章强化测试

扫码做题

备忘录：

_____
_____
_____
_____
_____
_____
_____
_____

第十三章 人力资本投资理论

学习指导

本章知识点内容包括四个部分，出题灵活且较难掌握的知识点包括高等教育投资决策的基本模型、教育投资的收益估计及高等教育的信号模型、劳动力流动的主要影响因素等，需要特别关注。本章历年考查分值在10分以上，案例分析题的考查概率很大，需要全面学习。

时间	考点或模块
Day 36	➢人力资本投资理论的产生及其发展 ➢人力资本投资的基本模型 ➢高等教育投资决策的基本模型 ➢教育投资的收益估计及高等教育的信号模型
Day 37	➢在职培训及其基本类型 ➢在职培训的成本与收益及其安排 ➢在职培训对企业及员工行为的影响 ➢劳动力流动及其利弊 ➢劳动力流动的主要影响因素
Day 38	➢劳动力跨地区流动 ➢劳动力跨职业流动 ➢劳动力的跨产业流动及产业内流动 ➢案例集锦

Day 36

考点：人力资本投资理论的产生及其发展

1. [单项选择题] 人力资本投资的（　　）越大，则投资价值越大。

    A. 直接成本

    B. 机会成本

    C. 收益率

    D. 边际成本

2. [多项选择题] 关于人力资本投资理论的说法，正确的有（　　）。

    A. 它认为一个国家的资本在一定程度上包括社会全体成员的能力

    B. 它将人的劳动能力储备视为一种资本

    C. 它认为人力资本投资的成本和收益都产生在未来长期中

    D. 它认为成本是发生在当前的

    E. 它认为人力资本投资的重点在于其未来导向性

3. [多项选择题] 下列属于人力资本投资的有（　　）。
   A. 用人单位的岗位培训
   B. 给子女支付学费
   C. 员工为了获得更高的薪酬到其他企业去求职
   D. 用人单位给解除劳动合同的员工支付经济补偿金
   E. 资助贫困家庭的儿童继续学业

▽ 考点：人力资本投资的基本模型

4. [单项选择题] 假如利息率为10%，一年后22元的现值是（　　）元。
   A. 18　　　　　　　　　　　　　　B. 20
   C. 21　　　　　　　　　　　　　　D. 22

5. [单项选择题] 关于人力资本投资的说法，正确的是（　　）。
   A. 人力资本投资决策的基本要求是投资成本等于各年度获得的货币收益总和
   B. 贴现率越高，则同等人力资本投资越有利可图
   C. 内部收益率越高的人力资本的投资价值越大
   D. 人力资本投资越多则获得的收益越大

6. [单项选择题] 关于人力资本投资的说法，正确的是（　　）。
   A. 人力资本投资的成本越高，则越有投资价值
   B. 人力资本投资的内部收益越高，则越有投资价值
   C. 工作流动方面的支出不属于个人资本投资
   D. 人力资本投资的基本要求是投资收益直接相加必须超过成本

▽ 考点：高等教育投资决策的基本模型

7. [单项选择题] 大学毕业生的工资性报酬超过高中毕业生的工资性报酬的部分，被视为高等教育投资的（　　）。
   A. 成本　　　　　　　　　　　　　B. 收益
   C. 总收益　　　　　　　　　　　　D. 总成本

8. [多项选择题] 在其他条件相同的情况下，使高等教育投资的价值变得越高的情形包括（　　）。
   A. 上大学的心理成本越低
   B. 大学毕业生比高中毕业生的工资性报酬高出越多
   C. 上大学期间的劳动力市场工资水平越高
   D. 上大学的学费越低
   E. 大学毕业后工作的年限越长

9. [多项选择题] 在其他条件相同的情况下，促使高中毕业生愿意上大学的情况包括（　　）。
   A. 国家法定退休时间延迟
   B. 国家针对需要上大学的高中毕业生推出了一项无息贷款计划
   C. 大学毕业生和高中毕业生之间的工资差距缩小

D. 经济不景气，导致大学毕业生和高中毕业生找工作的难度都增加

E. 大学生中延期毕业或拿不到学位的学生比例上升

10. [单项选择题] 2020年，很多高中毕业生对大学毕业以后的就业前景感到担忧，放弃了参加高考，对此，正确的观点是（   ）。

A. 这些人不去上大学一定是错误的

B. 这些人本来就不应该去上大学

C. 如果大学毕业时找不到工作，确实不该去上大学

D. 上大学的收益并不仅仅发生在刚毕业时，而是长期的，如果仅仅根据大学毕业时能否找到工作来做出决策，可能会是错误的

11. [多项选择题] 在其他条件一定的情况下，有助于强化人们当前的高等教育投资动机的情况包括（   ）。

A. 大学生的工资水平与高中毕业生差距缩小

B. 政府承诺为上大学者提供无息贷款

C. 大学毕业生的就业机会远远多于高中毕业生

D. 高校为提高人才培养质量，提高了大学生拿到文凭的难度

E. 上大学的学费有了较大幅度提高

12. [单项选择题] 在决定上大学的合理年限时，决策的基本依据是上大学的（   ）。

A. 平均成本等于平均收益

B. 边际成本等于平均收益

C. 边际成本等于边际收益

D. 总成本等于总收益

▼ **考点**：教育投资的收益估计及高等教育的信号模型

13. [单项选择题] 下列情况中，会在高等教育投资收益估计中造成高估偏差的是（   ）。

A. 忽略了一个人能力方面的差异

B. 在上大学的收益中包括无法被估算的心理收益

C. 在上大学的成本中包括心理成本

D. 假如大学毕业生不上大学，他们的工资性报酬比高中毕业生更低

14. [单项选择题] 下列情况中，不符合高等教育投资收益低估偏差的是（   ）。

A. 高管人员的很多特权和福利并没有被统计在内

B. 上大学的收益还表现为心理收益和非货币收益

C. 上大学既有投资的一面，又有消费的一面，即消费性收益

D. 也被称为能力偏差

15. [单项选择题] 在高等教育投资收益估计中可能存在选择性偏差的原因有（   ）。

A. 大学毕业生即使不上大学也能比高中毕业就工作的人获得更多的工资性报酬

B. 高中毕业就工作的人如果去上大学，其工资性报酬会比实际的大学毕业生更高

C. 大学毕业生如果不上大学，其工资性报酬可能会比高中毕业就工作的人更低

D. 高中毕业就工作的人如果上了大学，也能获得与大学毕业生相同的工资性报酬

16. [单项选择题] 关于高等教育的信号模型的说法,错误的是（   ）。

   A. 大学文凭可以表明文凭持有者具有较高的生产率
   B. 高等教育投资没有为接受高等教育者提供任何有价值的信号
   C. 利用高等教育文凭这种信号来筛选员工是有道理的
   D. 高等教育投资没有提高高等教育接受者的劳动生产率

第十三章 人力资本投资理论

Day 37

考点：在职培训及其基本类型

1. [单项选择题] 关于一般培训和特殊培训的说法，错误的是（　　）。
   A. 劳动者可以将通过一般培训获得的技能带到其他企业中
   B. 劳动者无法将通过特殊培训获得的技能带到其他企业中
   C. 特殊培训所带来的生产率提高幅度要大于一般培训
   D. 现实中的很多培训同时具有一般培训和特殊培训的性质

2. [单项选择题]（　　）培训是指学到的职业技能只对提供培训的企业有用。
   A. 一般　　　　　　　　　　　　B. 特殊
   C. 职业　　　　　　　　　　　　D. 职业

3. [多项选择题] 下列属于正式在职培训的有（　　）。
   A. 临时顶岗
   B. 免费的技术讲座
   C. 信息和技能的传递
   D. "边干边学"的方式积累经验
   E. 学徒计划

考点：在职培训的成本与收益及其安排

4. [单项选择题] 关于在职培训的说法，错误的是（　　）。
   A. 企业承担在职培训的全部成本，并获得全部收益
   B. 在职培训属于人力资本投资的一种
   C. 在职培训对企业和劳动者的行为都会产生影响
   D. 大多数在职培训都是以非正式的形式完成的

5. [单项选择题] 对企业和员工双方都有约束，又能使双方共同获利，能够满足这种要求的是（　　）。
   A. 特殊培训的成本和收益都由企业承担
   B. 企业承担培训成本，员工获得培训收益
   C. 一般培训的成本和收益都由员工承担
   D. 企业和员工共同分担培训成本，分享培训收益

6. [单项选择题] 培训的机会成本包括（　　）。
   A. 支付给外部培训师的讲课费
   B. 因在郊区度假村租用培训场地而支付的租金
   C. 受训者因为参加培训而不能全力以赴工作而引起的损失
   D. 在培训中由于需要实战演练而耗费的原材料

考点：在职培训对企业及员工行为的影响

7. [单项选择题] 关于在职培训与企业行为和员工行为的说法，正确的是（　　）。
   A. 在职培训对于企业行为和员工行为没有影响
   B. 在职培训对企业行为有影响，但是对员工个人的行为没有影响

C. 在职培训中包含的特殊培训内容有助于抑制员工的离职倾向

D. 在职培训中包含的一般培训内容有助于抑制员工的离职倾向

8. [多项选择题] 关于在职培训对企业及员工行为的影响，说法错误的有（ ）。

A. 企业通过各种人力资源管理实践来降低受过特殊培训的员工的流动率

B. 大多数接受过一般培训员工的流动倾向就会受到削弱

C. 接受正规学校教育数量越多的人，越有可能接受更多的在职培训

D. 员工年龄越来越大，他们进行在职培训投资的意愿也就越来越高

E. 企业中资格越老的工人失业的可能性越小

▽ 考点：劳动力流动及其利弊

9. [多项选择题] 关于劳动力流动的说法，错误的有（ ）。

A. 劳动力流动有助于纠正地区间的就业不平衡

B. 劳动力流动对于劳动者来说是好事，但对企业来说是坏事

C. 劳动力流动应该有个合理的限度，过多的劳动力流动对于企业和劳动者来说都不利

D. 劳动力流动有利于提高整个社会的劳动力资源配置效率

E. 失业率高时，离职率高

▽ 考点：劳动力流动的主要影响因素

10. [单项选择题] 通常规模越大的企业劳动力流动率越低，关于产生这种现象原因的说法，错误的是（ ）。

A. 大企业提供的大多是特殊在职培训，这使员工流动到其他企业无利可图

B. 大企业往往提供较高水平的工资，导致员工流动到其他企业的成本较高

C. 大企业能够为劳动者提供较多的工作轮换机会

D. 大企业能够为劳动者提供较多的垂直晋升机会

11. [单项选择题] 关于影响劳动力流动的劳动者因素，表述错误的是（ ）。

A. 劳动者年轻时流动的频率会高于中年之后的流动频率

B. 劳动者任职年限越长，离职可能性越低

C. 领导管理水平和领导力越低，员工离职的可能性越高

D. 女性员工的离职率比男性员工的离职率要高

12. [单项选择题] 关于劳动力流动对企业和劳动者产生的影响的说法，错误的是（ ）。

A. 有经验员工的离职通常导致企业增加培训新员工的成本

B. 有自愿离职的情况下，员工的劳动力流失是没有成本的

C. 劳动力流动对于企业和劳动者都有利有弊

D. 资深员工离职会导致企业的一部分培训成本无法回收

13. [单项选择题] 关于影响劳动力流动的市场周期因素的说法，正确的是（ ）。

A. 在劳动力市场处于宽松状态时，劳动力流动率上升

B. 在劳动力市场处于紧张状态时，劳动力流动率上升

C. 离职率和失业率之间存在正相关关系

D. 在解雇率较高时，离职率也较高

14. ［单项选择题］以下情况中，劳动者离职概率比较大的是（   ）。
    A. 劳动力市场紧张
    B. 劳动者受过高等教育
    C. 劳动者所在的企业薪酬福利较高
    D. 劳动者在本企业就职时间很长

Day 38

▽ **考点**：劳动力跨地区流动

1. ［多项选择题］关于劳动力跨地区流动的说法，正确的有（　　）。
   A. 跨地区劳动力流动对劳动力流入地有好处，对劳动力流出地没有好处
   B. 跨地区劳动力流动会受到迁移距离和迁移成本的影响
   C. 跨地区劳动力流动的主要原因在于地区之间存在经济发展不均衡的情况
   D. 跨地区劳动力流动并非单向的，流出的劳动力也可能会重新流动回原居住地
   E. 跨地区流动必须要被禁止

▽ **考点**：劳动力跨职业流动

2. ［多项选择题］关于劳动力跨职业流动的说法，错误的有（　　）。
   A. 一般来说，职业收入高于或接近中值水平的职业，都有劳动力的净流入
   B. 所有收入低于中值水平的职业，都会有劳动力的净流出
   C. 自愿性流动基本上属于向下流动
   D. 非自愿性流动不会出现向下流动的情况
   E. 两代人从事相同职业的比例越多，劳动力配置中则越趋于不合理

▽ **考点**：劳动力的跨产业流动及产业内流动

3. ［单项选择题］关于劳动力跨产业流动和产业内部流动的说法，正确的是（　　）。
   A. 劳动者因工厂倒闭而回家乡务农的情况不属于劳动力跨产业流动
   B. 从农业部门流入工业部门的劳动者通常一开始只能从事蓝领工作
   C. 在劳动力跨产业流动中，相对工资水平高的产业往往呈现人员净流出状态
   D. 失业率较高的产业部门往往面临更低的劳动力流动率

4. ［单项选择题］农业劳动力在从事工业部门劳动的同时还从事一些农业劳动，这属于（　　）。
   A. 离土又离乡　　　　　　　　B. 离土不离乡
   C. 永久性流动　　　　　　　　D. 非自愿性流动

▽ **模块**：案例集锦

5. ［案例分析题］小罗 2013 年从一所工科大学硕士毕业，刚毕业时没有找到理想的工作，收入比原来本科毕业就参加工作的同学还低。积累了一些工作经验后，小罗在 2014 年换到一家薪酬水平较高的民营公司，但很快他就发现这家公司的文化不是很好，领导对知识型员工比较简单粗暴，不够尊重。于是，他在 2015 年跳槽去了第三家公司。这家公司尽管起薪不如第二家公司高，但重视员工培训，除正式培训课程外，工作经验丰富的同事也会在工作中给予小罗很多指导。另外，这家公司还鼓励有潜力的技术型员工在业余时间攻读 MBA 学位。公司规定，只要员工能够顺利拿到 MBA 学位，且承诺此后继续为公司服务三年，公司会给员工报销一半学费。

根据以上材料，回答下列问题：

（1）关于小罗研究生刚毕业时工资不如本科就业的同学的说法，正确的是（　　）。
   A. 攻读研究生的人力资源投资回报率低于攻读本科
   B. 攻读研究生的收益体现在长期中，而不是短期内

C. 小罗应该本科毕业就直接就业，而不是攻读研究生
D. 研究生刚毕业时的工资都比有两年工作经验的本科毕业生低

(2) 关于小罗从第二家公司离职的说法，正确的是（　　）。
A. 劳动者在决定是否流动时并不把工资水平当成重要考虑因素
B. 决定劳动力流动的最重要因素是工资水平
C. 组织文化会对劳动力流动产生影响
D. 领导风格对劳动力流动会产生影响

(3) 关于小罗在第三家公司得到培训的说法，正确的是（　　）。
A. 这家公司提供的正式培训属于特殊培训
B. 资深同事对小罗的工作指导属于在职培训
C. 小罗在业余时间攻读MBA学位不属于人力资本投资
D. 小罗在业余时间攻读MBA学位属于人力资本投资

6. ［案例分析题］据新闻媒体报道，目前我国高等教育领域存在以下三种现象：第一，一部分家庭较好的大学生在大学期间花费较高，而另一部分家庭较差的大学生则非常节俭。有些家庭条件优越的大学生在校期间学习成绩很一般甚至很差，但借助父母的关系找到了工资水平较高的工作；而有些很优秀的大学生在刚毕业时工资水平却不高。第二，受美国金融危机的影响，国内很多企业开始降薪甚至裁员，一些在职人员选择回到学校全职攻读硕士或博士学位。第三，本科毕业直接就业的学生比例有所下降，希望读研究生的学生比例有所上升。

根据以上材料，回答下列问题：

(1) 对于大学生在大学期间的花费的说法，正确的是（　　）。
A. 家境好的学生比家境差的学生上大学的直接成本更高
B. 上大学的直接成本主要体现在学费及与学习直接有关的其他费用方面
C. 在大学期间的奢侈性消费不属于上大学的直接成本
D. 在大学期间的奢侈性消费属于上大学的机会成本

(2) 一些成绩较差但家庭条件优越的大学生反而能通过关系找到工资更高的工作，关于这一现象的分析，正确的是（　　）。
A. 这些大学生比刚毕业时工资较低的其他同学上大学的总收益要高
B. 这些大学生毕业后获得的较高的工资与他们是否上大学无关
C. 上大学的成绩好坏与未来可以获得的工资性报酬之间是没有关系的
D. 上大学的总收益并不仅仅取决于刚开始工作时的工资水平

(3) 关于在职人员回到学校攻读硕士或博士学位的说法，正确的是（　　）。
A. 在经济不景气时期进行人力资本投资的机会成本比较低
B. 在职人员全职攻读研究生学位的机会成本高于没工作过的年轻学生
C. 在经济不景气时期攻读学位的直接成本比较低
D. 在经济不景气时期攻读学位不属于人力资本投资活动

(4) 促使本科毕业生继续攻读硕士学位而不是马上就业的情形包括（　　）。
A. 毕业研究生和本科生之间的工资差距扩大

B. 政府提高了研究生在校期间的助学金水平
C. 研究生找到好工作的机会大大超过本科生
D. 本科生的就业形势非常好

学习笔记

第十三章 人力资本投资理论

参考答案及解析

Day 36

1. C [解析] 人力资本投资的收益率越大，则投资价值越大。

2. ABDE [解析] 英国经济学家亚当·斯密指出，一个国家的资本在一定程度上包括社会全体成员的能力。人力资本投资的成本是发生在当前的，C项错误。

3. ABCE [解析] 人力资本投资可以被定义为任何就其本身来说是用来提高人的生产能力从而提高人在劳动力市场上的收益能力的初始性投资。这样，不仅各级正规教育和在职培训活动所花费的支出属于人力资本投资，而且增进健康、加强学龄前儿童营养、寻找工作、工作流动等活动也同样属于人力资本投资活动。

4. B [解析] 终值＝现值×（1+10%），即22＝现值×（1+10%），则现值＝20（元）。

5. C [解析] 人力资本投资决策的基本要求是近期的投资成本大于未来的收益现值，A项错误。贴现率越高，则同等人力资本投资越不划算，B项错误。人力资本投资越多未必获得的收益越大，D项错误。

6. B [解析] 人力资本投资价值的高低与投资成本高低没有直接联系，A项错误。人力资本投资活动范畴包括各级正规教育和在职培训活动所花费的支出、增进健康、加强学龄前儿童营养、寻找工作、工作流动等活动，C项错误。D项中"直接相加"错误，应该是现值比较。

7. C [解析] 大学毕业生的工资性报酬超过高中毕业生的部分构成大学毕业生接受高等教育所产生的总收益。

8. ABDE [解析] 上大学的成本越低，则上大学的人相对就会越多。A、D两项正确。大学毕业生与高中毕业生之间的工资性报酬差距越大，上大学的人越多。B项正确。上大学期间的劳动力市场工资水平越高，就意味着上大学越不划算。C项错误。投资后的收入增量流越长，从而上大学的可能性更大。E项正确。

9. ABD [解析] 根据题干中"愿意上大学"，则需要选择"收益大于成本，更划算的情形"，A项符合投资后的收入增量流越长，符合题意。B项中的无息贷款，使上大学更划算，符合题意。D项，找工作的难度大，就业风险大，高中生就业率更低；上大学的机会成本低，高中毕业生更愿意上大学，符合题意。C、E两项导致上大学不划算，不符合题意。

10. D [解析] 从经济利益的角度来看，一个人上大学好还是不上大学好，取决于此人上大学的成本和收益之间的对比。如果收益现值大于成本，则上大学就是值的，否则就是不值的，不能根据主观判断。

11. BC [解析] 投资后的收入增量流越长，从而上大学的可能性更大。上大学的成本越低，则上大学的人相对就会越多。大学毕业生与高中毕业生之间的工资性报酬差距越大，上大学人越多。

12. C [解析] 对任何人来说，能够达到效用最大化的高等教育投资数量都是在边际收益等于边际成本的那个点上取得的。

13. A [解析] 高估偏差，也称能力偏差，即经济学家们很可能会过高地估计一个人能够从教育投资中所能获得的收益。虽然大学毕业生的工资性报酬通常会比高中毕业生高出一部分，但这并非完全是高等教育的作用，因为假如这些大学毕业生没有上大学，由于他们的能力本来就更强，即使他们高中毕业后参加工作获得的工资性报酬也会比那些实际上没上过大学的人更高。

14. D [解析] 高估偏差又称能力偏差，D项错误。

15. C [解析] 选择性偏差是指高估没有上大学的人因为没上大学放弃的那部分收益，同时低估大学毕业生通过上大学实际获得的收益。

16. B [解析] 目前关于高等教育问题在世界上还存在一些争论，一部分人认为，这种现象的存在使高等教育投资确实提高了被投资者的生产率，另外一部分人则认为，高等教育本身并没有导致生产率的提高，但是它却表明了一个受过高等教育的人是一个具有较高生产率的人，即高等教育只不过是一种高生产率的信号而已，它表明，能够完成高等教育的人通常是生产率较高的人。B项错误。

Day 37

1. C [解析] 一般培训赋予员工的技能和知识是可转移的，A项正确。特殊培训是指培训所产生的技能只对提供培训的企业有用，B项正确。在管理实践中，企业所进行的一般培训和特殊培训实际上是很难完全分开的，D项正确。

2. B [解析] 特殊培训是指培训所产生的技能只对提供培训的企业有用。

3. BE [解析] 正式的在职培训包括培训课程和项目、正规的学徒计划等；非正式的在职培训包括"边干边学"、临时顶岗、信息和技能的传递等。

4. A [解析] 在职培训分为一般在职培训和特殊在职培训。一般培训的成本要由员工承担，而企业负担特殊培训的成本。A项错误。

5. D [解析] 在特殊培训完成之后，企业既不会按照员工没有接受特殊培训时的生产率向他们支付较低的工资，又不会完全按照员工接受过培训之后所能够达到的高生产率来支付较高的工资，而是会向员工支付一种介于两者之间的工资率。这样，企业和员工双方就以一种共同保险的方式完成了企业的特殊培训投资，从而使得双方都获利。

6. C [解析] 受训练者参加培训的机会成本包括：①在职员工参加培训需花费一定的时间，往往要提前下班或请假；②参加培训的员工常常不能全力工作，这些都会给企业的生产和工作带来一定的损失。

7. C [解析] 特殊培训是指培训所产生的技能只对提供培训的企业有用，而对其他企业则没有用处的情况。大多数接受过特殊培训的员工可能愿意在本企业中工作较长的时间。

8. BD [解析] 大多数接受过特殊培训的员工可能都比较愿意在本企业中工作较长的时间，这样他们的流动倾向就会受到削弱。B项错误。随着员工年龄越来越大，他们进行在职培训投资的意愿也就越来越低。D项错误。

9. BE [解析] 劳动力流动对于劳动者和企业来说有利也有弊，B项说法太绝对，故错误。衡量劳动力市场松紧程度的一个重要指标是失业率。失业率高时离职率低，而在失业率低时离职率会比较高。E项错误。

10. A [解析] 企业规模越大，劳动力流动越低。原因包括大企业提供较高水平的工资、为劳动者提供工作轮换和多次晋升的机会。

11. C [解析] 领导管理水平和领导力属于企业因素。影响劳动力流动的劳动者因素包括劳动者年龄、劳动者的任职年限、劳动者的性别。

12. B ［解析］劳动者的劳动力流动是有成本的，B项错误。
13. B ［解析］当劳动力市场处于宽松状态时，劳动力流动率下降。相反，劳动力市场处于紧张状态时，劳动力流动率上升，A项错误、B项正确。离职率和失业率之间存在着一种负相关关系，即失业率上升，离职率下降。解雇率与离职率之间也是一种负相关关系，C、D两项错误。
14. A ［解析］劳动力市场处于紧张状态时，即劳动力需求大于劳动力供给，很多雇主在雇用劳动者的时候都遇到困难，就业机会增加，而且市场工资率也会出现明显的上升，这时，已经就业的劳动者往往可以利用"跳槽"的手段要求新雇主增加工资，劳动力的流动率自然会上升。

Day 38

1. BCD ［解析］跨地区劳动力流动会受到迁移距离和迁移成本的影响。跨地区劳动力流动的主要原因在于地区之间存在经济发展不均衡的情况。跨地区劳动力流动并非单向的，流出的劳动力也可能会重新流动回原居住地。
2. BCD ［解析］收入低于中值水平的职业，普遍存在劳动力的净流出。不过服务业是例外，原因是就业机会易得，吸纳劳动力速度超过流出的速度。B项错误。劳动力跨职业流动的方向按照职业等级差别分为：向上流动、向下流动、水平流动。自愿性流动基本上属于向上流动。非自愿性流动也会追求向上的目标或要求水平流动，但是会有向下流动的情况。总的来看，向上流动会占较大的比例。C、D两项错误。
3. B ［解析］劳动者因工厂倒闭而回家乡务农的情况属于劳动力跨产业流动，A项错误。在劳动力跨产业流动中，工资水平与劳动力流出呈相反方向变化，与劳动力流入呈相同方向变动，C项错误。失业率较高的产业部门往往面临更高的劳动力流动率，D项错误。
4. B ［解析］农业劳动力流动比较普遍的两种情况：①离土又离乡，即与农业生产断绝联系（永久性）；②离土不离乡，即在从事工业部门劳动的同时还从事一些农业劳动（暂时性）。两种方式在一定时期内可以并存，最终前一种方式会取代后一种方式。
5. （1）B ［解析］上大学的总收益是指一个人在接受大学教育之后的终身职业生涯中获得的超过高中毕业生的工资性报酬，由此可推知，攻读研究生的收益体现在长期中，而不是短期内，B项符合题意。

（2）CD ［解析］根据案例内容，小罗发现第二家公司的文化不是很好，领导对知识型员工比较简单粗暴，不够尊重。由此可知，企业的组织文化以及领导风格会影响劳动力流动，C、D两项正确。

（3）BD ［解析］特殊培训学到的职业技能只对提供培训的企业有用，案例中提到的培训属于一般培训，A项错误。在职培训中有的比较正规，如劳动者接受的正式培训课程，但大多数在职培训都是非正式的，通过有经验的技术工人与未受过训练的工人之间的信息和技能的传递也可以提高新工人的技术，B项正确。人力资本投资是用来提高人的生产能力从而提高人在劳动力市场上的收益能力的初始性投资，小罗在业余时间攻读MBA学位符合这一定义，C项错误、D项正确。

6. （1）BC ［解析］直接支出的学费以及与其他与接受高等教育直接有关的成本属于直接成本。

（2）D ［解析］总收益是指一个人在接受大学教育之后的终身职业生涯中获得的超过高

中毕业生的工资性报酬。

(3) AB [解析] 人力资本投资的机会成本可以理解为：某人因进行人力资本投资而不得不放弃的收入。所以，在经济不景气时期进行人力资本投资的机会成本比较低，有工作有收入的在职人员全职攻读研究生学位的机会成本会高于没工作过的年轻学生。直接成本是和学习有关的直接费用，C项错误。人力资本投资活动包括各级正规教育和在职培训活动所花费的支出、增进健康、加强学龄前儿童营养、寻找工作、工作流动等活动，D项错误。

(4) ABC [解析] 毕业研究生和本科生之间的工资差距扩大，研究生找到好工作的机会大大超过本科生，会促使本科毕业生继续攻读硕士学位。政府提高了研究生在校期间的助学金水平，攻读研究生期间的收入增加，也会促使本科毕业生继续攻读硕士学位。

本章学习检查表

知识点或模块名称	初次学习		第一次复习		第二次复习	
	做对题目数/总题目数	学习日期	做对题目数/总题目数	复习日期	做对题目数/总题目数	复习日期
人力资本投资理论的产生及其发展						
人力资本投资的基本模型						
高等教育投资决策的基本模型						
教育投资的收益估计及高等教育的信号模型						
在职培训及其基本类型						
在职培训的成本与收益及其安排						
在职培训对企业及员工行为的影响						
劳动力流动及其利弊						
劳动力流动的主要影响因素						
劳动力跨地区流动						
劳动力跨职业流动						
劳动力的跨产业流动及产业内流动						
案例集锦						

填写建议：

"做对题目数/总题目数"记录针对该知识点自己做题的情况，比如该知识点总题目数为10题，做对了其中7题，记录为7/10。

"学习日期"记录自己学习该知识点时的日期，建议把下一次复习的日期也写上。

本章强化测试

扫码做题

备忘录：

第四部分 人力资源与社会保险政策

第十四章 劳动合同管理与特殊用工

学习指导

本章是第四部分"人力资源与社会保险政策"中考试分值最高的一章,考点主要出自劳动合同的履行、变更、解除及终止,其中劳动合同的解除及经济补偿问题是每年的必考点。本章出现案例分析题的概率很大,考查内容以法条为主,需要记忆的内容较多,在理解性掌握后可以通过反复刷题巩固。

时间	考点或模块
Day 39	➢劳动合同履行的原则 ➢用人单位与劳动者履行劳动合同的义务 ➢特殊情形下的劳动合同履行 ➢劳动合同变更 ➢劳动合同解除 ➢对用人单位解除劳动合同的限制 ➢劳动合同终止
Day 40	➢用人单位解除、终止劳动合同的附随义务 ➢培训服务期 ➢竞业限制 ➢解除与终止劳动合同的经济补偿 ➢劳动规章制度的公示 ➢劳动规章制度的效力 ➢违反劳动规章制度的处理 ➢劳务派遣
Day 41	➢非全日制用工 ➢案例集锦

▶▶▶ Day 39

考点:劳动合同履行的原则

1. [多项选择题] 下列属于劳动合同履行的原则的有( )。
   A. 合法履行 B. 正确履行
   C. 公正履行 D. 全面履行

E. 法律适用

2. [单项选择题] 劳动合同履行地与用人单位注册地不一致的，有关劳动者的最低工资标准、劳动保护、劳动条件、职业危害防护等事项，执行（　　）的有关规定。
   A. 用人单位注册地
   B. 劳动合同履行地
   C. 用人单位指定地
   D. 工资标准较低地

◆ 考点：用人单位与劳动者履行劳动合同的义务

3. [单项选择题] 劳动者的义务不包括（　　）。
   A. 遵守国家法律法规
   B. 完成劳动合同约定的工作内容
   C. 不得强迫或者变相强迫劳动者加班
   D. 遵守劳动合同中约定的特定事项的义务

◆ 考点：特殊情形下的劳动合同履行

4. [单项选择题] 符合法律规定的劳动合同处理方式是（　　）。
   A. 甲公司更改名称为乙公司，甲公司为劳动者签订的劳动合同不再有效
   B. 甲公司分立为乙公司和丙公司，甲公司与劳动者签订的劳动合同不受分立影响继续履行
   C. 甲公司更换法定代表人后，新的法定代表人应与劳动者重新签订劳动合同
   D. 甲公司和乙公司合并为丙公司后，丙公司应与甲、乙公司的劳动者重新签订劳动合同

◆ 考点：劳动合同变更

5. [单项选择题] 需要变更劳动合同的情形一般不包括（　　）。
   A. 双方当事人经协商，达成一致
   B. 劳动者患病，在规定的医疗期满后不能从事原工作而由用人单位另行安排工作
   C. 劳动合同订立时所依据的客观情况发生重大变化
   D. 劳动合同订立时所依据的主观情况发生变化

◆ 考点：劳动合同解除

6. [单项选择题] 关于协商一致解除劳动合同的说法，正确的是（　　）。
   A. 只需要当事人达成合意，无需法定原因
   B. 用人单位应支付经济补偿
   C. 应采取书面形式
   D. 用人单位无需支付经济补偿

7. [单项选择题] 劳动者患病或者非因工负伤，在规定的医疗期满后不能从事原工作，也不能从事由用人单位另行安排的工作的情形，用人单位的做法不符合法律规定的是（　　）。
   A. 提前30日以书面形式通知劳动者解除劳动合同
   B. 可以立即解除劳动合同，但需要额外支付劳动者1个月工资
   C. 可以解除合同，需要事先将理由通知工会
   D. 立即解除劳动合同，额外支付劳动者1个月工资，额外支付的工资应按经济补偿标准确定

8. [单项选择题] 关于劳动者可解除劳动合同、无需提前通知用人单位的情形的说法，错误的是（　　）。
   A. 用人单位的规章制度没有经过劳动者同意
   B. 用人单位未及时足额向劳动者支付工资
   C. 用人单位以威胁手段强迫劳动者劳动
   D. 用人单位没有为劳动者缴纳社会保险费

9. [单项选择题] 下列情形中，用人单位可以合法解除劳动合同的是（　　）。
   A. 劳动者不能胜任工作，经培训或者调整岗位还是不能胜任工作的
   B. 员工被认定为工伤且为七级伤残的
   C. 劳动者不同意降低月工资收入的
   D. 员工患病3个月无法从事工作的

10. [单项选择题] 以下关于企业裁减人员的方案的说法，正确的是（　　）。
    A. 企业裁员人数达到20人以上时，应当在裁减人员时向工会或全体职工说明情况，听取工会或职工的意见
    B. 企业裁员人数达到职工总数10%以上时，应当向当地劳动行政部门报告裁减人员方案后，再裁减人员
    C. 企业裁员人数未达到20人时，可以随时实施裁员
    D. 企业裁减人员方案应当经当地劳动行政部门批准方能实施

11. [单项选择题] 关于劳动者解除劳动合同的说法，错误的是（　　）。
    A. 劳动者不需要理由，只要提前30日书面通知用人单位，即可解除劳动合同
    B. 劳动者在试用期内提前3日书面通知用人单位，可解除劳动合同
    C. 劳动者在试用期可以随时通知用人单位解除劳动合同
    D. 在用人单位存在过失的情况下，劳动者可以随时解除劳动合同

▽ 考点：对用人单位解除劳动合同的限制

12. [单项选择题] 一个人工作20年，在本单位工作12年，他可以享受（　　）个月的医疗期。
    A. 18　　　　　B. 12　　　　　C. 6　　　　　D. 9

13. [多项选择题]《中华人民共和国妇女权益保障法》规定，任何单位不得以（　　）等为由，单方解除女职工劳动合同。
    A. 结婚　　　　B. 怀孕　　　　C. 离婚　　　　D. 产假
    E. 哺乳

14. [单项选择题]《劳动合同法》规定，用人单位单方解除劳动合同，应当事先将理由通知（　　）。
    A. 工会　　　　　　　　　　　　B. 劳动者
    C. 劳动行政部门　　　　　　　　D. 劳动人事争议仲裁委员会

15. [多项选择题] 用人单位不得依据《劳动合同法》第四十条和第四十一条规定解除劳动合同的情形包括（　　）。
    A. 从事接触职业病危害作业的劳动者未进行离岗前职业健康检查的

B. 患病或者非因工负伤，在规定的医疗期内的

C. 在本单位连续工作满 15 年的

D. 女职工在哺乳期的

E. 未依法为劳动者缴纳社会保险费的

考点：劳动合同终止

16. [多项选择题]《劳动合同法》第四十四条规定，有下列（　　）情形之一的劳动合同终止。

    A. 劳动者开始依法享受基本养老保险待遇的

    B. 劳动合同期满

    C. 在本单位连续工作满 15 年，且距法定退休年龄不足 5 年的

    D. 用人单位被依法宣告破产的

    E. 劳动者患病在规定的医疗期内的

17. [多项选择题] 有下列（　　）情形之一的，劳动合同应当续延至相应的情形消失时终止。

    A. 劳动者达到法定退休年龄的

    B. 劳动合同期满

    C. 在本单位连续工作满 15 年，且距法定退休年龄不足 5 年的

    D. 用人单位被依法宣告破产的

    E. 劳动者因工患病在规定的医疗期内的

学习笔记

Day 40

考点： 用人单位解除、终止劳动合同的附随义务

1. [单项选择题] 关于用人单位解除、终止劳动合同的附随义务的说法，错误的是（　　）。
   A. 用人单位应在解除或终止劳动合同时出具解除或终止劳动合同的证明
   B. 用人单位应在7日内为劳动者办理档案和社会保险关系转移手续
   C. 解除、终止劳动合同的证明应当包括工作岗位、本单位工作年限等内容
   D. 用人单位对已经解除或者终止的劳动合同的文本，至少保留2年备查

考点： 培训服务期

2. [多项选择题] 下列关于培训服务期的说法，正确的有（　　）。
   A. 用人单位与劳动者约定服务期的，不需要按照正常的工资调整机制提高劳动者在服务期期间的劳动报酬
   B. 用人单位为劳动者提供专项培训费用，对其进行专业技术培训的，可以与该劳动者订立协议，约定服务期
   C. 劳动者违反服务期约定，不需要向用人单位支付违约金
   D. 用人单位要求劳动者支付的违约金不得超过服务期尚未履行部分所应分摊的培训费用
   E. 劳动合同期满，但约定的服务期尚未到期的，劳动合同应当续延至服务期满

3. [单项选择题] 某公司提供8万元专项培训费用用于员工张三的专业技术培训，培训前，双方订立协议约定服务期为5年，违约金为8万元。张三履行服务期间协议满3年时，向该公司提出解除劳动合同。此时，张三应该向公司支付违约金（　　）万元。
   A. 1.6   B. 3.2
   C. 5   D. 8

考点： 竞业限制

4. [多项选择题] 可以约定竞业限制的人员包括（　　）。
   A. 前台文员
   B. 高级管理人员
   C. 技术总监
   D. 门卫
   E. 负有保密义务的人员

5. [单项选择题] 关于竞业限制的说法，正确的是（　　）。
   A. 竞业限制的人员限于用人单位的普通管理人员
   B. 竞业限制期限应当超过3年
   C. 竞业限制的范围由用人单位自行确定
   D. 劳动者违反竞业限制约定的，应当按照约定向用人单位支付违约金

6. [多项选择题] 下列关于竞业限制的说法，正确的有（　　）。
   A. 劳动者违反竞业限制约定的，应当按照约定向用人单位支付违约金
   B. 竞业限制的范围、地域、期限由用人单位规定
   C. 当事人在劳动合同或者保密协议中约定了竞业限制和经济补偿，劳动合同解除或者终

止后，因用人单位的原因导致3个月未支付经济补偿，劳动者请求解除竞业限制约定的，人民法院不予支持

D. 在竞业限制期限内，用人单位请求解除竞业限制协议时，人民法院应予支持。在解除竞业限制协议时，劳动者请求用人单位额外支付劳动者3个月的竞业限制经济补偿的，人民法院不予支持

E. 劳动者违反竞业限制约定，向用人单位支付违约金后，用人单位要求劳动者按照约定继续履行竞业限制义务的，人民法院应予支持

考点：解除与终止劳动合同的经济补偿

7. [单项选择题] 原用人单位已经向劳动者支付经济补偿的，新用人单位不再计算劳动者在原用人单位的（　　）。

   A. 就业补助津贴　　　　　　　　B. 伤残就业补助金
   C. 工作年限　　　　　　　　　　D. 失业保险金

8. [多项选择题] 计算经济补偿时，需要计算劳动者在本单位的工作年限，用人单位符合（　　），应当认定属于"劳动者非因本人原因从原用人单位被安排到新用人单位工作"，原用人单位未支付经济补偿，劳动者请求把在原用人单位的工作年限合并计算为新用人单位工作年限的，人民法院应予支持。

   A. 用人单位及其关联企业与劳动者轮流订立劳动合同
   B. 劳动者仍在原工作场所、工作岗位工作，劳动合同主体由原用人单位变更为新用人单位
   C. 因用人单位合并、分立等原因导致劳动者工作调动
   D. 劳动者自己跳槽到新单位工作
   E. 用人单位以组织委派或任命形式对劳动者进行工作调动

9. [单项选择题] 关于支付经济补偿的说法，错误的是（　　）。

   A. 企业因生产经营严重困难实施裁员，可以不支付经济补偿金
   B. 经济补偿金支付标准为员工解除或终止劳动合同前12个月的平均工资
   C. 应当支付的经济补偿金标准为在本公司工作每满1年支付1个月工资
   D. 经济补偿的月工资按照劳动者应得工资计算

10. [单项选择题] 如果张三以公司未为其缴纳社会保险为由解除劳动合同，下列说法正确的是（　　）。

    A. 需支付经济补偿，经济补偿按张三在公司的工作年限，每满1年支付1个月工资的标准支付
    B. 张三只能采取书面形式通知公司
    C. 张三需提前30天通知公司
    D. 该公司需要向张三支付2倍经济补偿金作为赔偿金

11. [单项选择题] 2022年1月1日，张三与公司签订劳动合同，于2月1日正式到岗，8月解除劳动合同，计算经济补偿的日期是（　　）。

    A. 无法确定日期　　　　　　　　B. 2月1日
    C. 1月1日　　　　　　　　　　　D. 8月1日

12. [单项选择题] 下列收入类别中,全额免征个人所得税的是( )。
    A. 用人单位发给离职员工的生活补助费
    B. 员工从破产企业取得的一次性安置费收入
    C. 用人单位发给离职员工的经济补偿金
    D. 用人单位发给在职员工的奖金收入

▽ 考点:劳动规章制度的公示

13. [单项选择题] 关于劳动规章制度的说法,正确的是( )。
    A. 用人单位应当将直接涉及劳动者切身利益的规章制度公示或者告知劳动者
    B. 用人单位必须单独制定休息休假制度
    C. 用人单位可以不建立劳动规章制度
    D. 工会无权对用人单位的劳动规章制度提出修改意见

▽ 考点:劳动规章制度的效力

14. [单项选择题] 用人单位规章具有法律效力的前提条件不包括( )。
    A. 经过民主程序
    B. 经劳动者同意
    C. 公示或者公告劳动者
    D. 不违反法律、行政法规及政策

▽ 考点:违反劳动规章制度的处理

15. [单项选择题] 关于用人单位劳动规章制度的说法,正确的是( )。
    A. 用人单位制定的劳动规章制度公布后,即对职工具有法律约束力
    B. 用人单位制定的劳动规章制度,无需告知职工即可实施
    C. 在劳动规章制度实施过程中,工会认为不适当的内容,用人单位应当按工会要求予以修改
    D. 用人单位制定的劳动规章制度违反法律规定,应当由劳动行政部门责令改正

▽ 考点:劳务派遣

16. [单项选择题] 根据我国有关规定,关于劳务派遣的说法,错误的是( )。
    A. 用人单位不得设立劳务派遣单位向所属单位派遣劳动者
    B. 经营劳务派遣业务,注册资本不少于200万元
    C. 劳务派遣许可证有效期限为3年
    D. 劳务派遣单位与劳动者、用工单位与劳动者之间均建立劳动关系

17. [多项选择题] 劳动派遣单位的法定义务包括( )。
    A. 依法支付被派遣劳动者的劳动报酬
    B. 依法向被派遣劳动者提供相应的劳动条件
    C. 依法为被派遣劳动者缴纳社会保险费
    D. 不得向被派遣劳动者收取费用
    E. 依法向被派遣劳动者支付加班费

18. ［单项选择题］关于劳务派遣的说法，符合法律规定的是（　　）。
    A. 劳务派遣单位不属于《劳动合同法》调整的用人单位
    B. 劳务派遣单位应与被派遣劳动者订立 3 年以上固定期限劳动合同
    C. 劳务派遣单位不能与劳动者约定试用期
    D. 劳务派遣单位应按月支付劳动报酬，被派遣劳动者无工作期间，应按当地人民政府规定的最低工资标准按月支付工资

19. ［单项选择题］关于劳务派遣的说法，不符合法律规定的是（　　）。
    A. 劳务派遣用工是补充形式
    B. 劳务派遣用工只能在临时性、辅助性或者替代性的工作岗位上实施
    C. 用工数量不得超过用工总量的 20%
    D. 用工单位使用辅助性岗位，应当经职工代表大会或者全体职工讨论

✎ 学习笔记

Day 41

▼ 考点：非全日制用工

1. [单项选择题] 关于非全日制用工的说法，正确的是（　　）。
   A. 用人单位使用非全日制用工劳动者应当按月支付劳动薪酬
   B. 非全日制用工劳动者的小时计酬标准可以低于当地最低小时工资标准
   C. 非全日制用工双方当事人不得约定试用期
   D. 非全日制用工终止用工时，用人单位应当向劳动者支付终止用工经济补偿

2. [单项选择题] 关于非全日制用工的说法，错误的是（　　）。
   A. 非全日制用工周工作时间累计不超过 24 小时
   B. 非全日制用工双方当事人应当订立书面劳动合同
   C. 用人单位必须为非全日制用工的劳动者缴纳工伤保险
   D. 非全日制用工双方当事人任何一方都可以随时通知对方终止用工

▼ 模块：案例集锦

3. [案例分析题] 2018 年 8 月 30 日，甲公司与乙劳务派遣公司开始商洽订立劳务派遣协议事宜。甲公司人力资源部张经理对乙劳务派遣公司是否具有订立劳务派遣协议资格提出疑义。乙劳务派遣公司李经理当场表态，乙劳务派遣公司从 2005 年就开展劳务派遣业务，所订立的劳务派遣协议至今履行良好。李经理请张经理放心，乙劳务派遣公司从事劳务派遣业务一向守法合规。

   根据以上材料，回答下列问题：

(1) 关于甲公司与乙劳务派遣公司订立劳务派遣协议的说法，正确的是（　　）。
   A. 乙劳务派遣公司派遣劳动者到甲公司应当订立劳务派遣协议
   B. 甲公司与乙劳务派遣公司订立的劳务派遣协议应当约定派遣岗位和人员数量等内容
   C. 乙劳务派遣公司与被派遣劳动者订立的劳动合同可以替代劳务派遣协议
   D. 甲公司应当根据工作岗位的实际需要与乙劳务派遣公司确定派遣期限，不得将连续用工期限分割订立数个短期劳务派遣协议

(2) 乙劳务派遣公司派遣劳动者到甲公司须（　　）。
   A. 依法办理相应的公司登记　　　　B. 获得乙劳务派遣公司工会同意
   C. 经甲公司职工代表大会批准　　　D. 取得经营劳务派遣业务行政许可

(3) 下列情形中不属于劳务派遣单位义务的是（　　）。
   A. 依法出具解除或终止劳动合同的证明
   B. 依法支付被派遣劳动者的劳动报酬和相关待遇
   C. 依法为被派遣劳动者缴纳社会保险费，并办理社会保险相关手续
   D. 连续用工的，实行正常的工资调整机制

(4) 关于劳务派遣的说法，正确的是（　　）。
   A. 劳务派遣用工是我国企业基本用工形式
   B. 劳务派遣单位与同一被派遣劳动者每派遣一次可以约定一次试用期
   C. 用人单位可以合资设立劳务派遣单位向本单位派遣劳动者

D. 劳务派遣单位不得向被派遣劳动者收取费用

4. [案例分析题] 甲公司因整理文字资料的需要招聘了李某，并与李某协商签订了一份非全日制用工劳动合同。李某工作一段时间后，觉得收入太低，又到乙公司工作，并签订了非全日制用工劳动合同。不久，李某觉得同时在两家公司工作太累，遂向甲公司提出解除劳动合同。甲公司认为李某应提前30日通知该公司解除劳动合同，而李某则向甲公司提出解除劳动合同经济补偿的要求。

根据以上材料，回答下列问题：

(1) 关于李某订立非全日制用工劳动合同的说法，正确的是（　　）。
   A. 李某不得与甲公司以外的用人单位订立劳动合同
   B. 李某与甲公司订立的非全日制用工劳动合同不得约定试用期
   C. 需经甲公司同意，李某才能与乙公司订立劳动合同
   D. 甲公司与李某不可以订立口头协议

(2) 关于甲公司支付李某劳动报酬的说法，正确的是（　　）。
   A. 李某所从事的非全日制用工必须按周计酬
   B. 甲公司向李某支付劳动报酬的周期最长不得超过15日
   C. 甲公司应按月向李某支付劳动报酬
   D. 李某在甲公司的计酬标准不得低于最低生活保障标准

(3) 关于李某解除劳动合同的说法，正确的是（　　）。
   A. 李某应提前30日通知甲公司解除劳动合同
   B. 甲公司可不向李某支付经济补偿
   C. 李某可以随时通知甲公司终止用工
   D. 甲公司应向李某支付解除劳动合同生活补助

5. [案例分析题] 甲公司有职工500名，2016年该公司生产经营发生严重困难，准备裁减人员。同年6月1日，甲公司向职工公布了裁减人员方案，并宣布一周后解除50名职工的劳动合同。6月2日，甲公司将方案送给本公司工会征求意见，当地劳动行政部门指出，甲公司裁减人员方案，没有向该部门报告，存在程序问题。公司工会也提出，公司应当在裁员前30日向工会说明情况。同时，公司工会反映在收集职工意见时，职工表示，公司在既没有破产也没有转产的情况下，不应当实施裁员，还有职工希望公司遵守劳动合同法，优先留用签订较长期限劳动合同、无固定期限劳动合同、家庭无其他就业人员且有未成年人需要抚养和被评过先进的职工。于是，甲公司重新制定了裁员方案，在经过规定程序后公布了裁员方案，将因裁员被解除劳动合同职工的经济补偿金标准定为在本公司工作每满1年支付半个月工资。

根据以上材料，回答下列问题：

(1) 关于甲公司裁减人员方案的说法，正确的是（　　）。
   A. 甲公司应当在裁减人员前30日向工会或全体职工说明情况，听取工会或职工意见
   B. 甲公司应当向当地劳动行政部门报告裁减人员方案后，再裁减人员
   C. 甲公司裁减人员数未达到职工总人数的10%，可以随时实施裁员
   D. 甲公司裁减人员方案应当经当地劳动行政部门批准方能实施

(2) 甲公司依法可以实施裁员的情形包括（　　）。
　　A. 甲公司生产经营发生严重困难
　　B. 甲公司可能破产
　　C. 甲公司决定转产
　　D. 甲公司富余职工较多
(3) 甲公司裁员时应优先留用的职工有（　　）。
　　A. 与甲公司签订较长期限劳动合同的职工
　　B. 与甲公司签订无固定期限劳动合同的职工
　　C. 家庭无其他就业人员且有需要抚养未成年人的职工
　　D. 曾被评为先进职工
(4) 关于甲公司支付经济补偿，说法正确的是（　　）。
　　A. 甲公司因生产经营严重困难实施裁员，可以不支付经济补偿金
　　B. 甲公司应当支付的经济补偿金标准为在本公司工作每满 1 年支付半个月工资
　　C. 甲公司应当支付的经济补偿金标准为在本公司工作每满 1 年支付 1 个月工资
　　D. 甲公司应当按本地区上年度职工月平均工资 3 倍的标准支付经济补偿金

学习笔记

参考答案及解析

Day 39

1. AD [解析] 劳动合同履行遵循的原则为：①全面履行；②合法履行。

2. B [解析] 劳动合同履行地与用人单位注册地不一致的，有关劳动者的最低工资标准、劳动保护、劳动条件、职业危害防护和本地区上年度职工月平均工资标准等事项，执行劳动合同履行地的有关规定。

3. C [解析] 劳动者的义务包括：①遵守国家法律法规，遵守用人单位的规章制度；②完成劳动合同约定的工作内容，从事兼职不能影响本单位的工作任务；③遵守劳动合同中约定的特定事项的义务。C项属于用人单位的义务。

4. B [解析]《劳动合同法》第三十三条规定，用人单位变更名称、法定代表人、主要负责人或者投资人等事项，不影响劳动合同的履行。相关事项依法进行变更登记后，劳动合同继续有效，双方当事人应当按照劳动合同的约定继续履行，也不需要重新签订劳动合同。《劳动合同法》第三十四条规定，用人单位发生合并或者分立等情况，原劳动合同继续有效，劳动合同由承继其权利义务的用人单位继续履行。

> **●考点再现**
> Q_4《劳动合同法》第三十三条规定，用人单位变更名称、法定代表人、主要负责人或者投资人等事项，不影响劳动合同的履行。相关事项依法进行变更登记后，劳动合同继续有效，双方当事人应当按照劳动合同的约定继续履行，也不需要重新签订劳动合同。

5. D [解析] 变更劳动合同的情形包括：①双方当事人经协商，达成一致变更劳动合同；②订立劳动合同时所依据的法律法规已经修改或废止，导致劳动合同中的部分条款内容与之相悖而必须修改；③企业受有关产业政策影响或根据市场变化决定转产或调整生产任务等经济因素影响，导致劳动合同需要变更；④劳动合同订立时所依据的客观情况发生重大变化，致使劳动合同无法履行，导致劳动合同需要变更；⑤劳动者患病或者非因工负伤，在规定的医疗期满后不能从事原工作，由用人单位另行安排工作，需要变更劳动合同；⑥劳动者不能胜任工作，被调整了工作岗位，需要变更劳动合同。

> **●考点再现**
> Q_5 劳动合同规定：①变更劳动合同，应当采用书面形式；②变更后的劳动合同文本由用人单位和劳动者各执一份；③劳动合同变更时，如在协商过程中无法达成一致，发生争议，任何一方都可以向劳动人事争议仲裁委员会申请仲裁。

6. A [解析]《劳动合同法》第三十六条规定，用人单位与劳动者协商一致，可以解除劳动合同。即只要双方达成一致意见时，可以协商解除劳动合同。

7. D [解析] 出现题干表述的情形，根据《劳动合同法》第四十条的规定，用人单位提前30日以书面形式通知劳动者解除劳动合同或额外支付劳动者1个月工资后，可以解除劳动合同。额外支付的工资应该按该劳动者上一个月的工资标准确定。

8. A [解析] 用人单位有下列情形之一的，劳动者解除劳动合同，无须提前通知用人单位：①未按照劳动合同约定提供劳动保护或者劳动条件的；②未及时足额支付劳动报酬的；

③未依法为劳动者缴纳社会保险费的;④用人单位的规章制度违反法律、法规的规定,损害劳动者权益的;⑤因用人单位以欺诈、胁迫的手段或者乘人之危,使劳动者在违背真实意思的情况下订立或者变更劳动合同致使劳动合同无效的;⑥法律、行政法规规定劳动者可以解除劳动合同的其他情形。用人单位以暴力、威胁或者非法限制人身自由的手段强迫劳动者劳动的,或者用人单位违章指挥、强令冒险作业危及劳动者人身安全的,劳动者可以立即解除劳动合同,不需事先告知用人单位。

9. A [解析] 劳动者不能胜任工作,经过培训或者调整工作岗位,仍不能胜任工作的,用人单位提前30日以书面形式通知劳动者本人或者额外支付劳动者一个月工资后,可以解除劳动合同,A项正确。

10. B [解析] 用人单位因实施裁员解除劳动合同,裁减人员20人以上或者裁减不足20人但占企业职工总数10%以上的,用人单位应提前30日向工会或全体职工说明情况,听取工会或者职工意见后,裁减人员方案经向劳动行政部门报告,可以裁减人员。

11. C [解析]《劳动合同法》第三十七条规定,劳动者提前30日以书面形式通知用人单位,可以解除劳动合同。劳动者在试用期内提前3日通知用人单位,可以解除劳动合同。

12. B [解析] 实际工作年限10年以上的,在本单位工作年限5年以下的,职工医疗期为6个月;5年以上10年以下的为9个月;10年以上15年以下的为12个月;15年以上20年以下的为18个月;20年以上的为24个月。

13. ABDE [解析] 任何单位不得以结婚、怀孕、产假、哺乳等为由,降低女职工的工资,辞退女职工,单方解除劳动(聘用)合同或者服务协议。

14. A [解析]《劳动合同法》规定,用人单位单方解除劳动合同,应当事先将理由通知工会。

15. ABD [解析] 劳动者有下列情形之一的,用人单位不得依照《劳动合同法》第四十条、第四十一条的规定解除劳动合同:①从事接触职业病危害作业的劳动者未进行离岗前职业健康检查,或者疑似职业病病人在诊断或者医学观察期间的;②在本单位患职业病或者因工负伤并被确认丧失或者部分丧失劳动能力的;③患病或者非因工负伤,在规定的医疗期内的;④女职工在孕期、产期、哺乳期的;⑤在本单位连续工作满15年,且距法定退休年龄不足5年的;⑥法律、行政法规规定的其他情形。

16. ABD [解析] 有下列情形之一的,劳动合同终止:①劳动合同期满的;②劳动者开始依法享受基本养老保险待遇的;③劳动者死亡,或者被人民法院宣告死亡或者宣告失踪的;④用人单位被依法宣告破产的;⑤用人单位被吊销营业执照、责令关闭、撤销或者用人单位决定提前解散的;⑥法律、法规规定的其他情形。

17. CE [解析] 劳动合同期满,劳动合同应当续延至下列相应的情形消失时终止:①从事接触职业病危害作业的劳动者未进行离岗前职业健康检查,或者疑似职业病病人在诊断或者医学观察期间内;②在本单位患职业病或者因工负伤并被确认丧失或者部分丧失劳动能力的;③患病或者非因工负伤,在规定的医疗期间内的;④女职工在孕期、产期、哺乳期的;⑤在本单位连续工作满15年,且距法定退休年龄不足5年的;⑥法律、行政法规规定的其他情形。

Day 40

1. B [解析] 用人单位应当在解除或者终止劳动合同时出具解除或者终止劳动合同的证明，并在15日内为劳动者办理档案和社会保险关系转移手续。

2. BDE [解析] 用人单位与劳动者约定服务期的，应当按照正常的工资调整机制提高劳动者在服务期期间的劳动报酬。A项错误。劳动者违反服务期约定，需要向用人单位支付违约金。C项错误。

3. B [解析] 用人单位要求劳动者支付的违约金不得超过服务期尚未履行部分所应分摊的培训费用，即：$8/5 \times 2 = 3.2$（万元）。

4. BCE [解析] 竞业限制的人员限于用人单位的高级管理人员、高级技术人员和其他负有保密义务人员。

5. D [解析] 竞业限制的人员限于用人单位的高级管理人员、高级技术人员和其他负有保密义务的人员，A项错误。竞业限制期限不得超过2年，B项错误。竞业限制的范围由用人单位与劳动者约定，C项错误。

6. AE [解析] 竞业限制的范围、地域、期限由用人单位与劳动者约定，竞业限制的约定不得违反法律法规的规定，B项错误。当事人在劳动合同或者保密协议中约定了竞业限制和经济补偿，劳动合同解除或者终止后，因用人单位的原因导致3个月未支付经济补偿，劳动者请求解除竞业限制约定的，人民法院应予支持，C项错误。在竞业限制期限内，用人单位请求解除竞业限制协议时，人民法院应予支持。在解除竞业限制协议时，劳动者请求用人单位额外支付劳动者3个月的竞业限制经济补偿的，人民法院应予支持，D项错误。

7. C [解析] 原用人单位已经向劳动者支付经济补偿的，新用人单位在依法解除、终止劳动合同计算支付经济补偿的工作年限时，不再计算劳动者在原用人单位的工作年限。

8. ABCE [解析] 用人单位符合下列情形之一的，应当认定属于"劳动者非因本人原因从原用人单位被安排到新用人单位工作"：①劳动者仍在原工作场所、工作岗位工作，劳动合同主体由原用人单位变更为新用人单位；②用人单位以组织委派或任命形式对劳动者进行工作调动；③因用人单位合并、分立等原因导致劳动者工作调动；④用人单位及其关联企业与劳动者轮流订立劳动合同；⑤其他合理情形。

9. A [解析] 用人单位依照《劳动合同法》实施裁减人员而解除劳动合同的，应当支付经济补偿金。

10. A [解析] 劳动者依照《劳动合同法》第三十八条解除劳动合同，无须提前通知用人单位。B、C两项错误。用人单位未依法为劳动者缴纳社会保险费的，劳动者可以解除劳动合同，用人单位应当向劳动者支付经济补偿。经济补偿按劳动者在本单位工作的年限，每满1年支付1个月工资的标准向劳动者支付。6个月以上不满1年的，按1年计算；不满6个月的，向劳动者支付半个月工资的经济补偿。A项正确，D项错误。

11. B [解析] 用人单位与劳动者在用工前订立劳动合同的，劳动关系自用工之日起建立。故经济补偿日期应从2月1日起算。

12. B [解析] 个人因与用人单位解除劳动关系而取得的一次性补偿收入（包括用人单位发放的经济补偿金、生活补助费和其他补助费用），在当地上年职工平均工资3倍数额以内的部分，免征个人所得税，A、C两项错误。企业依照国家有关法律规定宣告破产，企业职工从该破产企业取得的一次性安置费收入，免征个人所得税，B项正确。D项属于职工工资报酬收入，需要正常缴纳个人所得税。

13. A [解析]《劳动合同法》规定，用人单位应当将直接涉及劳动者切身利益的规章制度和重大事项决定公示，或者告知劳动者。

14. B [解析] 劳动规章制度的效力应满足3个条件：①内容合法，不违背有关法律法规及政策；②经过民主程序制定；③要向劳动者公示。

15. D [解析]《劳动合同法》规定，用人单位直接涉及劳动者切身利益的规章制度违反法律、法规规定的，由劳动行政部门责令改正，给予警告；给劳动者造成损害的，应当承担赔偿责任。

16. D [解析] 劳务派遣是指劳务派遣单位与被派遣劳动者建立劳动关系后，将该劳动者派遣到用工单位从事劳动的一种特殊用工形式。在这种特殊用工形式下，劳务派遣单位与劳动者建立劳动关系，但是不使用劳动者，即不直接管理和指挥劳动者从事劳动；而用工单位直接管理和指挥劳动者，但是与劳动者之间没有建立劳动关系。D项错误。

17. ACD [解析] 根据劳务派遣单位的法定义务，A、C、D三项符合题意。执行国家劳动标准、提供相应的劳动条件和劳动保护属于用工单位法定义务。

18. D [解析] 劳务派遣单位属于《劳动合同法》调整的用人单位，A项错误；劳务派遣单位应与被派遣劳动者订立2年以上固定期限劳动合同，B项错误；劳务派遣单位可以与劳动者约定试用期，但与同一被派遣劳动者只能约定一次试用期，C项错误。

19. C [解析] 用工单位使用劳务派遣人员的用工数量不得超过用工总量的10%。

Day 41

1. C [解析] 非全日制用工以小时计酬为主。A项错误。非全日制用工小时计酬标准不得低于用人单位所在地人民政府规定的最低小时工资标准。B项错误。非全日制用工双方当事人任何一方都可以随时通知对方终止用工；终止用工，用人单位不向劳动者支付经济补偿。D项错误。

2. B [解析]《劳动合同法》有关非全日制用工的规定主要包括：①非全日制用工的劳动者可以与一个或者一个以上用人单位订立劳动合同，但是，后订立的劳动合同不得影响先订立的劳动合同的履行。②非全日制用工双方当事人可以订立口头协议（B项错误）。③非全日制用工双方当事人不得约定试用期。④非全日制用工双方当事人任何一方都可以随时通知对方终止用工。终止用工，用人单位不向劳动者支付经济补偿。⑤小时计酬标准不得低于用人单位所在地人民政府规定的最低小时工资标准。⑥劳动报酬结算支付周期最长不得超过15日。

3. (1) ABD [解析] 劳务派遣公司与被派遣劳动者订立的劳动合同和劳务派遣协议是不同的，不能替代。

   (2) AD [解析] 经营劳务派遣业务的条件之一是：经营劳务派遣业务应当向劳动行政部门依法申请行政许可；经许可的，依法办理相应的公司登记。未经许可，任何单位和个人不得经营劳务派遣业务。

   (3) D [解析] 劳务派遣单位的法定义务包括：①依法出具解除或终止劳动合同的证明；②按照国家规定和劳务派遣协议约定，依法支付被派遣劳动者的劳动报酬和相关待遇；

第十四章　劳动合同管理与特殊用工

③按照国家规定和劳务派遣协议约定，依法为被派遣劳动者缴纳社会保险费，并办理社会保险相关手续。A、B、C三项都属于劳务派遣单位的法定义务。

(4) D［解析］劳务派遣单位与同一被派遣劳动者只能约定一次试用期，用人单位不得设立劳务派遣单位向本单位或所属单位派遣劳动者。劳动合同用工是我国的企业基本用工形式。劳务派遣用工是补充形式，只能在临时性、辅助性或者替代性的工作岗位上实施。A、B、C三项错误。

4. (1) B［解析］非全日制用工的主要规定中，涉及本题的相关规定有：①劳动者可以与一个或一个以上用人单位订立劳动合同，但后订立的劳动合同不得影响先订立的劳动合同的履行；②双方当事人可以订立口头协议；③双方当事人不得约定试用期。所以，B项正确。

(2) B［解析］非全日制用工的主要规定中，涉及本题的相关规定有：①以小时计酬为主；②小时计酬标准不得低于用人单位所在地人民政府规定最低小时工资标准；③劳动报酬结算支付周期最长不得超过15日。所以，B项正确。

(3) BC［解析］非全日制用工的主要规定中，涉及本题的相关规定有：①双方当事人任何一方都可以随时通知对方终止用工；②终止用工，用人单位不向劳动者支付经济补偿。所以，B、C两项正确。

5. (1) AB［解析］《劳动合同法》第四十一条规定，需要裁减人员20人以上或者裁减不足20人但占企业职工总数10%以上的，用人单位提前30日向工会或者全体职工说明情况，听取工会或者职工意见后，裁减人员方案经向劳动行政部门报告，可以裁减人员。

(2) AC［解析］可以实施裁员的情形包括：①依照企业破产法规定进行重整的；②生产经营发生严重困难的；③企业转产、重大技术革新或者经营方式调整，经变更劳动合同后，仍需裁减人员的；④其他因劳动合同订立时所依据的客观经济情况发生重大变化，致使劳动合同无法履行的。

(3) ABC［解析］用人单位裁减人员时，应当优先留用下列人员：①与本单位订立较长期限的固定期限劳动合同的；②与本单位订立无固定期限劳动合同的；③家庭无其他就业人员，有需要扶养的老人或者未成年人的。

(4) C［解析］甲公司因生产经营严重困难实施裁员，需要支付经济补偿金，A项错误。根据员工在本单位工作年限，每满1年支付1个月工资标准向劳动者支付经济补偿，B项错误、C项正确。劳动者在劳动合同解除或者终止前12个月的平均工资，高于用人单位所在直辖市、设区的市级人民政府公布的本地区上年度职工月平均工资3倍的，向其支付经济补偿的标准按职工月平均工资3倍的数额支付，向其支付经济补偿的年限最高不超过12年，D项错误。

本章学习检查表

知识点或模块名称	初次学习		第一次复习		第二次复习	
	做对题目数/总题目数	学习日期	做对题目数/总题目数	复习日期	做对题目数/总题目数	复习日期
劳动合同履行的原则						
用人单位与劳动者履行劳动合同的义务						
特殊情形下的劳动合同履行						
劳动合同变更						
劳动合同解除						
对用人单位解除劳动合同的限制						
劳动合同终止						
用人单位解除、终止劳动合同的附随义务						
培训服务期						
竞业限制						
解除与终止劳动合同的经济补偿						
劳动规章制度的公示						
劳动规章制度的效力						
违反劳动规章制度的处理						
劳务派遣						
非全日制用工						
案例集锦						

填写建议：

"做对题目数/总题目数"记录针对该知识点自己做题的情况，比如该知识点总题目数为10题，做对了其中7题，记录为7/10。

"学习日期"记录自己学习该知识点时的日期，建议把下一次复习的日期也写上。

本章强化测试

扫码做题

备忘录：

第十五章 社会保险法律

学习指导

本章知识点内容较少，核心考点比较突出，出题也比较规律，通常考查单项选择题和多项选择题，以历年真题及其简单变型题为主。本章知识点内容作为第十六章的前置内容，系统地介绍了社会保险的覆盖范围，对后续学习有一定帮助。

时间	考点或模块
Day 42	➢ 社会保险法律关系的概念 ➢ 社会保险法律关系的主体和客体 ➢ 社会保险法律适用的基本原则
Day 43	➢《社会保险法》的立法依据 ➢《社会保险法》明确了各项社会保险制度的覆盖范围

Day 42

考点：社会保险法律关系的概念

1. [单项选择题] 在我国，社会保险方面的法律规范属于（   ）。
    A. 社会法
    B. 经济法
    C. 行政法
    D. 诉讼法

考点：社会保险法律关系的主体和客体

2. [单项选择题] 社会保险法律关系主体中的保险人是指（   ）。
    A. 社会保险经办机构
    B. 用人单位
    C. 社会保险行政机构
    D. 劳动者

3. [单项选择题] 社会保险法律关系的客体不包括（   ）。
    A. 资金
    B. 物
    C. 服务行为
    D. 社会保险法律事实

4. [多项选择题] 下列主体中，属于社会保险法律关系主体的有（   ）。
    A. 用人单位
    B. 劳动者
    C. 人寿保险公司
    D. 国家
    E. 社会保险的管理和经办机构

5. [多项选择题] 下列属于社会保险法律关系的有（   ）。
    A. 征收社会保险费的机构与劳动者因征收失业保险费产生的法律关系
    B. 企业与劳动者因建立企业年金产生的法律关系
    C. 社会保险经办机构与退休职工因支付基本养老金产生的法律关系

D. 社会保险行政部门与企业因认定工伤产生的法律关系

E. 商业保险公司与参加意外伤害险的职工因支付住院津贴产生的法律关系

考点：社会保险法律适用的基本原则

6. [多项选择题] 社会保险法律适用的基本原则包括（　　）。

   A. 以事实为依据

   B. 公民在法律面前一律平等

   C. 上位法的效力高于下位法

   D. 以法律为准绳

   E. 实事求是，有错必纠

7. [多项选择题] 社会保险法律适用的基本规则包括（　　）。

   A. 上位法的效力高于下位法

   B. 同位法中特别规定与一般规定不一致时，适用特别规定

   C. 同位法中新的规定与旧的规定不一致，适用新的规定

   D. 法律规定后，同样适用于过去的行为

   E. 原则上不溯及既往

学习笔记

Day 43

▼ 考点：《社会保险法》的立法依据

1. [单项选择题] 根据社会保险法的立法原则，《社会保险法》是要使广大人民群众共享改革发展成果，把城乡各类劳动者和居民分别纳入相应的社会保险制度，努力实现制度无缺失、覆盖无遗漏、衔接无缝隙，使（　　）在养老、医疗等方面有基本保障，无后顾之忧。

   A. 城乡居民　　　　　　　　　　B. 全体人民
   C. 所有职工　　　　　　　　　　D. 劳动人民

2. [多项选择题] 我国实行社会保险制度的原则是，坚持（　　）的方针，社会保险水平应当与经济社会发展水平相适应。

   A. 广覆盖　　　　　　　　　　　B. 保基本
   C. 多层次　　　　　　　　　　　D. 全方位
   E. 可持续

▼ 考点：《社会保险法》明确了各项社会保险制度的覆盖范围

3. [多项选择题]《社会保险法》确立了保险体系的基本框架中，（　　）覆盖了我国城乡全体居民。

   A. 基本养老保险　　　　　　　　B. 失业保险
   C. 生育保险　　　　　　　　　　D. 基本医疗保险
   E. 工伤保险

4. [单项选择题] 关于社会保险覆盖范围的说法，正确的是（　　）。

   A. 劳动者在两个单位工作的，可以选择其中一家单位缴纳工伤保险费
   B. 无雇工的个体工商户可以参加职工基本养老保险
   C. 外国人在我国就业的可以不缴纳社会保险
   D. 非全日制从业人员不能缴纳职工基本医疗保险

5. [单项选择题] 在中国境内就业的外国人，关于参加我国的社会保险的说法，不正确的是（　　）。

   A. 应当参照规定参加我国的社会保险
   B. 依法获得在我国境内就业证件3个月内提供协议国出具参保证明的，免除其规定险种在规定期限内的缴费义务
   C. 依法获得在我国境内就业证件3个月内不能提供协议国出具的参保证明的，征收社会保险费
   D. 依法获得在我国境内就业证件3个月后不能提供协议国出具的参保证明的，征收社会保险费并收取相应的滞纳金

✎ 学习笔记

参考答案及解析

Day 42

1. A [解析] 在我国，社会保险方面的法律规范属于社会法。

2. A [解析] 保险人是指依法收取社会保险费，并按照规定支付保险待遇的主体。在我国，保险人称为社会保险经办机构。

3. D [解析] 社会保险法律关系的客体包括资金、物、服务行为等。

4. ABDE [解析] 以社会保险责任划分的社会保险法律关系主体包括国家、社会保险的管理和经办机构、用人单位、劳动者及其家庭。以保险业务划分的社会保险法律关系主体包括保险人、投保人、被保险人、受益人、管理人、监督人。

5. ACD [解析] 因履行企业年金合同发生争议的，当事人可以依法提请仲裁或者诉讼；因订立或履行企业年金方案发生争议的，按国家有关集体合同争议处理规定执行。B 项错误。商业保险公司不属于社会保险法律关系范畴。E 项错误。

6. ABDE [解析] 社会保险法律适用的基本原则包括：①以事实为依据、以法律为准绳；②公民在法律面前一律平等；③实事求是，有错必纠。

7. ABCE [解析] 社会保险法律适用的基本规则包括：①上位法的效力高于下位法（宪法具有最高的法律效力）；②同位法中特别规定与一般规定不一致时，适用特别规定；③同位法中新的规定与旧的规定不一致时，适用新的规定；④原则上不溯及既往（特殊规定除外）。

Day 43

1. B [解析] 按照党的十七大提出的到 2020 年全面建设小康社会、基本建立覆盖城乡居民的社会保障体系的目标，《社会保险法》确立的我国社会保险制度框架，把城乡各类劳动者和居民分别纳入相应的社会保险制度，努力实现制度无缺失、覆盖无遗漏、衔接无缝隙，使全体人民在养老、医疗等方面有基本保障，无后顾之忧。

2. ABCE [解析] 我国实行社会保险制度的原则是，坚持广覆盖、保基本、多层次、可持续等带有根本性、管长远的方针。

3. AD [解析] 基本养老保险和基本医疗保险覆盖了我国城乡全体居民。

4. B [解析] 劳动者在两个单位工作的，各单位应分别为劳动者缴纳工伤保险，A 项错误。在中国境内就业的外国人，也应当按《社会保险法》规定参加我国的社会保险，C 项错误。非全日制从业人员可以参加职工基本养老保险和职工基本医疗保险，D 项错误。

5. C [解析] 在中国境内就业的外国人，也应当参照规定参加我国的社会保险。其中，对于依法获得在我国境内就业证件 3 个月内不能提供协议国出具的参保证明的，应按规定征收社会保险费并收取相应滞纳金，C 项说法不完整。

本章学习检查表

知识点或模块名称	初次学习		第一次复习		第二次复习	
	做对题目数/总题目数	学习日期	做对题目数/总题目数	复习日期	做对题目数/总题目数	复习日期
社会保险法律关系的概念						
社会保险法律关系的主体和客体						
社会保险法律适用的基本原则						
《社会保险法》的立法依据						
《社会保险法》明确了各项社会保险制度的覆盖范围						

填写建议：

"做对题目数/总题目数"记录针对该知识点自己做题的情况，比如该知识点总题目数为10题，做对了其中7题，记录为7/10。

"学习日期"记录自己学习该知识点时的日期，建议把下一次复习的日期也写上。

本章强化测试

扫码做题

备忘录：

第十六章 社会保险体系

学习指导

本章知识点内容以"五险"为主要框架,内容简单,结构清晰。本章涉及的记忆性内容较多,尤其是涉及数字的考点较多,可通过刷题进行巩固。工伤保险知识点考查案例分析题的可能性较大,工伤认定和工伤待遇知识点是本章的难点,其中,可能会灵活考查工伤认定;工伤待遇的内容较为复杂,需要理清思路后记忆。

时间	考点或模块
Day 44	➢职工基本养老保险 ➢城乡居民基本养老保险
Day 45	➢职工基本医疗保险 ➢城乡居民基本医疗保险
Day 46	➢失业保险 ➢生育保险
Day 47	➢企业补充保险 ➢案例集锦

▶▶▶ Day 44

考点:职工基本养老保险

1. [单项选择题] 关于基本养老保险的说法,正确的是（　　）。
   A. 缴纳基本养老保险个人死亡的,其个人账户余额由其他参保人均分
   B. 个人工资低于当地上年度在岗职工平均工资60%的,按当地在岗职工平均工资的60%计算个人缴费工资基数
   C. 参保人享受待遇的前提是年满60周岁
   D. 基金仅由用人单位缴费和个人缴费组成

2. [单项选择题] 下列情形中,属于领取基本养老保险病残津贴条件的是（　　）。
   A. 因工伤部分丧失劳动能力
   B. 因工伤完全丧失劳动能力
   C. 因病部分丧失劳动能力
   D. 因病完全丧失劳动能力

3. [单项选择题] 下列关于基本养老保险制度的说法,错误的是（　　）。
   A. 养老保险待遇只能在达到法定退休年龄后才能享受
   B. 灵活就业人员参加基本养老保险,由当地政府和个人共同缴纳
   C. 实行社会统筹和个人账户相结合的模式

D. 基金主要由用人单位和个人缴费以及政府补贴等组成

4. [单项选择题] 关于基本养老保险缴费的说法，错误的是（　　）。
   A. 单位缴纳基本养老保险费的比例为本单位工资总额的16%
   B. 个人缴纳基本养老保险费的比例为本人缴费工资的8%
   C. 低于当地上年度在岗职工平均工资60%的，按当地在岗职工平均工资的60%计算个人缴费工资基数
   D. 个人工资超过当地上年度在岗职工平均工资200%以上的部分，不计入个人缴费工资基数

5. [单项选择题] 个体工商户和灵活就业人员参加企业职工基本养老保险，可以在本省全口径城镇单位就业人员平均工资的（　　）之间选择适当的缴费基数。
   A. 60%至300%　　　　　　　　　　B. 30%至100%
   C. 60%至200%　　　　　　　　　　D. 70%至300%

6. [单项选择题] 从2030年1月1日起，将职工按月领取基本养老金最低缴费年限由15年逐步提高至20年，每年提高（　　）个月。
   A. 1　　　　B. 3　　　　C. 6　　　　D. 12

7. [单项选择题] 参加基本养老保险的个人，因病或者非因工死亡的，其遗属可以领取的丧葬补助金的标准按照（　　）。
   A. 参保人员死亡时本省上一年度城镇居民月人均可支配收入的2倍计算
   B. 以死亡时本省上一年度城镇居民月人均可支配收入为基数，根据本人的缴费年限确定发放月数
   C. 参保人员死亡时全国上一年度城镇居民月人均可支配收入的2倍计算
   D. 以死亡时全国上一年度城镇居民月人均可支配收入为基数，根据本人的缴费年限确定发放月数

▼ 考点：城乡居民基本养老保险

8. [单项选择题] 关于城乡养老保险的说法，正确的是（　　）。
   A. 参保条件是年满18周岁，而不是在校生
   B. 可以在户籍所在地或工作地参保
   C. 最高缴费档次标准原则上不超过当地灵活就业人员参加职工基本养老保险的年缴费额
   D. 个人账户养老金的月计发放标准，目前为个人账户全部存储额除以130

9. [单项选择题] 城乡居民基本养老保险基金的构成不包括（　　）。
   A. 个人缴纳　　　　　　　　　　B. 集体补助
   C. 政府补贴　　　　　　　　　　D. 单位缴费

✎ 学习笔记

Day 45

▼ 考点：职工基本医疗保险

1. [单项选择题] 下列医疗费用中，不纳入基本医疗保险基金支付范围的是（   ）。
   A. 急诊的医疗费用　　　　　　　　　B. 在境外就医的医疗费用
   C. 门诊的医疗费用　　　　　　　　　D. 抢救的医疗费用

2. [单项选择题] 城镇职工基本医疗保险基金的统筹方式是（   ）。
   A. 用人单位负担　　　　　　　　　　B. 国家与用人单位共同负担
   C. 用人单位和劳动者共同负担　　　　D. 劳动者负担

3. [单项选择题] 参加基本医疗保险的职工的医疗费用依法应由第三人负担，但第三人不支付或者无法确定第三人的，由（   ）先行支付。
   A. 医疗机构　　　　　　　　　　　　B. 用人单位
   C. 职工个人　　　　　　　　　　　　D. 基本医疗保险基金

4. [单项选择题] 甲月收入为 5 000 元，其基本医疗个人缴纳金额为（   ）元。
   A. 500　　　　B. 200　　　　C. 100　　　　D. 300

5. [单项选择题] 下列各项中，不属于可以参加职工基本医疗保险的是（   ）。
   A. 未在用人单位参保的非全日制工作人员
   B. 灵活就业人员
   C. 无雇工的个体工商户
   D. 农业劳动者

6. [单项选择题] 关于职工基本医疗保险个人账户的说法，正确的是（   ）。
   A. 个人账户只能用于支付参保人员在定点医疗机构或定点零售药店发生的政策范围内自付费用
   B. 个人账户不可以支付参保人员本人及其父母、子女在定点医疗机构就医发生的由个人负担的医疗费用
   C. 个人账户不可以支付参保人员本人及配偶在定点零售药店购买药品、医疗器械、医用耗材发生的由个人负担的费用
   D. 个人账户不得用于体育健身或养生保健消费等支出

▼ 考点：城乡居民基本医疗保险

7. [单项选择题] 关于城乡居民基本医疗保险的说法，正确的是（   ）。
   A. 农民工只能按规定参加城乡居民基本医疗保险
   B. 灵活就业人员只能按规定参加城乡居民基本医疗保险
   C. 实行个人缴费与政府补助相结合为主的筹资方式
   D. 基金支付的政策范围内住院费用支付比例在 50% 左右

8. [单项选择题] 自 2025 年起，对连续参加居民基本医疗保险满（   ）年的参保人员，之后每连续参保 1 年，可适当提高大病保险最高支付限额。
   A. 2　　　　B. 3　　　　C. 4　　　　D. 5

▼ 考点：工伤保险

9. [单项选择题] 关于工伤保险费缴纳的说法，正确的是（   ）。
   A. 职工无需缴纳工伤保险费　　　　　B. 用人单位和职工共同缴纳工伤保险费
   C. 用人单位代替职工缴纳工伤保险费　D. 工伤保险费由国家承担

10. [多项选择题] 关于用人单位工伤保险责任的说法，正确的有（   ）。
    A. 职工在两个用人单位同时就业的，由职工受到伤害时工作的单位承担工伤保险责任
    B. 用人单位应当将参加工伤保险的有关情况，在本单位内公示
    C. 职工被派遣出境工作的，其国内工伤保险关系依法终止
    D. 非全日制从业人员可以自愿参加工伤保险，用人单位无工伤保险责任
    E. 用人单位在转让前职工发生工伤的，由承继的单位承担工伤保险责任

11. [单项选择题] 关于工伤保险缴费的说法，错误的是（   ）。
    A. 职工应当参加工伤保险，工伤保险费由用人单位缴纳，职工不缴纳
    B. 工伤保险费应当按照本单位职工工资总额，根据社会保险经办机构确定的费率缴纳
    C. 工伤保险费的数额为本单位职工工资总额与单位缴费费率之积
    D. 工伤保险费的缴费比例为企业职工工资总额的1‰

12. [单项选择题] 下列不属于工伤认定情况的是（   ）。
    A. 甲在上班路上发生交通事故
    B. 甲在工作中被楼上的灯砸伤
    C. 甲在工作中触电
    D. 甲在下班时因做收尾工作受到伤害

13. [单项选择题] 关于工伤认定的说法，错误的是（   ）。
    A. 如员工已申请劳动争议仲裁，劳动争议仲裁委员会应对员工所受伤做出工伤认定
    B. 员工发生工伤事故后，用人单位应在30天内申请工伤认定
    C. 如单位未按期为员工申请工伤认定，在此期间发生的符合《工伤保险条例》的工伤保险待遇由该单位承担
    D. 如单位未按期为员工申请工伤认定，员工可在发生事故的1年内直接向社会保险行政部门提出工伤认定申请

14. [单项选择题] 关于劳动能力鉴定的说法，错误的是（   ）。
    A. 劳动能力鉴定可以由用人单位、工伤职工或其直系亲属向设区的市级劳动能力鉴定委员会提出申请
    B. 劳动能力鉴定委员会在应收到申请之日起60日内作出劳动能力鉴定结论
    C. 特殊情况下，作出劳动能力鉴定结论的期限可以延长15日
    D. 自劳动能力鉴定作出之日起，可以在1年后申请劳动能力复查鉴定

15. [多项选择题] 下列对因工致残职工劳动关系的处理中，不符合法律规定的有（   ）。
    A. 职工因工致残被鉴定为一级至四级伤残的，劳动者可以提出解除或终止劳动关系
    B. 职工因工致残被鉴定为一级至四级伤残的，保留劳动关系，退出工作岗位
    C. 职工因工致残被鉴定为五级至六级伤残的，解除劳动关系，由单位支付经济补偿
    D. 职工因工致残被鉴定为七级至十级伤残的，劳动合同期满可以终止
    E. 职工因工致残被鉴定为五级至十级伤残的，用人单位可以随时提出解除劳动合同

16. [多项选择题] 职工被认定为工伤后，下列属于可以向社会保险经办机构书面申请先行支付工伤保险待遇的情形有（   ）。
    A. 用人单位被依法吊销营业执照或者撤销登记、备案的
    B. 用人单位拒绝支付全部或者部分费用的
    C. 依法经诉讼后仍不能获得工伤保险待遇，法院出具中止执行文书的
    D. 职工生活困难的
    E. 用人单位未参加工伤保险的

17. [多项选择题] 社会保险行政部门应当自受理工伤认定申请之日起60日内作出工伤认定的决定，并书面通知（　　）。
    A. 申请工伤认定的职工
    B. 申请工伤认定的职工的直系亲属
    C. 该职工所在单位
    D. 工会
    E. 社会保险经办机构

18. [多项选择题] 下列不属于应当认定工伤的情形有（　　）。
    A. 劳动者患职业病
    B. 劳动者在上班途中，受到非本人主要责任的交通事故伤害
    C. 劳动者在下班途中，受到暴力伤害
    D. 劳动者在工作时间和工作场所内，因工作原因受到事故伤害
    E. 劳动者在工作时间和工作场所内，因醉酒发生事故受到伤害

19. [多项选择题] 职工因工致残被鉴定为五级至六级伤残的，则（　　）。
    A. 劳动、聘用合同期满终止
    B. 保留劳动关系，退出工作岗位
    C. 保留劳动关系，由用人单位安排适当工作，难以安排工作的，由用人单位按月发放伤残津贴
    D. 经工伤职工本人提出，该职工可以与用人单位解除或者终止劳动关系，由工伤保险基金支付一次性工伤医疗补助金，由用人单位支付一次性伤残就业补助金
    E. 由用人单位按照规定为其缴纳应缴纳的各项社会保险费

20. [单项选择题] 关于工伤保险待遇的规定，说法错误的是（　　）。
    A. 停工留薪期内，原工资福利待遇不变，由工伤保险基金按月支付
    B. 停工留薪期一般不超过12个月
    C. 经设区的市级劳动能力鉴定委员会确认，可以适当延长停工留薪期，但延长不得超过12个月
    D. 工伤职工经确认需要生活护理的，从工伤保险基金按月支付生活护理费

21. [单项选择题] 工伤职工停止享受工伤保险待遇的情形不包括（　　）。
    A. 拒不接受劳动能力鉴定的
    B. 丧失享受待遇条件的
    C. 拒绝治疗的
    D. 解除或终止劳动关系的

22. [单项选择题] 职工发生工伤事故，用人单位不支付相应工伤保险待遇，根据先行支付原则，可以（　　）。
    A. 与用人单位进行协商
    B. 向当地劳动部门申请仲裁
    C. 起诉用人单位
    D. 由工伤保险基金先行支付

学习笔记

Day 46

考点：失业保险

1. [多项选择题] 职工跨统筹地区就业，其（　　），缴费年限累计计算。
   A. 工伤保险关系随本人转移
   B. 基本医疗保险关系随本人转移
   C. 基本养老保险关系随本人转移
   D. 生育保险关系随本人转移
   E. 失业保险关系随本人转移

2. [多项选择题] 从失业保险基金中领取失业保险金的条件包括（　　）。
   A. 失业前用人单位和本人已经缴纳失业保险费满一年
   B. 非因本人意愿中断就业
   C. 已经进行失业登记，并有求职要求的
   D. 应征服兵役的
   E. 移居境外的

3. [多项选择题] 下列属于停止领取失业保险金情况的有（　　）。
   A. 享受基本医疗保险待遇的
   B. 享受基本养老保险待遇的
   C. 应征服兵役的
   D. 无正当理由，拒不接受介绍的工作或提供的培训的
   E. 移居境外的

4. [单项选择题] 失业前用人单位和本人累计缴费满5年不足10年的，领取保险金的期限最长为（　　）个月。
   A. 12   B. 14
   C. 18   D. 24

5. [单项选择题] 关于失业保险金标准的说法，错误的是（　　）。
   A. 失业保险金标准由省、自治区人民政府确定
   B. 失业保险金标准由直辖市人民政府确定
   C. 失业保险金标准不得低于城镇居民最低生活保障标准
   D. 失业保险金标准应相当于社会平均工资水平

6. [单项选择题] 关于领取失业保险金的条件的说法，正确的是（　　）。
   A. 劳动者失业前，其本人和所在用人单位必须缴纳失业保险费满15年，是申请领取失业保险金的条件之一
   B. 劳动者失业后不能重新就业，是申请领取失业保险金的条件之一
   C. 劳动者失业后生活困难，是申请领取失业保险金的条件之一
   D. 劳动者非因本人意愿中断就业，是申请领取失业保险金的条件之一

7. [单项选择题] 关于失业保险金的说法，错误的是（　　）。
   A. 城镇企事业单位按照本单位工资总额的一定比例缴纳失业保险费
   B. 累计缴纳失业保险满5年不足10年的，领取失业保险金的最长期限为18个月

C. 失业人员在领取失业保险金期间参加职工基本养老保险和基本医疗保险，相应费用从失业保险基金中支付，个人不缴纳

D. 失业重新就业后又再次失业的，缴费时间从再次就业后重新计算，累计最长领取失业保险金的期限不超过 24 个月

▼ **考点**：生育保险

8. [单项选择题] 女职工生育津贴的计发标准是（　　）。

A. 按照职工本人上年度月平均工资计发

B. 按照用人单位所在地最低工资标准计发

C. 按照劳动合同约定的职工月工资计发

D. 按照职工所在用人单位上年度职工月平均工资计发

9. [单项选择题] 关于生育保险的说法，不正确的是（　　）。

A. 生育保险待遇包括生育医疗费用和生育津贴

B. 已经参加生育保险的职工，其未就业的配偶可以享受生育津贴待遇

C. 生育保险费由用人单位缴纳

D. 用人单位缴纳生育保险费的标准为不超过职工工资总额的 1%

10. [多项选择题] 已经缴纳生育保险费的职工可以享受生育保险待遇，生育保险待遇包括（　　）。

A. 产假　　　　　　　　　　　　B. 哺乳假

C. 生育手术休假　　　　　　　　D. 生育津贴

E. 生育医疗费用

 学习笔记

Day 47

考点：企业补充保险

1. [单项选择题] 企业年金由国家宏观指导、企业内部决策执行，费用由企业和职工个人缴纳，企业缴费在工资总额（　　）以内的部分，可从成本中列支。
   A. 2%　　　　　　　　　　　　B. 3%
   C. 4%　　　　　　　　　　　　D. 5%

2. [多项选择题] 下列关于企业年金的说法，正确的有（　　）。
   A. 企业年金又称为企业补充养老保险
   B. 企业年金只需要职工个人缴纳
   C. 企业具有相应的经济负担能力即可建立企业年金
   D. 因履行企业年金合同发生争议的，当事人可以依法提请仲裁或者诉讼
   E. 企业缴费每年不超过本企业职工工资总额的12%

3. [多项选择题] 补充医疗保险有（　　）类型。
   A. 职工大额医疗费用补助　　　　B. 工伤保险
   C. 企业补充医疗保险　　　　　　D. 商业医疗保险
   E. 大病保险

模块：案例集锦

4. [案例分析题] 上个月，小赵被公司解除了劳动合同，成为失业人员，偏偏他又生病住了院，医疗费用不断增加，小赵犯了愁。同病房的老王对小赵说，现在失业人员不用缴纳医疗保险费，同样可以享受医疗保险待遇。小赵将信将疑，但他想起办理解除劳动合同手续时，公司人力资源部的小王曾告诉他，他可以去社会保险经办机构申请领取失业保险金。小赵担心，因为他没有及时提出申请，可能已经不能享受失业保险待遇了。小赵于是向医生请假，赶紧跑到社会保险经办机构问个究竟。

   根据以上材料，回答下列问题：

   (1) 小赵如申请领取失业保险金，应当（　　）。
      A. 持公司出具的解除劳动合同的证明，先到公共就业服务机构办理失业登记
      B. 直接到社会保险经办机构办理领取失业保险金的手续
      C. 由原公司到社会保险经办机构为其办理领取失业保险金的手续
      D. 自被解除劳动合同之日起15日内到社会保险经办机构报到

   (2) 失业人员在领取失业保险金期间，参加（　　），享受基本医疗保险待遇。
      A. 城乡居民医疗保险
      B. 职工基本医疗保险
      C. 职工基本养老保险
      D. 除失业保险外的其他社会保险

   (3) 关于领取失业保险金的条件的说法，正确的是（　　）。
      A. 劳动者失业前，其本人和所在用人单位必须缴纳失业保险费满15年，是申请领取失业保险金的条件之一

B. 劳动者失业后不能重新就业，是申请领取失业保险金的条件之一

C. 劳动者失业后生活困难，是申请领取失业保险金的条件之一

D. 劳动者非因本人意愿中断就业，是申请领取失业保险金的条件之一

(4) 失业保险金领取期限自（　　）之日起计算。

A. 解除劳动合同　　　　　　　　　　B. 申请领取失业保险金

C. 办理失业登记　　　　　　　　　　D. 用人单位出具解除劳动关系的证明

5. [案例分析题] 2015年3月，王某到某建筑公司打工，双方签订了为期1年的劳动合同，合同约定，月工资3 000元，每天工作9小时，每周工作7天，不享受年休假，合同履行期间发生伤残，公司概不负责。2015年6月，王某在施工中因操作不当被砸伤，王某认为自己被砸伤属于工伤，要求公司予以赔偿，但公司却以王某违反规章制度为由，解除与王某的劳动合同。王某不服，向当地劳动人事争议仲裁委员会申请仲裁，要求认定被砸伤为工伤，并要求公司支付解除劳动合同经济补偿。

根据以上材料，回答下列问题：

(1) 下列劳动合同的规定中，符合法律规定的是（　　）。

A. 王某与某建筑公司签订的劳动合同为期1年

B. 王某与某建筑公司签订的劳动合同约定每日工作9小时，每周工作7天

C. 王某与某建筑公司签订的劳动合同约定合同履行期间发生伤残，公司概不负责

D. 王某与某建筑公司签订的劳动合同约定不享受年休假

(2) 关于王某被砸伤是否为工伤的说法，符合法律规定的是（　　）。

A. 王某在施工中因操作不当被砸伤，责任在王某本人，因此所受伤不应当为工伤

B. 王某与公司已约定发生伤残公司概不负责，因此所受伤不应当为工伤

C. 王某在施工过程中因操作不当被砸伤，王某本人有一定责任，但所受伤仍应当为工伤

D. 王某在该建筑公司如果工作1年以上，所受伤才可以认定为工伤

(3) 关于工伤认定的说法，正确的是（　　）。

A. 王某已申请劳动争议仲裁，劳动人事争议仲裁委员会应对王某所受伤做出工伤认定

B. 劳动人事争议仲裁委员会无权对王某所受伤做出工伤认定

C. 王某被砸伤后可以向社会保险行政部门申请工伤认定

D. 王某认为自己被砸伤属于工伤，该建筑公司应当同意王某的看法

(4) 如果王某所受伤没有认定为工伤，甲公司依法支付王某解除劳动合同经济补偿金额为（　　）元。

A. 1 500　　　　B. 3 000　　　　C. 6 000　　　　D. 12 000

第十六章 社会保险体系

参考答案及解析

Day 44

1. B [解析] 缴纳基本养老保险个人死亡的，个人账户余额可以继承。A项错误。享受养老保险待遇的条件是达到法定退休年龄、累计缴纳基本养老保险费15年，C项错误。用人单位应当按照国家规定的本单位职工工资总额的比例缴纳基本养老保险费，计入基本养老保险统筹基金。职工按照国家规定的本人工资的一定比例缴纳基本养老保险费，计入个人账户。D项错误。

2. D [解析] 在未达到法定退休年龄时因病或者非因工致残完全丧失劳动能力的，可以领取病残津贴，所需资金从基本养老保险基金中支付。

3. B [解析] 无雇工的个体工商户、未在用人单位参加基本养老保险的非全日制从业人员以及其他灵活就业人员可以参加基本养老保险，由个人缴纳基本养老保险费，B项错误。

4. D [解析] 个人工资超过当地上年度在岗职工平均工资300%以上的部分，不计入个人缴费工资基数，D项错误。

5. A [解析] 个体工商户和灵活就业人员参加企业职工基本养老保险，可以在本省全口径城镇单位就业人员平均工资的60%至300%之间选择适当的缴费基数。

6. C [解析] 从2030年1月1日起，将职工按月领取基本养老金最低缴费年限由15年逐步提高至20年，每年提高6个月。

7. A [解析] 参加基本养老保险的个人，因病或者非因工死亡的，其遗属可以领取遗属待遇，包括丧葬补助金和抚恤金。丧葬补助金的标准，按照参保人员死亡时本省上一年度城镇居民月人均可支配收入的2倍计算。

8. C [解析] 城乡养老保险的覆盖范围是年满16周岁（不含在校学生），A项错误。城乡养老保险可以在户籍所在地参保，B项错误。个人账户养老金的月计发放标准，目前为个人账户全部储蓄额除以139，D项错误。

9. D [解析] 城乡居民基本养老保险基金由个人缴纳、集体补助、政府补贴构成。

Day 45

1. B [解析] 下列医疗费用不纳入基本医疗保险基金支付范围：①应当从工伤保险基金中支付的；②应当由第三人负担的；③应当由公共卫生负担的；④在境外就医的。

2. C [解析] 职工参加基本医疗保险，由用人单位和职工按照国家规定共同缴纳基本医疗保险费。职工应当缴纳的社会保险费由用人单位代扣代缴，用人单位应当按月将缴纳社会保险费的明细情况告知本人。

3. D [解析] 医疗费用依法应由第三人负担，第三人不支付或者无法确定第三人的，由基本医疗保险基金先行支付。基本医疗保险基金先行支付后，有权向第三人追偿。

4. C [解析] 职工的基本医疗保险费用人单位缴费比例为职工工资总额的6%左右，个人缴费比例一般为本人工资收入的2%，则基本医疗个人缴纳金额=5 000×2%=100（元）。

5. D [解析] 无雇工的个体工商户、未在用人单位参加职工基本医疗保险的非全日制从业人员以及其他灵活就业人员可以参加职工基本医疗保险，由个人按照国家规定缴纳基本医疗保险费。

6. D [解析] 个人账户主要用于支付参保人员在定点医疗机构或定点零售药店发生的政策范围内自付费用，可以用于支付参保人员本人及其配偶、父母、子女在定点医疗机构就医发生的由个人负担的医疗费用，以及在定点零售药店购买药品、医疗器械、医用耗材发生的由个人负担的费用。

7. C [解析] 农民工和灵活就业人员依法参加职工基本医疗保险，有困难的可按照当地规定参加城乡居民基本医疗保险。城乡居民基本医疗保险基金主要用于支付参保人员发生的住院和门诊医药费用。政策范围内住院费用支付比例保持在70%左右。

8. C [解析] 自2025年起，对连续参加居民基本医疗保险满4年的参保人员，之后每连续参保1年，可适当提高大病保险最高支付限额。

9. A [解析] 职工应当参加工伤保险，由用人单位缴纳工伤保险费，职工无需缴纳工伤保险费。

10. ABE [解析] 职工被派遣出境工作，依据前往国家或地区的法律应当参加当地工伤保险的，参加当地工伤保险，其国内工伤保险关系中止；不能参加当地工伤保险的，其国内工伤保险关系不中止，C项错误。D项中"使用其的用人单位无工伤保险责任"说法错误。

11. D [解析] 工伤保险费根据"以支定收、收支平衡"的原则确定费率，国家根据不同行业的工伤风险程度确定行业的差别费率，D项错误。

12. A [解析] 在上下班途中，受到非本人主要责任的交通事故或者城市轨道交通、客运轮渡、火车事故伤害的，应当认定为工伤，A项错误。

13. A [解析] 职工发生事故伤害或者按照《职业病防治法》规定被诊断、鉴定为职业病，所在单位应当自事故伤害发生之日或者被诊断、鉴定为职业病之日起30日内，向统筹地区社会保险行政部门提出工伤认定申请。

14. C [解析] 劳动能力鉴定由用人单位、工伤职工或者其直系亲属向设区的市级劳动能力鉴定委员会提出申请。设区的市级劳动能力鉴定委员会应当自收到劳动能力鉴定申请之日起60日内作出劳动能力鉴定结论，必要时，作出劳动能力鉴定结论的期限可以延长30日。

15. ACE [解析] 职工因工致残被鉴定为一级至四级伤残的，保留劳动关系，退出工作岗位，A项错误，B项正确。职工因工致残被鉴定为五级至六级伤残的，保留劳动关系，由用人单位安排适当工作，难以安排工作的，由用人单位按月发放伤残津贴，C项错误。职工因工致残被鉴定为七级至十级伤残的，劳动、聘用合同期满终止；或者职工本人提出解除劳动、聘用合同的，由工伤保险基金支付一次性工伤医疗补助金，由用人单位支付一次性伤残就业补助金，D项正确。E项对伤残等级划分错误。

16. ABC [解析] 职工被认定为工伤后，有下列情形之一的，职工或者其近亲属可以持工伤认定决定书和有关材料向社会保险经办机构书面申请先行支付工伤保险待遇：①用人单位被依法吊销营业执照或者撤销登记、备案的；②用人单位拒绝支付全部或者部分费用的；③依法经仲裁、诉讼后仍不能获得工伤保险待遇，法院出具中止执行文书的；④职工认为用人单位不支付的其他情形。

17. ABC [解析] 社会保险行政部门应当自受理工伤认定申请之日起60日内作出工伤认定的

第十六章 社会保险体系

决定，并书面通知申请工伤认定的职工或其直系亲属和该职工所在单位。

18. CE [解析] 职工有下列情形之一的，应当认定为工伤：①在工作时间和工作场所内，因工作原因受到事故伤害的；②工作时间前后在工作场所内，从事与工作有关的预备性或收尾性工作受到事故伤害的；③在工作时间和工作场所内因履行工作职责受到暴力等意外伤害的；④患职业病的；⑤因工外出期间，由于工作原因受到伤害或者发生事故下落不明的；⑥在上下班途中，受到非本人主要责任的交通事故或者城市轨道交通、客运轮渡、火车事故伤害的；⑦法律、行政法规规定应当认定为工伤的其他情形。

19. CDE [解析] A项，职工因工致残鉴定为七级至十级伤残的，劳动、聘用合同期满终止；或者职工本人提出解除劳动、聘用合同的，由工伤保险基金支付一次性工伤医疗补助金，由用人单位支付一次性伤残就业补助金。B项，职工因工致残被鉴定为一级至四级伤残的，保留劳动关系，退出工作岗位。

20. A [解析] 职工因工作遭受事故伤害或者患职业病需要暂停工作接受工伤医疗的，在停工留薪期内，原工资福利待遇不变，由所在单位按月支付。

21. D [解析] 工伤职工有下列情形之一的，停止享受工伤保险待遇：①丧失享受待遇条件的；②拒不接受劳动能力鉴定的；③拒绝治疗的。

22. D [解析] 职工所在用人单位未依法缴纳工伤保险费，由用人单位支付工伤保险待遇。用人单位不支付的，从工伤保险基金中先行支付。

Day 46

1. BCE [解析] 个人跨统筹地区就业的，其基本养老保险关系随本人转移，缴费年限累计计算。个人跨统筹地区就业的，其基本医疗保险关系随本人转移，缴费年限累计计算。职工跨统筹地区就业的，其失业保险关系随本人转移，缴费年限累计计算。

2. ABC [解析] 领取失业保险金的条件包括：①失业前用人单位和本人已经缴纳失业保险费满1年；②非因本人意愿中断就业；③已经进行失业登记，并有求职要求。

3. BCDE [解析] 停止领取失业保险金的情况包括：①重新就业的；②应征服兵役的；③移居境外的；④享受基本养老保险待遇的；⑤无正当理由，拒不接受介绍的工作或提供的培训的。

4. C [解析] 失业前用人单位和本人累计缴费满1年不足5年的，领取保险金的期限最长为12个月；累计缴费满5年不足10年的，领取保险金的期限最长为18个月；累计缴费10年以上的，领取保险金的期限最长为24个月。重新就业再失业，缴费时间重新算，领取期限与前次失业应当领取而尚未领取的期限合并计算，最长不超过24个月。失业保险金的标准，由省、自治区、直辖市人民政府规定，不得低于城市居民最低生活保障标准。

5. D [解析] 失业保险金标准由省、自治区、直辖市人民政府确定，不得低于城镇居民最低生活保障标准。

6. D [解析] 领取失业保险金的条件包括：①失业前用人单位和本人已经缴纳失业保险费满1年；②非因本人意愿中断就业；③已经进行失业登记，并有求职要求。

7. C [解析] 失业人员在领取失业保险金期间参加职工基本医疗保险，享受基本医疗保险待遇。领取失业保险金人员参加职工医疗保险，应缴纳的基本医疗保险费从失业保险基金中支付，个人不缴纳。

8. D [解析] 生育津贴是指在职妇女因生育而离开工作岗位中断收入时，给予定期的现金补助。其标准按职工所在用人单位上年度职工月平均工资计发。

9. B [解析] 职工未就业的配偶生育子女，可以按照国家规定享受生育医疗费用待遇，所需资金从生育保险基金中支付。未就业职工配偶不享受生育津贴待遇。

10. DE [解析] 生育保险待遇包括生育医疗费用和生育津贴。

Day 47

1. C [解析] 企业缴费在工资总额4%以内的部分，可从成本中列支。

2. AD [解析] 企业年金所需费用由企业和职工个人共同缴纳。B项错误。企业需符合下列条件可以建立企业年金：①依法参加基本养老保险并履行缴费义务；②具有相应的经济负担能力。C项错误。《企业年金办法》规定：企业缴费每年不超过本企业职工工资总额的8%、企业和职工个人缴费合计不超过本企业职工工资总额的12%。E项错误。

3. ACDE [解析] 补充医疗保险类型包括职工大额医疗费用补助、企业补充医疗保险、社会医疗救助、商业医疗保险（基础医疗保险、大病保险、伤残保险、与基本医疗保险衔接的大病保险）。

4. (1) A [解析] 根据领取失业保险金的情况，用人单位应当及时为失业人员出具终止或者解除劳动关系的证明，并将失业人员的名单自终止或者解除劳动关系之日起15日内告知社会保险经办机构；失业人员应当持本单位为其出具的终止或者解除劳动关系的证明，及时到指定的公共就业服务机构办理失业登记。失业人员凭失业登记证明和个人身份证明，到社会保险经办机构办理领取失业保险金手续。A项正确。

   (2) B [解析] 员工在领取失业保险金期间，参加职工基本医疗保险，享受基本医疗保险待遇。

   (3) D [解析] 领取失业保险金的条件包括：①失业前用人单位和本人已经缴纳失业保险费满1年；②非因本人意愿中断就业；③已经进行失业登记，并有求职要求。

   (4) C [解析] 失业保险金领取期限自办理失业登记之日起计算。

5. (1) A [解析] 根据排除法，B、C、D三项错误。此题可根据常识进行判断得出答案。

   (2) C [解析] 在工作时间和工作场所内，因工作原因受到事故伤害的应当认定为工伤；工伤保险的原则中的无过失责任原则是指劳动者在各种伤害事故中只要不是受害者本人故意行为所致，就应该按照规定标准对其进行伤害赔偿。

   (3) BC [解析] 职工发生事故伤害或者按照职业病防治法规定被诊断、鉴定为职业病，所在单位应当自事故伤害发生之日或被诊断、鉴定为职业病之日起30日内，向统筹地区社会保险行政部门提出工伤认定申请。A项错误，B、C两项正确。D项说法太绝对，错误。

   (4) A [解析] 经济补偿按劳动者在本单位工作的年限，每满1年支付1个月工资标准向劳动者支付。6个月以上不满1年的，按1年计算；不满6个月的，向劳动者支付半个月工资的经济补偿。根据案例内容，2015年3月，王某到该建筑公司打工，2015年6月，王某在施工中因操作不当被砸伤，则属于工作年限不满6个月的，向劳动者支付半个月工资的经济补偿，月工资3 000元，即支付经济补偿1 500元。

本章学习检查表

知识点或模块名称	初次学习		第一次复习		第二次复习	
	做对题目数/总题目数	学习日期	做对题目数/总题目数	复习日期	做对题目数/总题目数	复习日期
职工基本养老保险						
城乡居民基本养老保险						
职工基本医疗保险						
城乡居民基本医疗保险						
工伤保险						
失业保险						
生育保险						
企业补充保险						
案例集锦						

填写建议：

"做对题目数/总题目数"记录针对该知识点自己做题的情况，比如该知识点总题目数为10题，做对了其中7题，记录为7/10。

"学习日期"记录自己学习该知识点时的日期，建议把下一次复习的日期也写上。

本章强化测试

扫码做题

备忘录：

....
....
....
....
....
....
....
....
....

第十七章 劳动争议调解仲裁

学习指导

本章知识点内容属于基础性内容，比较简单，但涉及数字、时间的考点较多，记忆难度较大。本章知识点的核心内容为劳动争议仲裁的相关知识，可能考查案例分析题，需要灵活掌握。其中，劳动争议仲裁、劳动争议当事人的举证责任等是每年的常考点，需要特别注意。

时间	考点或模块
Day 48	➢ 劳动争议的基本特征 ➢ 劳动争议处理机制 ➢ 劳动争议处理的基本原则 ➢《中华人民共和国劳动争议调解仲裁法》的适用范围
Day 49	➢ 劳动争议处理机构 ➢ 劳动争议调解 ➢ 劳动争议仲裁 ➢ 劳动争议当事人的权利和义务 ➢ 劳动争议当事人的举证责任
Day 50	➢ 诉讼费用 ➢ 劳动争议诉讼的司法解释规定 ➢ 案例集锦

Day 48

▼ **考点**：劳动争议的基本特征

1. [单项选择题] 下列关于劳动争议基本特征的表述，错误的是（   ）。
   A. 劳动争议的当事人是特定的
   B. 劳动争议主体之间必须存在劳动关系
   C. 劳动争议的内容必须是与劳动权利义务有关
   D. 劳动争议的内容不一定与劳动权利义务有关

▼ **考点**：劳动争议处理机制

2. [单项选择题] 劳动争议处理的一般程序不包括（   ）。
   A. 搁置   B. 协商
   C. 调解   D. 仲裁

3. [单项选择题] 劳动争议处理的程序中，（   ）是法定的必经程序。
   A. 协商   B. 仲裁
   C. 调解   D. 诉讼

第十七章 劳动争议调解仲裁

▽ **考点**：劳动争议处理的基本原则

4. [单项选择题] 下列不属于劳动争议处理基本原则的是（　　）。
　A. 合法的原则　　　　　　　　B. 公正的原则
　C. 及时的原则　　　　　　　　D. 透明的原则

5. [单项选择题] 在劳动争议处理的基本原则中，实行（　　），程序简化，有利于争议双方相互理解，也有利于及时、彻底地处理劳动争议。
　A. 合法的原则　　　　　　　　B. 公正的原则
　C. 及时的原则　　　　　　　　D. 着重调解的原则

▽ **考点**：《中华人民共和国劳动争议调解仲裁法》的适用范围

6. [单项选择题] 下列争议中属于劳动争议的是（　　）。
　A. 小王与社会保险经办机构因发放养老金引起的争议
　B. 小张与用人单位因公有住房转让引起的争议
　C. 小李与其雇用的家政服务员因报酬标准引起的争议
　D. 小赵与用人单位因办理人事档案转移引起的争议

7. [单项选择题] 下列纠纷中，属于劳动争议情形的是（　　）。
　A. 家政服务员赵某与其服务的家庭因休息休假发生争议
　B. 退休职工刘某与社会保险经办机构因发放基本养老金发生争议
　C. 大学生黄某与某公司因实习报酬发生争议
　D. 张某与用人单位因解除劳动合同后办理人事档案转移发生争议

8. [单项选择题] 下列争议中，属于劳动争议的是（　　）。
　A. 国家机关与公务员之间因工资支付产生的争议
　B. 企业与其职工因公房出租产生的争议
　C. 事业单位与其工作人员因工伤认定产生的争议
　D. 个体经济组织与其雇工因工作时间产生的争议

✎ **学习笔记**

Day 49

考点：劳动争议处理机构

1. [单项选择题] 下列关于劳动人事争议仲裁委员会的说法，不正确的是（　　）。
   A. 由职工代表和企业代表组成
   B. 国家授权依法设立的，由人力资源社会保障行政部门代表、工会代表和企业方面代表组成
   C. 不按行政区划层层设立
   D. 体现了劳动关系中的劳动者、用人单位和政府的三方原则

2. [多项选择题] 劳动争议处理机构包括（　　）。
   A. 调解组织
   B. 劳动人事争议仲裁委员会
   C. 公安机关
   D. 人民法院
   E. 工会

考点：劳动争议调解

3. [多项选择题] 员工与用人单位发生争议，在企业调解委员会主持下达成了调解协议。如用人单位不履行该调解协议，员工可就（　　）事项向人民法院申请支付令。
   A. 经济赔偿金
   B. 拖欠劳动报酬
   C. 承租单位宿舍
   D. 工伤医疗费
   E. 经济补偿金

4. [单项选择题] 根据劳动争议调解的相关规定，下列情形中不符合法律规定的是（　　）。
   A. 公司设立劳动争议调解委员会
   B. 公司人力资源经理被总经理任命为调解委员会主任
   C. 劳动者不接受劳动争议调解委员会调解
   D. 当事人可以口头向调解委员会提出调解申请

5. [单项选择题] 企业调解委员会调解劳动争议，应当自申请之日起（　　）日内结束。
   A. 3
   B. 5
   C. 15
   D. 30

考点：劳动争议仲裁

6. [单项选择题] 当事人对劳动争议仲裁管辖的异议应当在（　　）前提出。
   A. 案件开庭审理
   B. 裁决作出
   C. 辩论终结
   D. 答辩期满

7. [多项选择题] 劳动争议仲裁不公开审理的理由包括（　　）。
   A. 涉及个人隐私
   B. 涉及未成年人
   C. 涉及国家机密
   D. 当事人协议不公开进行
   E. 涉及商业机密

8. [多项选择题] 下列关于劳动争议仲裁的说法，正确的有（　　）。
   A. 劳动争议申请仲裁的时效期间为1年

B. 仲裁时效期间从当事人知道或应当知道其权利被侵害之日计算
C. 超过申请时效期间，劳动争议仲裁机构将不受理仲裁申请
D. 劳动关系存续期间因拖欠劳动报酬发生争议的，劳动者申请仲裁需要在1年内提出
E. 劳动关系终止的，因拖欠劳动报酬发生争议的应当自劳动关系终止之日起1年后提出

9. [单项选择题] 关于仲裁的相关表述，错误的是（　　）。
   A. 仲裁申请可以书面或口头申请
   B. 劳动争议仲裁案件实施仲裁庭制，由3名仲裁员组成，设首席仲裁员
   C. 仲裁庭在开庭前5日将开庭日期、地点书面通知双方当事人
   D. 仲裁庭裁决劳动争议案件，应当自受理仲裁申请之日起60日内结束

10. [多项选择题] 关于劳动争议仲裁时效的说法，正确的有（　　）。
    A. 因不可抗力当事人不能在法定时效期间申请仲裁的，仲裁时效中止
    B. 劳动争议对方当事人在时效期间内同意履行义务的，仲裁时效中断
    C. 申请劳动争议仲裁的时效期间为一年
    D. 劳动关系存续期间，因拖欠劳动报酬发生争议的，应当在劳动关系终止前提出仲裁申请
    E. 仲裁时效期间从当事人申请仲裁之日起计算

11. [多项选择题] 下列情形中，劳动争议仲裁员应当回避的情形有（　　）。
    A. 仲裁员是本案代理人的近亲属的
    B. 仲裁员与本案当事人有其他关系，可能影响公正裁决的
    C. 仲裁员私自会见当事人的
    D. 仲裁员与本案有利害关系的
    E. 仲裁员属于非本地户籍的

12. [单项选择题] 以下不属于终局裁决的情形是（　　）。
    A. 追索劳动报酬、工伤医疗费、经济补偿或者赔偿金，不超过当地月最低工资标准12个月金额的争议
    B. 因工作时间方面发生的争议
    C. 因执行公司规章制度发生的争议
    D. 因休息休假及社会保险等方面发生的争议

13. [单项选择题] 劳动者对终局裁决不服的，可以自仲裁裁决书收到之日起（　　）日内向人民法院提起诉讼。
    A. 10　　　　　B. 15　　　　　C. 30　　　　　D. 45

14. [单项选择题] 用人单位有证据证明劳动争议仲裁委员会作出的终局裁决违反法定程序，可以自收到仲裁裁决书之日起（　　）日内向劳动争议仲裁委员会所在地的中级人民法院申请撤销裁决。
    A. 7　　　　　　　　　　　　　B. 10
    C. 15　　　　　　　　　　　　 D. 30

15. [多项选择题] 关于劳动争议仲裁管辖的说法，错误的有（　　）。
    A. 劳动合同履行地和用人单位所在地劳动争议仲裁委员会均有管辖权

B. 员工可以在户籍地的劳动争议仲裁委员会提交仲裁申请

C. 当事人提出管辖异议的，应当在答辩期满前书面提出

D. 如果双方当事人分别向劳动合同履行地和用人单位所在地劳动争议仲裁委员会申请仲裁的，由用人单位所在地的劳动争议仲裁委员会管辖

E. 仲裁调解和其他方式结案的案卷保存期不少于5年

✓ **考点**：劳动争议当事人的权利和义务

16. ［单项选择题］关于劳动争议仲裁案件当事人的说法，不符合法律规定的是（　　）。

    A. 用人单位与其他单位合并前发生的劳动争议，由合并后的单位为当事人

    B. 劳务派遣单位或用工单位与劳动者发生劳动争议的，派遣单位和用工单位共同作为当事人

    C. 劳动者与个人承包经营者发生争议，应当将发包的组织和个人承包经营者作为当事人

    D. 用人单位分立为若干单位的，其分立前发生的劳动争议，由分立前的实际用人单位为当事人

✓ **考点**：劳动争议当事人的举证责任

17. ［多项选择题］关于劳动争议仲裁举证责任的说法，正确的有（　　）。

    A. 劳动争议当事人因客观原因不能自行收集的证据，劳动争议仲裁委员会认为有必要时可以依法予以收集

    B. 因工资发放而发生的劳动争议，用人单位负有举证责任

    C. 在劳动争议仲裁中，劳动者不能举证的，由用人单位承担不利后果

    D. 与劳动争议事项有关的证据属于用人单位掌握管理的，如果用人单位不提供，应当承担不利后果

    E. 承担举证责任的当事人应当在劳动争议仲裁委员会规定的期限内提供证据

18. ［多项选择题］在劳动争议诉讼活动中，依据《最高人民法院关于审理劳动争议案件适用法律若干问题的解释》的规定，因用人单位作出的开除、除名、辞退、解除劳动合同和（　　）等决定而发生的劳动争议，用人单位负举证责任。

    A. 减少劳动报酬　　　　　　　　　　B. 住房公积金

    C. 公有住房转让　　　　　　　　　　D. 计算劳动者工作年限

    E. 仲裁时效中止

✏️ **学习笔记**

第十七章 劳动争议调解仲裁

Day 50

▼ **考点**：诉讼费用

1. [单项选择题] 根据《诉讼费用交纳办法》的规定，劳动争议案件每件交纳案件受理费（　　）元。
   A. 5
   B. 10
   C. 15
   D. 20

▼ **考点**：劳动争议诉讼的司法解释规定

2. [多项选择题] 关于劳动争议诉讼的相关规定，下列说法正确的有（　　）。
   A. 因企业自主进行改制引发的争议，人民法院应予受理
   B. 用人单位与其招用的已经依法享受养老保险待遇或领取退休金的人员发生用工争议，向人民法院提起诉讼的，人民法院应当按劳务关系处理
   C. 劳动者以用人单位未为其办理社会保险手续，且社会保险经办机构不能补办导致其无法享受社会保险待遇为由，要求用人单位赔偿损失而发生争议的，人民法院应予受理
   D. 劳动人事争议仲裁委员会以无管辖权为由对劳动争议案件不予受理，当事人提起诉讼的，人民法院不予支持
   E. 劳动人事争议仲裁委员会做出的调解书已经发生法律效力，一方当事人反悔提起诉讼的，人民法院予以受理

3. [单项选择题] 下列关于劳动争议诉讼事项的规定，说法错误的是（　　）。
   A. 劳动者以用人单位工资欠条为证据直接向人民法院起诉，诉讼请求不涉及劳动关系其他争议的，视为拖欠劳动报酬争议，不必进行劳动仲裁程序，可按照普通民事纠纷受理
   B. 人民法院应当以营业执照上登记的字号为当事人，但应同时注明该字号业主的自然情况
   C. 原用人单位以新的用人单位和劳动者共同侵权为由向人民法院起诉的，列新用人单位为被告即可
   D. 劳动者与未办理营业执照、营业执照被吊销或者营业期限届满仍然继续经营的用人单位发生争议的，应当将用人单位或其出资人列为当事人

4. [多项选择题] 关于劳动争议诉讼的说法，正确的有（　　）。
   A. 劳动者以用人单位工资欠条为证据直接向人民法院起诉，诉讼请求不涉及劳动关系其他争议的，应按照普通民事纠纷受理
   B. 劳动者在用人单位与其他平等主体之间的承包经营期间，与发包方和承包方双方或者一方发生争议，依法向人民法院起诉的，应当将发包方作为当事人
   C. 用人单位与其招用的已经依法享受养老保险待遇或领取退休金的人员发生用工争议，向人民法院提起诉讼的，人民法院应当按劳动关系处理
   D. 企业停薪留职人员、未达到法定退休年龄的内退人员、下岗待岗人员以及企业经营性停产放长假人员，因与新的用人单位发生用工争议，依法向人民法院提起诉讼的，人民法院应当按劳务关系处理
   E. 劳动人事争议仲裁委员会做出的调解书已经发生法律效力，一方当事人反悔提起诉讼的，人民法院不予受理

▽ **模块**：案例集锦

5. [案例分析题] 2015年1月1日，小李与位于S市的某单位，签订劳动合同约定日薪200元，合同期限截至2017年12月31日。小李由单位安排到G市工作，工作期间小李周末共加班70天，加班以单位考勤记录为准，但考勤记录由单位保管。2017年12月31日劳动合同到期后劳动关系终止，2018年8月，小李向该单位主张加班费，单位认为2015年和2016年的加班费已过仲裁时效，同时主张曾向小李支付过5 000元的加班费，仲裁委员会支持了小李的仲裁请求，单位表示不服。据悉，S市和G市2017年、2018年最低工资均为3 000元。

根据以上材料，回答下列问题：

(1) 关于本案仲裁管辖的说法，错误的是（　　）。

　　A. 如果小李和单位同时分别向S市和G市的仲裁委员会仲裁，从方便劳动者角度出发，应当由S市仲裁委员会管辖

　　B. S市和G市的仲裁委员会都有权管辖

　　C. 如果在S市仲裁委员会仲裁过程中，单位搬迁到G市，此时仲裁管辖不发生变更

　　D. 在答辩期满前，当事人可以书面提出管辖异议

(2) 关于本案举证责任的说法，错误的是（　　）。

　　A. 举证是当事人的义务，仲裁委员会没有收集证据的权限

　　B. 如果用人单位主张已经向小李支付过加班费，应就该事实承担举证责任

　　C. 小李主张加班费的，应就加班的事实承担举证责任

　　D. 用人单位应出示考勤表，否则应承担不利后果

(3) 关于本案加班费仲裁时效的说法，正确的是（　　）。

　　A. 小李离职未满一年，可以主张离职前的全部加班费

　　B. 小李离职之后八个月才主张加班费，已有八个月的加班费超过仲裁时效

　　C. 主张加班费的仲裁时效是两年

　　D. 单位可以提起行政复议

(4) 关于本案裁决的说法，错误的是（　　）。

　　A. 因执行国家劳动标准在工作时间方面发生的争议，属于一裁终局

　　B. 仲裁裁决被撤销后，中级人民法院可以直接作出判决

　　C. 劳动者隐瞒足以影响公正裁决的证据时，法院可以撤销仲裁裁决

　　D. 追索劳动报酬、工伤医疗费、经济补偿或者赔偿金，不超过当地月最低工资标准12个月金额的争议，属于一裁终局

学习笔记

第十七章 劳动争议调解仲裁

参考答案及解析

Day 48

1. D [解析] 劳动争议的基本特征有：①当事人是特定的；②争议主体之间必须存在劳动关系；③争议的内容必须是与劳动权利义务有关。
2. A [解析] 劳动争议处理的一般程序有协商、调解、仲裁和诉讼。
3. B [解析] 劳动争议仲裁是法定的必经程序。
4. D [解析] 劳动争议处理的基本原则包括合法的原则、公正的原则、及时的原则、着重调解的原则。
5. D [解析] 实行着重调解的原则，程序简化，有利于争议双方相互理解，也有利于及时、彻底地处理劳动争议。
6. D [解析] 不属于劳动争议的情形包括：①劳动者请求社会保险经办机构发放社会保险金的纠纷；②劳动者与用人单位因住房制度改革产生的公有住房转让纠纷；③劳动者对劳动能力鉴定委员会的伤残等级鉴定结论或对职业病诊断鉴定委员会的职业病诊断鉴定结论的异议纠纷；④家庭或者个人与家政服务人员之间的纠纷；⑤个体工匠与帮工、学徒之间的纠纷；⑥农村承包经营户与受雇人之间的纠纷。
7. D [解析] 劳动者与用人单位解除或者终止劳动关系后，请求用人单位返还其收取的劳动合同定金、保证金、抵押金、抵押物产生的争议，或者办理劳动者的人事档案、社会保险关系等移转手续产生的争议，经劳动人事争议仲裁委员会仲裁后，当事人依法起诉的，人民法院应予受理。
8. D [解析] 国家机关与公务员之间产生的争议，劳动者与用人单位因公有住房转让和工伤认定产生的争议都不属于劳动争议。

Day 49

1. A [解析] 劳动人事争议仲裁委员会是国家授权依法设立的，由人力资源社会保障行政部门代表、工会代表和企业方面代表组成的处理劳动争议的仲裁机构。A项错误。
2. ABD [解析] 劳动争议处理机构包括调解组织、劳动人事争议仲裁委员会、人民法院。
3. ABDE [解析] 因支付拖欠劳动报酬、工伤医疗费、经济补偿或者赔偿金事项达成调解协议，用人单位在协议约定期限内不履行的，劳动者可以持调解协议书依法向人民法院申请支付令，人民法院应当依法发出支付令。
4. B [解析] 调解委员会主任应由工会成员或者双方推举的人员担任，而不是由公司总经理任命，B项错误。
5. C [解析] 企业调解委员会调解劳动争议，应当自申请之日起15日内结束。
6. D [解析] 当事人提出管辖异议，应在答辩期满前书面提出。
7. ACDE [解析] 劳动争议仲裁公开进行，但当事人协议不公开进行或者涉及国家秘密、商业秘密和个人隐私的除外。未成年人不属于不公开审理的理由，B项错误。
8. ABC [解析] 劳动关系存续期间因拖欠劳动报酬发生争议的，劳动者申请仲裁不受1年仲裁时效期间的限制，D项错误。但是，劳动关系终止的，应当自劳动关系终止之日起1年内提出，E项错误。

9. D [解析] 仲裁庭裁决劳动争议案件，应当自受理仲裁申请之日起45日内结束。案情复杂需要延期的，延期不得超过15日。

10. ABC [解析] 劳动关系存续期间因拖欠劳动报酬发生争议的，劳动者申请仲裁不受1年仲裁时效期间的限制，D项错误。仲裁时效期间从当事人知道或应当知道其权利被侵害之日计算，E项错误。

11. ABCD [解析] 仲裁员有下列情形之一的，应当回避，当事人也有权以口头或者书面方式提出回避申请：①是本案当事人或者当事人、代理人的近亲属的；②与本案有利害关系的；③与本案当事人、代理人有其他关系，可能影响公正裁决的；④私自会见当事人、代理人，或者接受当事人、代理人的请客送礼的。

12. C [解析] 下列劳动争议仲裁裁决为终局裁决，裁决书自作出之日起发生法律效力：①追索劳动报酬、工伤医疗费、经济补偿或者赔偿金，不超过当地月最低工资标准12个月金额的争议；②因执行国家的劳动标准在工作时间、休息休假、社会保险等方面发生的争议。

13. B [解析] 劳动者对仲裁裁决不服的，可以自仲裁裁决书收到之日起15日内向人民法院提起诉讼。

14. D [解析] 用人单位有证据证明裁决有下列情形之一，可以自收到仲裁裁决书之日起30日内，向劳动争议仲裁委员会所在地的中级人民法院申请撤销裁决：①适用法律、法规确有错误的；②劳动争议仲裁委员会无管辖权的；③违反法定程序的；④裁决所根据的证据是伪造的；⑤对方当事人隐瞒足以影响公正裁决的证据的；⑥仲裁员在仲裁该案时有索贿受贿、徇私舞弊、枉法裁决行为的。

15. BD [解析] 劳动争议仲裁由劳动合同履行地或用人单位所在地劳动争议仲裁委员会管辖。B项错误。双方当事人分别向劳动合同履行地和用人单位所在地劳动争议仲裁委员会申请仲裁的，由劳动合同履行地的劳动争议仲裁委员会管辖。案件受理后，劳动合同履行地和用人单位所在地发生变化的，不改变争议仲裁的管辖。D项错误。

16. D [解析] 用人单位分立为若干单位的，其分立前发生的劳动争议，由分立后的实际用人单位为当事人。

17. ABDE [解析] 发生争议时，当事人对自己的主张有责任提供证据。争议事项有关的证据属于用人单位掌握管理的，用人单位应当提供；用人单位不提供的，应当承担不利后果。C项错误。

18. AD [解析] 因用人单位作出的开除、除名、辞退、解除劳动合同、减少劳动报酬、计算劳动者工作年限等决定而发生的劳动争议，用人单位负举证责任。

Day 50

1. B [解析] 根据《诉讼费用交纳办法》的规定，劳动争议案件每件交纳案件受理费10元。

2. ABC [解析] 劳动人事争议仲裁委员会以无管辖权为由对劳动争议案件不予受理，当事人提起诉讼的，人民法院按照以下情况分别处理：①经审查认为该劳动人事争议仲裁委员会对案件确无管辖权的，应当告知当事人向有管辖权的劳动人事争议仲裁委员会申请仲裁；②经审查认为该劳动人事争议仲裁委员会有管辖权的，应当告知当事人申请仲裁，并将审查意见书面通知该劳动人事争议仲裁委员会，劳动人事争议仲裁委员会仍不受

第十七章 劳动争议调解仲裁

理,当事人就该劳动争议事项提起诉讼的,应予受理。D项错误。劳动人事争议仲裁委员会做出的调解书已经发生法律效力,一方当事人反悔提起诉讼的,人民法院不予受理;已经受理的,裁定驳回起诉。E项错误。

3. C [解析] 用人单位招用尚未解除劳动合同的劳动者,原用人单位与劳动者发生的劳动争议,可以列新的用人单位为第三人。原用人单位以新的用人单位侵权为由向人民法院起诉的,可以列劳动者为第三人。原用人单位以新的用人单位和劳动者共同侵权为由向人民法院起诉的,新用人单位和劳动者列为共同被告。C项错误。

4. AE [解析] 劳动者在用人单位与其他平等主体之间的承包经营期间,与发包方和承包方双方或者一方发生争议,依法向人民法院起诉的,应当将承包方和发包方作为当事人。B项错误。用人单位与其招用的已经依法享受养老保险待遇或领取退休金的人员发生用工争议,向人民法院提起诉讼的,人民法院应当按劳务关系处理。C项错误。企业停薪留职人员、未达到法定退休年龄的内退人员、下岗待岗人员以及企业经营性停产放长假人员,因与新的用人单位发生用工争议,依法向人民法院提起诉讼的,人民法院应当按劳动关系处理。D项错误。

5. (1) A [解析] 申请人可以选择向劳动合同履行地或者用人单位所在地的劳动人事争议仲裁委员会中的任何一个劳动人事争议仲裁委员会提起仲裁申请。双方当事人分别向劳动合同履行地或用人单位所在地的劳动人事争议仲裁委员会申请仲裁的,由劳动合同履行地的劳动人事争议仲裁委员会管辖。A项错误。

(2) A [解析] 既实行"谁主张,谁举证"的举证责任原则,也实行"谁作决定,谁举证"的举证责任原则。与争议事项有关的证据属于用人单位掌握管理的,用人单位应当提供;用人单位不提供的,应当承担不利后果;仲裁庭可以要求用人单位在指定期限内提供。当事人由于客观原因不能自行收集的证据,仲裁委员会可以根据当事人的申请按照有关规定进行收集。仲裁委员会认为有必要的,可以按照有关规定予以收集。A项错误。

(3) A [解析] 劳动争议仲裁时效为1年。劳动关系存续期间因拖欠劳动报酬发生争议的,劳动者申请仲裁不受1年仲裁时效期间的限制;但是,劳动关系终止的,应当自劳动关系终止之日起1年内提出。A项正确,B、C两项错误。劳动人事争议仲裁委员会的仲裁、调解等行为不可以进行行政复议。D项错误。

(4) B [解析] 下列争议一般为终局裁决:①追索劳动报酬、工伤医疗费、经济补偿或者赔偿金,不超过当地月最低工资标准12个月金额的争议;②因执行国家的劳动标准在工作时间、休息休假、社会保险等方面发生的争议。用人单位有证据证明,对方当事人隐瞒足以影响公正裁决的,可以自收到仲裁裁决书之日起30日内,向劳动人事争议仲裁委员会所在地的中级人民法院申请撤销裁决。仲裁裁决被人民法院裁定撤销的,当事人可以自收到裁定书之日起15日内就该劳动争议事项向人民法院提起诉讼。B项错误。

本章学习检查表

知识点或模块名称	初次学习		第一次复习		第二次复习	
	做对题目数/总题目数	学习日期	做对题目数/总题目数	复习日期	做对题目数/总题目数	复习日期
劳动争议的基本特征						
劳动争议处理机制						
劳动争议处理的基本原则						
《中华人民共和国劳动争议调解仲裁法》的适用范围						
劳动争议处理机构						
劳动争议调解						
劳动争议仲裁						
劳动争议当事人的权利和义务						
劳动争议当事人的举证责任						
诉讼费用						
劳动争议诉讼的司法解释规定						
案例集锦						

填写建议：

"做对题目数/总题目数"记录针对该知识点自己做题的情况，比如该知识点总题目数为10题，做对了其中7题，记录为7/10。

"学习日期"记录自己学习该知识点时的日期，建议把下一次复习的日期也写上。

本章强化测试

扫码做题

备忘录：

第十八章 法律责任与行政执法

学习指导

本章涉及劳动监察、执法、处罚等相关内容较多,记忆量大、分值少。从历年考情来看,核心考点集中,题型简单,主要考查原文,可以有针对性地学习。需要注意的是,本章的"劳动争议"与第十七章的"劳动争议"是有区别的,要注意区分。

时间	考点或模块
Day 51	➤劳动法律责任形式 ➤用人单位违反劳动法律的责任 ➤劳动者违反劳动法律的责任
Day 52	➤用人单位违反《社会保险法》的法律责任 ➤劳动保障监察的形式 ➤人力资源和社会保障行政争议特点 ➤人力资源和社会保障行政争议范围 ➤行政复议的基本法律规定

Day 51

考点:劳动法律责任形式

1. [单项选择题] 关于劳动法律责任形式的说法,正确的是(   )。
   A. 吊销执照属于刑事责任
   B. 责令改正属于民事责任
   C. 开除属于民事责任
   D. 查封属于行政责任

考点:用人单位违反劳动法律的责任

2. [多项选择题] 女职工保护的专项集体合同中,女职工保护的四期是指(   )。
   A. 产期   B. 更年期
   C. 经期   D. 孕期
   E. 哺乳期

3. [多项选择题] 用人单位应当承担违反劳动法律责任的情形包括(   )。
   A. 用人单位扣押劳动者身份证
   B. 劳动者依法解除劳动合同后,用人单位扣押劳动者档案
   C. 劳动者因参加工会活动而被解除劳动合同
   D. 用人单位未对未成年工定期进行健康检查
   E. 用人单位与劳动者订立劳动合同时未约定试用期

4. [单项选择题] 用人单位违反《劳动合同法》规定不与劳动者订立（　　）的，自应当订立之日起向劳动者每月支付2倍的工资。

   A. 非全日制用工劳动合同

   B. 无固定期限劳动合同

   C. 保密协议

   D. 集体合同

5. [单项选择题] 下列关于侵害女职工权益的法律规定，正确的是（　　）。

   A. 安排女职工在经期从事高温或冷水作业的

   B. 安排女职工在怀孕期间从事国家规定的第三级体力劳动强度劳动的

   C. 女职工生育享受产假少于90天的

   D. 安排怀孕8个月以上的女职工夜班劳动或者延长其工作时间的

6. [多项选择题] 我国劳动法规定，禁止安排（　　）从事矿山井下、国家规定的第四级体力劳动强度的劳动和其他禁忌从事的劳动。

   A. 女职工   B. 农村劳动者

   C. 传染病病原携带者   D. 在我国就业的外国人

   E. 未成年工

▽ **考点**：劳动者违反劳动法律的责任

7. [单项选择题] 关于劳动者应当承担的违反劳动法律责任的说法，正确的是（　　）。

   A. 劳动者违法解除劳动合同，无须承担法律责任

   B. 劳动者违反劳动合同中约定的保密义务，应当承担赔偿责任

   C. 劳动者解除约定有服务期的劳动合同，应当向用人单位支付赔偿金

   D. 劳动者违反劳动合同中有关竞业限制的约定，且给用人单位造成了损失，应当承担赔偿责任

8. [多项选择题] 用人单位与劳动者解除约定服务期的劳动合同的，劳动者应当按照劳动合同的约定向用人单位支付违约金的情形有（　　）。

   A. 劳动者严重违反用人单位的规章制度的

   B. 劳动者以欺诈、胁迫的手段或者乘人之危，使用人单位在违背真实意思的情况下订立或者变更劳动合同的

   C. 劳动者被依法追究刑事责任的

   D. 劳动者自行加班的

   E. 劳动者严重失职，营私舞弊，给用人单位造成重大损害的

✎ 学习笔记

Day 52

▽ **考点**：用人单位违反《社会保险法》的法律责任

1. [单项选择题] 用人单位不办理社会保险登记，由社会保险行政部门责令限期改正；用人单位逾期不改正，除对用人单位处以罚款外，还对其直接负责的主管人员和其他直接责任人员处（　　）的罚款。

    A. 100 元以上 1 000 元以下

    B. 500 元以上 3 000 元以下

    C. 1 000 元以上 5 000 元以下

    D. 2 000 元以上 20 000 元以下

2. [单项选择题] 未按时足额缴纳社会保险费的，社会保险费征收机构责令其限期缴纳或者补足，并自欠缴之日起，按日加收（　　）的滞纳金；逾期仍不缴纳的，由有关行政部门处欠缴数额（　　）的罚款。

    A. 万分之五，1 倍以上 3 倍以下

    B. 万分之三，1 倍以上 2 倍以下

    C. 万分之五，2 倍以上

    D. 万分之五，2 倍以上 5 倍以下

▽ **考点**：劳动保障监察的形式

3. [多项选择题] 劳动保障监察处罚方式不包括（　　）。

    A. 没收违法所得　　　　　　　B. 责令用人单位改正

    C. 吊销许可证　　　　　　　　D. 行政开除

    E. 行政处分

▽ **考点**：人力资源和社会保障行政争议特点

4. [单项选择题] 人力资源社会保障行政部门及社会保险经办机构与行政管理相对人之间，因实现劳动和社会保险权利、履行劳动和社会保险义务产生分歧而引起的争议，被称作人力资源和社会保障（　　）。

    A. 行政诉讼　　　　　　　　　B. 行政争议

    C. 行政复议　　　　　　　　　D. 行政权力

5. [多项选择题] 目前，从现行法律规定来看，解决人力资源和社会保障行政争议的方式主要包括（　　）。

    A. 行政仲裁　　　　　　　　　B. 待遇复查

    C. 行政复议　　　　　　　　　D. 行政诉讼

    E. 行政制裁

▽ **考点**：人力资源和社会保障行政争议范围

6. [单项选择题] 从争议的性质上看，人力资源和社会保障争议属于（　　）争议范畴，劳动争议属于（　　）争议范畴。

    A. 行政，民事　　　　　　　　B. 民事，行政

    C. 行政，行政　　　　　　　　D. 民事，民事

7. [多项选择题] 下列行为中，不能申请行政复议的有（　　）。
   A. 人力资源社会保障部门做出的行政处分或其他人事处理决定
   B. 对人力资源社会保障部门做出的行政确认不服的
   C. 用人单位或个人认为社会保险费征收机构的行为侵害自己合法权益
   D. 向人民法院提起行政诉讼，人民法院已经依法受理的
   E. 劳动人事争议仲裁委员会的仲裁、调解等行为

8. [单项选择题] 关于单位对工伤认定结果不服的情况的说法，正确的是（　　）。
   A. 单位可以向劳动能力鉴定委员会申请复查
   B. 单位可以提起行政复议或直接向人民法院提起行政诉讼
   C. 行政复议是工伤认定争议处理的前置程序
   D. 单位可以向劳动人事争议仲裁委员会申请仲裁

9. [多项选择题] 用人单位对（　　）不服，不能申请行政复议。
   A. 人民法院作出的行政判决
   B. 劳动争议仲裁委员会作出的调解协议
   C. 劳动能力鉴定委员会作出的鉴定结论
   D. 社会保险经办机构核定的社会保险缴费基数
   E. 劳动行政部门的工伤认定决定

考点：行政复议的基本法律规定

10. [单项选择题] 行政复议申请人不服人力资源和社会保障行政部门作出的复议决定的，可以在收到复议决定书之日起（　　）日内向人民法院提起诉讼。
    A. 5
    B. 10
    C. 15
    D. 30

学习笔记

第十八章 法律责任与行政执法

参考答案及解析

Day 51

1. D [解析] 行政责任：①行政处罚。警告、责令改正、责令停止、查封、吊销执照、行政拘留等。②行政处分。警告、记过、记大过、降级、撤职、留用察看、开除等。民事责任：①违反劳动合同及有关劳动合同的法律规定及所应承担的民事责任；②损害劳动者或用人单位权利的民事责任。刑事责任：①是最严厉的一种法律责任，具有强制性；②只能由国家司法机关追究，任何单位和个人都无权对他人实施，否则也将被追究法律责任。

2. ACDE [解析] 女职工保护的四期包括经期、孕期、产期、哺乳期。

3. ABCD [解析] A、B两项属于违法扣押证件的法律责任。C项属于违反《中华人民共和国工会法》的法律责任。D项属于侵害女职工及未成年工权益的法律责任。

4. B [解析] 未依法订立无固定期限劳动合同的法律责任：自应当订立无固定期限劳动合同之日起向劳动者每月支付2倍的工资。

5. B [解析] 安排女职工在经期从事高处、低温、冷水作业或者国家规定的第三级体力劳动强度的劳动的，A项错误；安排女职工在怀孕期间从事国家规定的第三级体力劳动强度的劳动或者孕期禁忌从事的劳动的，B项正确；女职工生育享受产假少于98天的，C项错误；安排怀孕7个月以上的女职工夜班劳动或者延长其工作时间的，D项错误。

6. AE [解析] 安排女职工及未成年工从事矿山井下劳动、国家规定的第四级体力劳动强度的劳动或者其他禁忌从事的劳动的，对女职工或者未成年工造成损害的，应当承担赔偿责任。

7. D [解析] 劳动者违法解除劳动合同，需要承担法律责任，A项错误。劳动者违反劳动合同中约定的保密义务，给用人单位造成损失的，应当承担赔偿责任，B项错误。劳动者解除约定有服务期的劳动合同，应该按照劳动合同的约定向用人单位支付违约金，C项错误。

8. ABCE [解析] 有下列情形之一，用人单位与劳动者解除约定服务期的劳动合同的，劳动者应当按照劳动合同的约定向用人单位支付违约金：①劳动者严重违反用人单位的规章制度的；②劳动者严重失职，营私舞弊，给用人单位造成重大损害的；③劳动者同时与其他用人单位建立劳动关系，对完成本单位的工作任务造成严重影响，或者经用人单位提出，拒不改正的；④劳动者以欺诈、胁迫的手段或者乘人之危，使用人单位在违背真实意思的情况下订立或者变更劳动合同的；⑤劳动者被依法追究刑事责任的。

Day 52

1. B [解析] 用人单位不办理社会保险登记的，社会保险行政部门责令其限期改正；逾期不改正的，对企业处应缴社会保险费数额1倍以上3倍以下的罚款，对其直接负责的主管人员和其他直接责任人员处500元以上3000元以下的罚款。

2. A [解析] 未按时足额缴纳社会保险费的，社会保险费征收机构责令其限期缴纳或者补足，并自欠缴之日起，按日加收万分之五的滞纳金；逾期仍不缴纳的，由有关行政部门处欠缴数额1倍以上3倍以下的罚款。

3. DE [解析] 劳动保障监察机构可以采取的处罚方式包括责令用人单位改正、警告、罚款、没收违法所得、吊销许可证。

4. B [解析] 人力资源和社会保障行政争议是指人力资源社会保障行政部门及社会保险经办机构与行政管理相对人之间，因实现劳动和社会保险权利、履行劳动和社会保险义务产生分歧而引起的争议。

5. BCD [解析] 目前，从现行法律规定来看，解决人力资源和社会保障行政争议的方式主要是待遇复查、行政复议和行政诉讼。

6. A [解析] 从争议的性质上看，人力资源和社会保障争议属于行政争议范畴，劳动争议属于民事争议范畴。

7. ADE [解析] 公民、法人或其他组织对下列事项，不能申请行政复议：①人力资源社会保障部门做出的行政处分或其他人事处理决定；②劳动者与用人单位之间发生的人力资源争议；③劳动能力鉴定委员会的行为；④劳动人事争议仲裁委员会的仲裁、调解等行为；⑤已就同一事项向其他有权受理的行政机关申请行政复议；⑥向人民法院提起行政诉讼，人民法院已经依法受理的。B项属于人力资源行政争议范围，C项属于社会保险行政争议范围，可以提出复议申请。

8. B [解析] 申请工伤认定的职工或其近亲属，该职工所在单位对工伤认定结论不服的，可以依法申请行政复议或提出行政诉讼。

9. ABC [解析] 不能申请行政复议的情形包括：①人力资源社会保障部门作出的行政处分或其他人事处理决定；②劳动者与用人单位之间发生的劳动人事争议；③劳动能力鉴定委员会的行为；④劳动人事争议仲裁委员会的仲裁、调解等行为；⑤已就同一事项向其他有权受理的行政机关申请行政复议；⑥向人民法院提起行政诉讼，人民法院已经依法受理的；⑦法律、法规规定的其他情形。

10. C [解析] 行政复议申请人不服人力资源和社会保障行政部门作出的复议决定的，可以在收到复议决定书之日起15日内向人民法院提起诉讼。复议机关逾期不作决定的，申请人可以在复议期满之日起15日内向人民法院提起诉讼。

第十八章 法律责任与行政执法

本章学习检查表

知识点或模块名称	初次学习		第一次复习		第二次复习	
	做对题目数/总题目数	学习日期	做对题目数/总题目数	复习日期	做对题目数/总题目数	复习日期
劳动法律责任形式						
用人单位违反劳动法律的责任						
劳动者违反劳动法律的责任						
用人单位违反《社会保险法》的法律责任						
劳动保障监察的形式						
人力资源和社会保障行政争议特点						
人力资源和社会保障行政争议范围						
行政复议的基本法律规定						

填写建议：

"做对题目数/总题目数"记录针对该知识点自己做题的情况，比如该知识点总题目数为10题，做对了其中7题，记录为7/10。

"学习日期"记录自己学习该知识点时的日期，建议把下一次复习的日期也写上。

本章强化测试

扫码做题

备忘录：

第十九章 宏观人力资源开发

学习指导

本章主要涉及国家层面的宏观人力资源政策，内容多，分值少，主要考查单项选择题和多项选择题。本章的考点分布广泛，考查细致，可以记忆为主，重点学习常考点，抓大放小，有的放矢。

时间	考点或模块
Day 53	➢人才评价机制改革 ➢职业分类 ➢职业资格制度 ➢职称制度 ➢职业技能等级 ➢创新创业激励 ➢突出业绩奖励 ➢收入分配制度
Day 54	➢公务员管理 ➢事业单位管理 ➢干部管理 ➢职业技能培训 ➢专业技术人员继续教育 ➢公务员培训 ➢事业单位工作人员培训 ➢人力资源市场建设 ➢人才流动管理 ➢人力资源的国际流动

▶▶▶ Day 53

▽ **考点**：人才评价机制改革

1. [多项选择题] 我国人才评价机制改革的方向主要包括（　　）。
   A. 分类健全人才评价标准
   B. 改进和创新人才评价方式
   C. 加快推进重点领域人才评价改革
   D. 完善社会人才的评价机制
   E. 健全完善人才评价管理服务制度

2. [单项选择题] 人才评价保障和落实用人单位自主权，合理界定和下放人才评价权限，推动具备条件的高校、科研院所等企事业单位自主开展评价工作，属于人才评价机制改革的（　　）。
   A. 分类健全人才评价标准　　　　　B. 改进和创新人才评价方式
   C. 加快推进重点领域人才评价改革　D. 健全完善人才评价管理服务制度

▼ **考点**：职业资格制度

3. [单项选择题]（　　）所涉职业（工种）必须关系公共利益或涉及国家安全、公共安全、人身健康、生命财产安全，且必须有法律法规或国务院决定作为依据。
   A. 水平评价类职业资格　　　B. 地方职业资格
   C. 准入类职业资格　　　　　D. 国家职业资格

4. [单项选择题] 关于职业资格制度的表述，错误的是（　　）。
   A. 国家职业资格目录应保持相对稳定，实行动态调整
   B. 国家职业资格目录之内的除准入类职业资格外一律不得与就业创业挂钩
   C. 国家职业资格目录实行清单式管理，目录之外一律不得许可和认定职业资格
   D. 职业资格设置、取消及纳入、退出目录，须由人力资源社会保障部评估后确定

▼ **考点**：职称制度

5. [单项选择题] 按照职称系列组建的高级职称评审委员会评审专家不少于（　　）人，按照专业组建的高级职称评审委员会评审专家不少于（　　）人。
   A. 25，11　　　B. 26，12
   C. 21，13　　　D. 19，11

6. [多项选择题] 关于职称评审的说法，正确的有（　　）。
   A. 专业技术人员跨单位流动后，必须重新评审或认定职称
   B. 不具备职称评审条件的单位，可以委托其他单位的经核准备案的职称评审委员会评审
   C. 民营企业中的专业技术人员可以参评专业技术职称
   D. 符合条件的专业技术人员可以直接申报高级职称评审
   E. 自由职业者可以参评专业技术职称

7. [多项选择题] 关于职称评审的说法，正确的有（　　）。
   A. 申报人应当为本单位在职的专业技术人才
   B. 离退休人员不得申报参加职称评审
   C. 事业单位工作人员受到记过以上处分的，在受处分期间不得申报参加职称评审
   D. 非公有制经济组织的专业技术人才不能申报职称评审
   E. 对引进的海外高层次人才和急需紧缺人才可以合理放宽资历、年限等条件限制

8. [单项选择题] 关于职称评审的说法，正确的是（　　）。
   A. 职称评审会议必须由主任委员主持
   B. 职称评审委员会经过评议，采用记名投票表决，少数服从多数的原则
   C. 未出席评审会议的专家不得委托他人投票或者补充投票
   D. 出席评审会议的专家人数应当不少于职称评审委员会人数的1/2

9. [单项选择题] 下列不属于职称制度改革创新点的内容的是（　　）。
   A. 守正创新，健全制度体系

B. 抓基层一线，出台深度贫困地区职称倾斜政策

C. 破除"四唯"，完善评价标准

D. 不拘一格，创新评价机制

▽ **考点**：职业技能等级

10. [单项选择题] 2018年3月7日，人力资源社会保障部对《国家职业技能标准编制技术规程》（2012年版）进行了全面修订，主要修改内容不包括（　　）。

    A. 突出生产效益

    B. 支持技能人才成长

    C. 落实"考培分离""鉴培分离"

    D. 强调工匠精神和敬业精神

▽ **考点**：创新创业激励

11. [多项选择题] 下列措施中，有利于科技成果转化激励的有（　　）。

    A. 下放科技成果处置权

    B. 激励科技人员创新创业

    C. 允许科技人员兼职和离岗创业

    D. 担任领导职务的科技人员的科技成果转化奖励

    E. 科研项目经费管理使用自主权

12. [单项选择题] 下列措施中，不利于科技人员开展创新活动的是（　　）。

    A. 简化科研项目资金的预算编制科目

    B. 建立学术助理制度

    C. 进一步提高财政项目中直接费用的比例

    D. 将项目聘用人员的社会保险补助纳入劳务费科目列支

▽ **考点**：突出业绩奖励

13. [单项选择题] 国家科学技术奖奖项不包括（　　）。

    A. 国家最高科学技术奖

    B. 国家技术发明奖

    C. 国家科学技术进步奖

    D. 全国技术能手和中华技能大奖

题目讲解

▽ **考点**：收入分配制度

14. [多项选择题] 下列关于公务员工资制度的说法，正确的有（　　）。

    A. 公务员基本工资包括职务工资和级别工资两项

    B. 级别工资主要体现公务员的工作职责大小

    C. 公务员晋升职务后，执行新任职务的职务工资标准

    D. 公务员的级别为27个

    E. 实行级别与工资等待遇适当挂钩

15. [单项选择题] 关于事业单位收入分配制度的说法，错误的是（　　）。

    A. 绩效工资主要体现工作人员实绩和贡献

B. 薪级工资主要体现工作人员的工作表现和资历

C. 艰苦边远地区津贴所需要经费由用人单位按月支付

D. 国家对特殊岗位津贴实行统一管理

16. ［单项选择题］根据地区经济发展水平、物价水平、岗位职责等因素按月发放的，属于事业单位岗位绩效工资的（　　）。

A. 岗位工资 　　　　　　　　　　　　B. 薪级工资

C. 基础性绩效工资　　　　　　　　　　D. 奖励性绩效工资

17. ［单项选择题］关于国有企业工资决定机制的说法，错误的是（　　）。

A. 企业经济效益增长，工资总额相应比例增加

B. 企业经济效益下降，工资总额相应比例下降

C. 企业未实现增值保值，工资总额不得增长或适度下降

D. 如果员工数量增加，原则上工资总额应增加

学习笔记

Day 54

考点：公务员管理

1. [多项选择题] 关于公务员考核规定的说法，错误的有（   ）。
   A. 平时考核以公务员的职位职责和所承担的工作任务为基本依据
   B. 平时考核中好等次公务员人数原则上掌握在本机关参加平时考核的公务员总人数的40%以内
   C. 领导职务公务员的定期考核采取年度考核的方式
   D. 定期考核的结果应当以书面形式通知公务员本人
   E. 公务员的专项考核以定期考核和平时考核为基础

2. [单项选择题] 公务员考核的方式不包括（   ）。
   A. 平时考核   B. 专项考核
   C. 绩效考核   D. 定期考核

3. [单项选择题] 关于公务员职务与职级的任免和升降的说法，正确的是（   ）。
   A. 公务员领导职务实行委任制和聘任制
   B. 领导职务按照国家规定实行任期制
   C. 公务员领导职务必须逐级晋升
   D. 公务员因工作需要在机关外兼职，在经有关机关批准后允许领取兼职报酬

4. [单项选择题] 行政机关公务员受到记过处分的期间为（   ）个月。
   A. 6   B. 12
   C. 18   D. 24

考点：事业单位管理

5. [多项选择题] 关于事业单位岗位设置的说法，正确的有（   ）。
   A. 管理岗位是担负领导职责或管理任务的工作岗位
   B. 事业单位可以设置特设岗位，用于聘用急需的高层次人才
   C. 对专业技术岗位不实行最高岗位等级控制和结构比例控制
   D. 事业单位岗位分为管理岗位、专业技术岗位、工勤技能岗位三类
   E. 专业技术岗位是指承担技能操作和维护、后勤保障等职责的工作岗位

6. [单项选择题] 关于事业单位聘用合同的说法，错误的是（   ）。
   A. 事业单位与工作人员订立的聘用合同期限一般不低于3年
   B. 事业单位与工作人员最长可以约定12个月的试用期
   C. 事业单位工作人员可以提前30日书面通知事业单位解除聘用合同
   D. 事业单位工作人员在本单位连续工作满10年的提出订立聘用至退休的合同，事业单位应当与其订立

7. [单项选择题] 下列情形中，不符合解除事业单位与工作人员订立的聘用合同的是（   ）。
   A. 事业单位工作人员提前30日书面通知事业单位
   B. 事业单位工作人员连续旷工超过15个工作日

C. 事业单位工作人员1年内累计旷工超过30个工作日

D. 事业单位工作年度考核不合格，事业单位提前30日书面通知

▽ **考点**：干部管理

8. [单项选择题] 关于党政领导干部在企业（社会）团体兼职的说法，正确的是（　　）。
   A. 不担任现职的党政领导干部可以在企业兼职取酬
   B. 经批准到企业兼职的党政领导干部可以在企业领取报酬
   C. 已退休的党政领导干部最多可以在1个社会团体兼职
   D. 辞去公职的党政领导干部到企业兼职，无需经过组织人事部门的审批备案

▽ **考点**：职业技能培训

9. [单项选择题] 关于职业技能培训的说法，正确的是（　　）。
   A. 公共实训机构不可以独立开展职业技能培训
   B. 企业可以建立培训机构面向企业内部员工，但不可向社会培训
   C. 国家实施高技能人才振兴计划包括开展技师、高级技师培训
   D. 培训对象不包括农村转移就业人员和退役军人

10. [单项选择题] 下列关于教育培训的说法，正确的是（　　）。
    A. 企事业单位可以按规定提取职工教育经费，用于专业技术人员继续教育
    B. 职业技能培训以政府补贴培训为主，市场化培训、企业自主培训为辅
    C. 为增强高校毕业生就业工作能力，国家开展了劳动预备制培训
    D. 工伤保险基金可以提升参保职工的职业技能

11. [多项选择题] 创业创新培训针对的重点群体主要包括（　　）。
    A. 科技人员　　　　　　　　　　B. 留学回国人员
    C. 退役军人　　　　　　　　　　D. 农村转移就业人员
    E. 妇女和未成年就业人员

▽ **考点**：专业技术人员继续教育

12. [单项选择题] 按照国家相关政策，关于专业技术人员继续教育的说法，正确的是（　　）。
    A. 每年累计总学时应不少于120学时
    B. 内容包括公共科目、基础科目和专业科目
    C. 专业科目内容包括从事专业工作所需要的新理论、新知识、新技术、新方法等
    D. 专业科目一般不低于总学时的1/2

▽ **考点**：公务员培训

13. [单项选择题] 下列关于公务员培训的说法，错误的是（　　）。
    A. 公务员培训情况、学习成绩作为公务员考核的内容和任职、晋升的依据之一
    B. 培训的对象是全体公务员
    C. 担任县处级以上领导职务的公务员每5年应当参加党校、行政学院、干部学院，或经厅局级以上单位组织（人事）部门认可的其他培训机构累计2个月以上的培训
    D. 公务员培训主要分为初任培训、任职培训、专门业务培训和在职培训等

14. [单项选择题] 关于公务员培训类型的说法，错误的是（   ）。

   A. 初任培训应在试用期完成，时间不少于12天

   B. 任职培训应在任职前完成，时间不少于30天

   C. 专门业务培训针对从事专项工作需要进行的专业知识和技能培训

   D. 在职培训针对全体公务员

15. [单项选择题] 以提高胜任职务的政治能力和领导能力为目的的公务员培训属于（   ）。

   A. 初任培训   B. 任职培训

   C. 专门业务培训   D. 在职培训

◆考点：事业单位工作人员培训

16. [单项选择题] 事业单位工作人员的岗前培训一般在聘用之日起（   ）个月内完成，最长不得超过（   ）个月。

   A. 6，12   B. 3，6   C. 12，24   D. 6，18

17. [单项选择题] 关于事业单位工作人员培训的说法，错误的是（   ）。

   A. 事业单位工作人员一般每年度参加各类培训的时间累计不少于90学时或者12天

   B. 专项培训时间不可以计入规定岗前培训累计时间中

   C. 一个聘期内至少参加一次不少于20学时或者3天的公共科目脱产培训

   D. 事业单位工作人员培训情况应当作为其考核的内容和岗位聘用、等级晋升的重要依据之一

18. [单项选择题] 关于事业单位工作人员岗前培训的说法，错误的是（   ）。

   A. 只针对新聘用工作人员

   B. 培训内容涉及公共科目和专业科目

   C. 应当从聘用之日起6个月内完成，最长不超过12个月

   D. 培训的累计时间不少于20学时或者3天的公共科目脱产培训

◆考点：人力资源市场建设

19. [单项选择题] 从事网络招聘服务的经营性人力资源服务机构应当依法取得（   ）。

   A. 特许经营许可证

   B. 互联网经营许可证

   C. 网络招聘许可证

   D. 电信业务经营许可证

20. [多项选择题] 根据《人力资源市场暂行条例》，人力资源服务机构的类型有（   ）。

   A. 经营性人力资源服务机构

   B. 其他人力资源服务机构

   C. 外资人力资源服务机构

   D. 民营人力资源服务机构

   E. 公共人力资源服务机构

▽ 考点：人才流动管理

21. [单项选择题] 关于人才流动管理的表述，错误的是（　　）。
    A. 引导人才向艰苦边远地区和基层一线流动
    B. 深化区域人才交流开发合作
    C. 维护国家重点领域人才流动秩序
    D. 提高政府人才流动宏观调控力度

▽ 考点：人力资源的国际流动

22. [单项选择题] 关于外国人来华工作许可的相关规定，错误的是（　　）。
    A. 外国人在中国境内工作，应当按照规定取得工作许可和工作类居留证件
    B. 支付所聘用外国人的工资、薪金不受当地最低工资标准的限制
    C. 任何单位和个人不得聘用未取得工作许可和工作类居留证件的外国人
    D. 外国人在中国境内工作，应符合年满18周岁且在我国境内有确定的用人单位等条件

23. [单项选择题] 关于外国人来华工作的相关规定，错误的是（　　）。
    A. 外国高端人才可不受年龄、学历和工作经历限制
    B. 外国专业人才应具有学士及以上学位和2年及以上相关工作经历，年龄不超过65周岁
    C. 对外国高端人才没有数量限制
    D. 外国高端人才符合条件的可以申请R字签证

24. [多项选择题] 关于拥有中国永久居留资格的外籍人员的权利和义务的说法，正确的有（　　）。
    A. 在中国居留没有时间期限限制
    B. 在中国境内工作的，有权依法参加社会保险
    C. 在购房、子女入学等方面，享受中国公民同等的待遇
    D. 在中国境内工作的，必须办理外国人来华工作许可证
    E. 可以在中国境内申请驾照

✎ 学习笔记

参考答案及解析

Day 53

1. ABCE [解析] 人才评价机制改革包括分类健全人才评价标准、改进和创新人才评价方式、加快推进重点领域人才评价改革、健全完善人才评价管理服务制度。

2. D [解析] 健全完善人才评价管理服务制度是指我国人才评价保障和落实用人单位自主权，合理界定和下放人才评价权限，推动具备条件的高校、科研院所等企事业单位自主开展评价工作。

3. C [解析] 职业资格是对从事某一职业所必备的学识、技术和能力的基本要求。职业资格包括两类：①准入类职业资格。所涉职业（工种）必须关系公共利益或涉及国家安全、公共安全、人身健康、生命财产安全，且必须有法律法规或国务院决定作为依据。②水平评价类职业资格。所涉职业（工种）应具有较强的专业性和社会通用性，技术技能要求较高，行业管理和人才队伍建设确实需要。

4. D [解析] 职业资格设置、取消及纳入、退出目录，须由人力资源社会保障部会同国务院有关部门组织专家进行评估论证，新设职业资格应当遵守国务院关于新设行政许可的规定并广泛听取社会意见后，按程序报经国务院批准，D 项错误。

5. A [解析] 按照职称系列组建的高级职称评审委员会评审专家不少于 25 人，按照专业组建的高级职称评审委员会评审专家不少于 11 人。

6. BCDE [解析] 专业技术人才跨区域、跨单位流动时，其职称按照职称评审管理权限重新评审或者确认，国家另有规定的除外，A 项错误。

7. ABCE [解析] 非公有制经济组织的专业技术人才申报职称评审，可以由所在工作单位或者人事代理机构等履行审核、公示、推荐等程序，D 项错误。

8. C [解析] 评审会议由主任委员或者副主任委员主持，A 项错误；职称评审委员会经过评议，采取少数服从多数的原则，通过无记名投票表决，同意票数达到出席评审会议的评审专家总数 2/3 以上的即为评审通过，B 项错误；出席评审会议的专家人数应当不少于职称评审委员会人数的 2/3，D 项错误。

9. B [解析] 2017 年 1 月开始的职称制度改革主要创新点有四个方面：①守正创新，健全制度体系；②破除"四唯"，完善评价标准；③不拘一格，创新评价机制；④放权搞活，改进管理服务方式。

10. A [解析] 2018 年 3 月 7 日，人力资源社会保障部对《国家职业技能标准编制技术规程》（2012 年版）进行了全面修订，主要修改内容为：①强调工匠精神和敬业精神；②落实"考培分离""鉴培分离"；③支持技能人才成长；④突出安全生产。

11. ABCD [解析] 科技成果转化激励包括下放科技成果处置权、激励科技人员创新创业、允许科技人员兼职和离岗创业、担任领导职务的科技人员的科技成果转化奖励。E 项属于科技管理权限下放。

12. C [解析] 科技项目资金管理的措施之一是提高间接费用比重，C 项错误。

13. D [解析] 国家科学技术奖包含国家最高科学技术奖、国家自然科学奖、国家技术发明奖、国家科学技术进步奖和中华人民共和国国际科学技术合作奖。全国技术能手和中华技能大奖属于技能人才奖励。

14. ACDE [解析] 职务工资主要体现公务员的工作职责大小，级别工资主要体现公务员的工作实绩和资历。B项错误。

15. C [解析] 执行艰苦边远地区津贴所需经费，属于财政支付的，由中央财政负担，C项错误。

16. C [解析] 绩效工资分为基础性绩效工资和奖励性绩效工资。基础性绩效工资主要体现地区经济发展水平、物价水平、岗位职责等因素，一般按月发放。奖励性绩效工资主要体现工作量和实际贡献等因素，采取灵活多样的分配方式和办法，根据绩效考核发放。

17. D [解析] 国有企业的经济效益增长，当年工资总额增长幅度可在不超过经济效益增长的幅度范围内确立，与员工数量无关，D项错误。

Day 54

1. CE [解析] 非领导职务公务员的定期考核采取年度考核的方式，C项错误；定期考核以平时考核、专项考核为基础，E项错误。

2. C [解析] 公务员的考核分为平时考核、专项考核和定期考核等方式。

3. B [解析] 公务员领导职务实行选任制、委任制和聘任制，公务员职级实行委任制和聘任制，领导职务按照国家规定实行任期制，A项错误，B项正确。公务员领导职务应当逐级晋升，特别优秀的或者工作特殊需要的可以按照规定破格或者越级晋升，C项错误。公务员因工作需要在机关外兼职，应当经有关机关批准，并不得领取兼职报酬，D项错误。

4. B [解析] 行政机关公务员受处分的期间为：警告，6个月；记过，12个月；记大过，18个月；降级、撤职，24个月。

5. ABD [解析] 对事业单位管理岗位、专业技术岗位、工勤技能岗位实行最高等级控制和结构比例控制，C项错误。工勤技能岗位是指承担技能操作和维护、后勤保障、服务等职责的工作岗位，专业技术岗位是指从事专业技术工作，具有相应专业技术水平和能力要求的工作岗位，E项错误。

6. D [解析] 事业单位工作人员在本单位连续工作满10年且距法定退休年龄不足10年，提出订立聘用至退休的合同的，事业单位应当与其订立聘用至退休的合同，D项错误。

7. D [解析] 事业单位工作人员年度考核不合格且不同意调整工作岗位，或者连续两年年度考核不合格的，事业单位提前30日书面通知，可以解除聘用合同。

8. C [解析] 按规定经批准到企业任职的党政领导干部，不得在企业领取薪酬、奖金、津贴等报酬，不得获取股权和其他额外利益，A、B两项错误；对辞去公职或者退（离）休的党政领导干部到企业兼职（任职）必须从严掌握、从严把关，确因工作需要到企业兼职（任职）的，应当按照干部管理权限规定严格审批，D项错误。

9. C [解析] 深入实施国家高技能人才振兴计划，紧密结合战略性新兴产业、先进制造业、现代服务业等发展需求，开展技师、高级技师培训，C项正确。

10. A　[解析] 企业、事业单位等应当依照法律、行政法规和国家有关规定提取和使用职工教育经费，不断加大对专业技术人员继续教育经费的投入，A项正确；职业技能培训要以政府补贴、企业自主培训、市场化培训为主要供给，B项错误；对城乡未继续升学的初、高中毕业生开展劳动预备制培训，C项错误；工伤保险基金与职工的职业资格培训无关，D项错误。

11. ABCD　[解析] 创业创新培训以高等学校和职业院校毕业生、科技人员、留学回国人员、退役军人、农村转移就业和返乡下乡创业人员、失业人员和转岗职工等群体为重点，依托高等学校、职业院校、职业培训机构、创业培训（实训）中心、创业孵化基地、众创空间、网络平台等，开展创业意识教育、创新素质培养、创业项目指导、开业指导、企业经营管理等培训，提升创业创新能力。

12. C　[解析] 每年累计总学时应不少于90学时，A项错误；内容包括公共科目和专业科目，B项错误；专业科目一般不低于总学时的2/3，D项错误。

13. C　[解析] 担任县处级以上领导职务的公务员每5年应当参加党校、行政学院、干部学院，或经厅局级以上单位组织（人事）部门认可的其他培训机构累计3个月以上的培训。提拔担任领导职务的公务员，确因特殊情况在提任前未达到培训要求的，应当在提任后1年内完成培训。

14. B　[解析] 任职培训在任职前或任职后一年内进行，县处级副职以上不少于30天，乡科级不少于15天，B项错误。

15. B　[解析] 任职培训重点提高胜任职务的政治能力和领导能力。

16. A　[解析] 事业单位工作人员的岗前培训一般在聘用之日起6个月内完成，最长不得超过12个月。

17. B　[解析] 专项培训是指对参加重大项目、重大工程、重大行动等特定任务工作人员的培训，其培训时间可计入规定岗前培训累计时间中，B项错误。

18. D　[解析] 岗前培训应在聘用之日起6个月内完成，最长不超过12个月，累计时间不少于40学时或者5天，D项错误。

19. D　[解析] 从事网络招聘服务的经营性人力资源服务机构应当依法取得电信业务经营许可证。

20. AE　[解析] 人力资源服务机构包括公共人力资源服务机构和经营性人力资源服务机构。

21. D　[解析] 人才流动管理主要包括：①引导人才向艰苦边远地区和基层一线流动；②深化区域人才交流开发合作；③维护国家重点领域人才流动秩序；④完善政府人才流动宏观调控机制。

22. B　[解析] 用人单位基本条件包括：①依法设立，无严重违法失信记录；聘用外国人从事的岗位应是有特殊需要，国内暂缺适当人选，且不违反国家有关规定的岗位；支付所聘用外国人的工资、薪金不得低于当地最低工资标准（B项错误）。②法律法规规定应由行业主管部门前置审批的，需经过批准。

23. B　[解析] 外国专业人才应具有学士及以上学位和2年及以上相关工作经历，年龄不超过 60 周岁。

24. ABCE [解析] 永久居留证是外国人在中国境内居留的身份证件，可以单独使用。外国人可持证在中国境内办理金融、教育、医疗、交通、通信、就业和社会保险、财产登记、诉讼等事务。持证人在中国居留期限不受限制，可以凭本人护照和永久居留证出境入境，永久居留的外国人在中国境内工作免办外国人工作许可。D 项错误。

本章学习检查表

知识点或模块名称	初次学习		第一次复习		第二次复习	
	做对题目数/总题目数	学习日期	做对题目数/总题目数	复习日期	做对题目数/总题目数	复习日期
人才评价机制改革						
职业分类						
职业资格制度						
职称制度						
职业技能等级						
创新创业激励						
突出业绩奖励						
收入分配制度						
公务员管理						
事业单位管理						
干部管理						
职业技能培训						
专业技术人员继续教育						
公务员培训						
事业单位工作人员培训						
人力资源市场建设						
人才流动管理						
人力资源的国际流动						

填写建议：

"做对题目数/总题目数"记录针对该知识点自己做题的情况，比如该知识点总题目数为10题，做对了其中7题，记录为7/10。

"学习日期"记录自己学习该知识点时的日期，建议把下一次复习的日期也写上。

本章强化测试

扫码做题

备忘录：

思维导图

Day 55

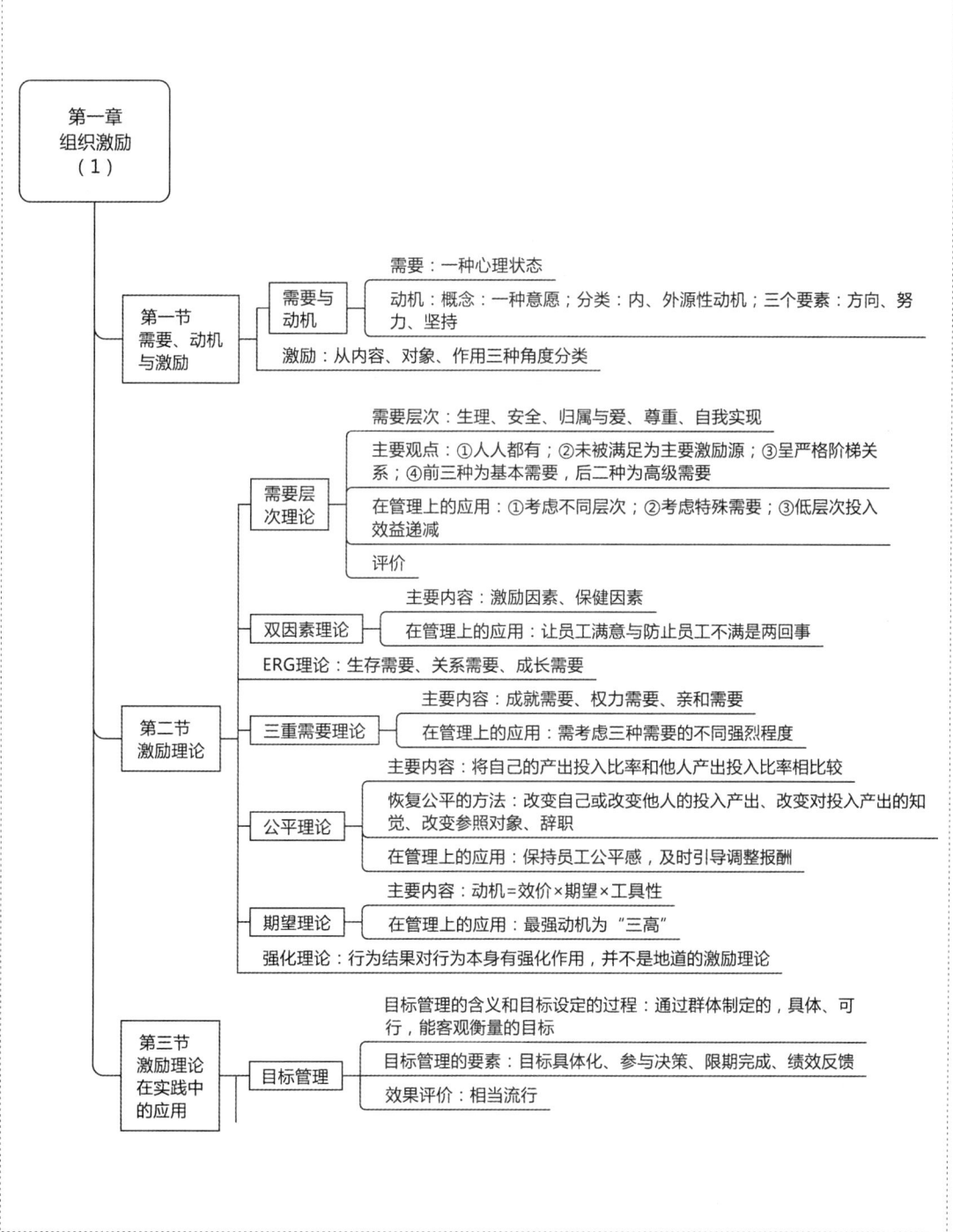

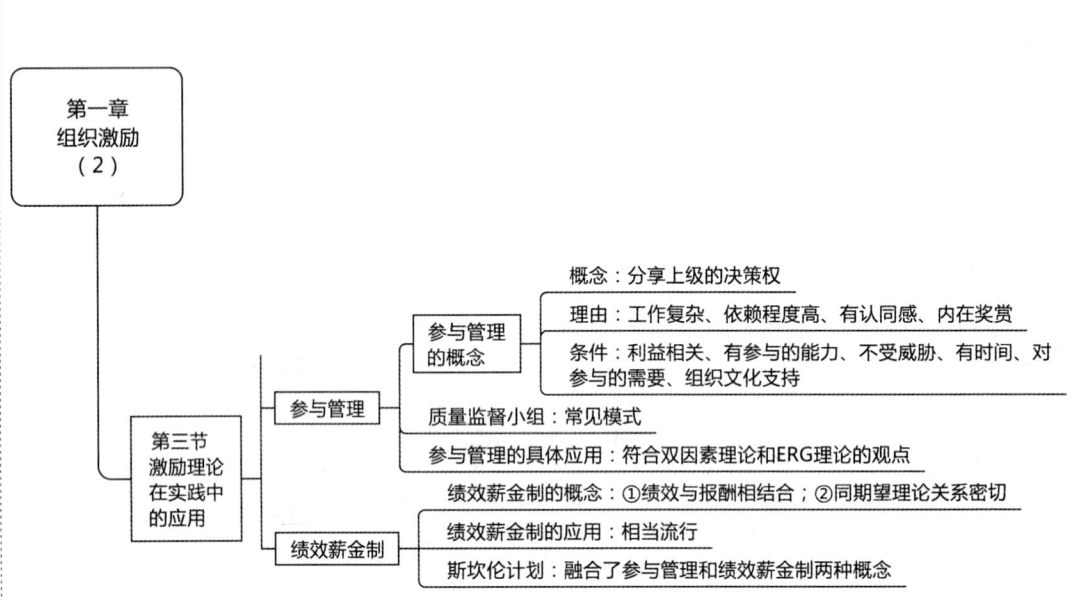

> **温馨贴士**

第三节中目标管理要素历年考查频繁，要注意记忆。参与管理的条件和理由是容易混淆的知识点，需要进行对比记忆。绩效薪金制历年考查频率总体较低，做相关了解即可。

思维导图

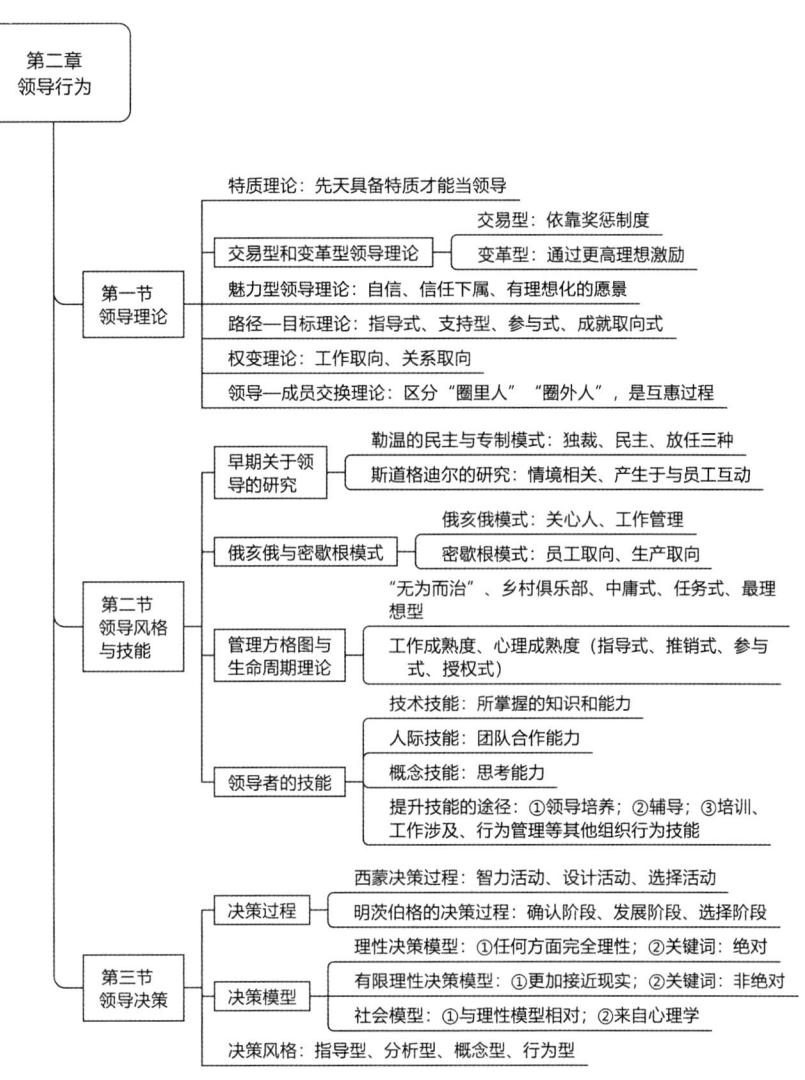

> **温馨贴士**

第三节主要考查决策风格,要注意区分;决策过程和模型的考查略有涉及,要通过关键字进行记忆。

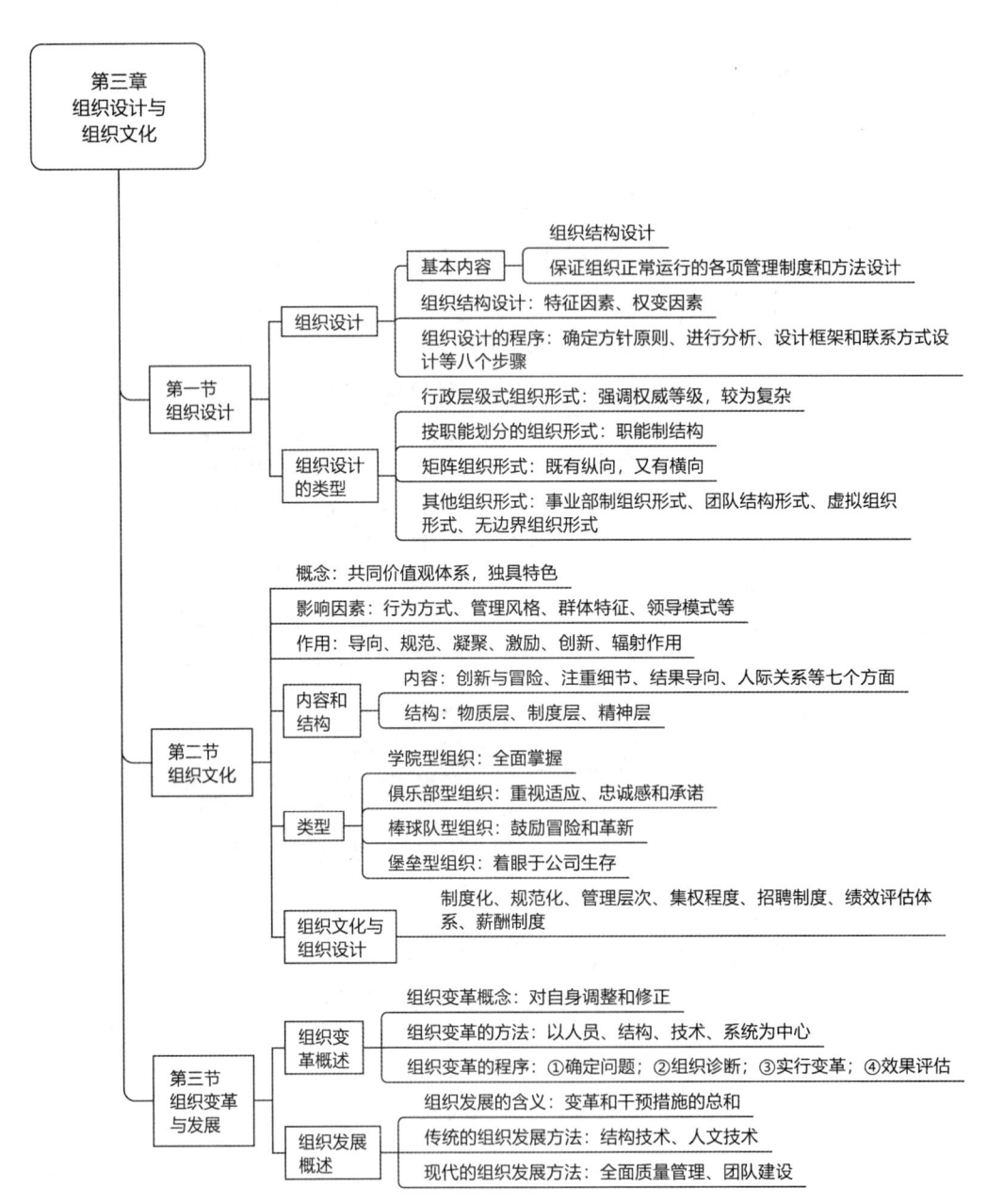

> **温馨贴士**

第一节为整章的考查重点,其中组织结构设计及类型为高频考点,建议通过做题强化记忆。第三节主要是对前两节内容的延伸,要重点掌握两个阶段的组织发展方法,要在理解的基础上加强记忆。

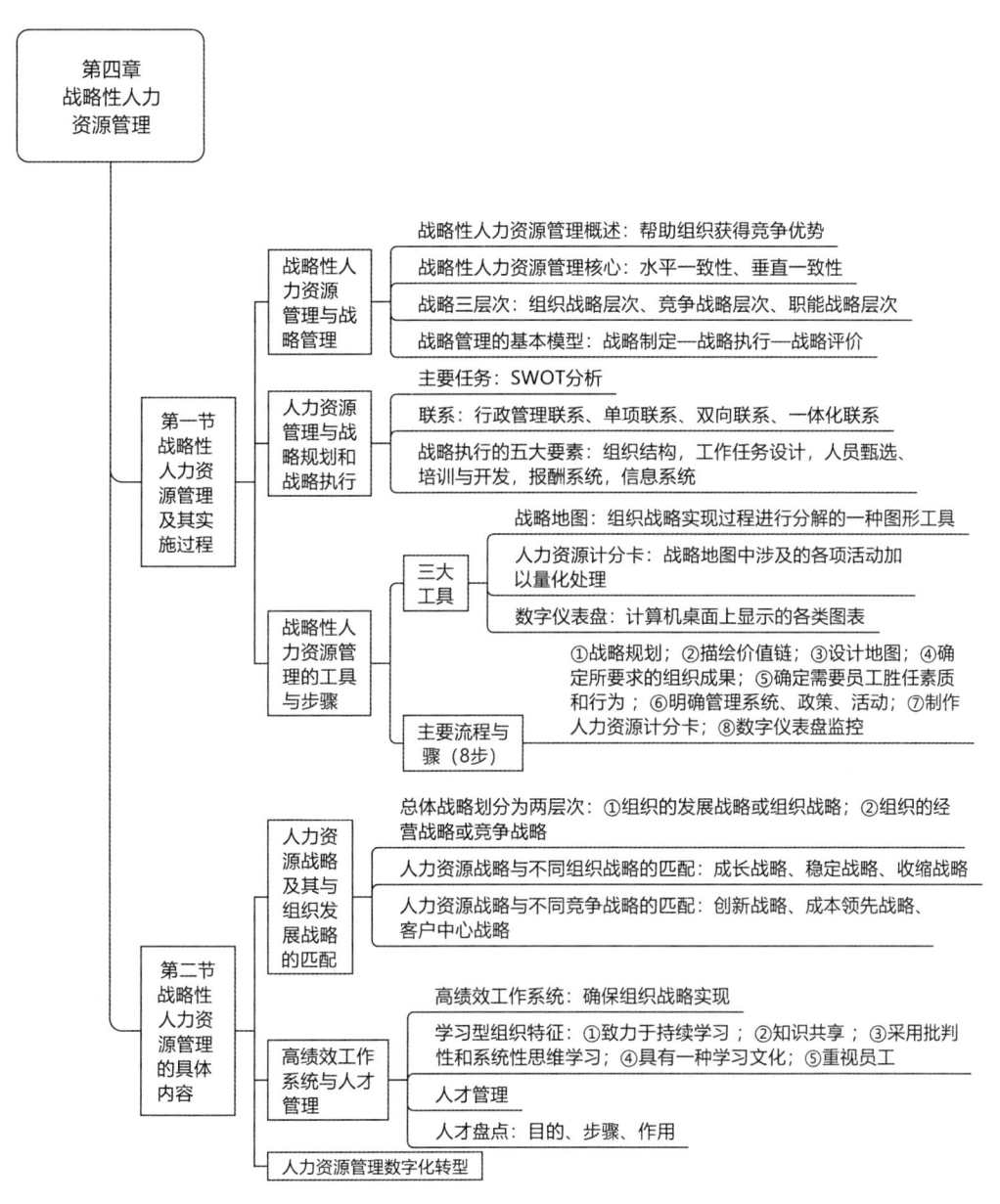

> 温馨贴士

第一节人力资源管理与战略规划和战略执行是本章的重点，出题分值占比较高，多以单项选择题、多项选择题的形式考查，对此部分要注意理解记忆，熟练 SWOT 分析的含义。战略性人力资源管理的工具与步骤虽然近五年未作考查，但是也需要我们在日常学习中掌握人力资源管理的三大工具，了解各个工具的应用以及人力资源管理的流程和步骤。

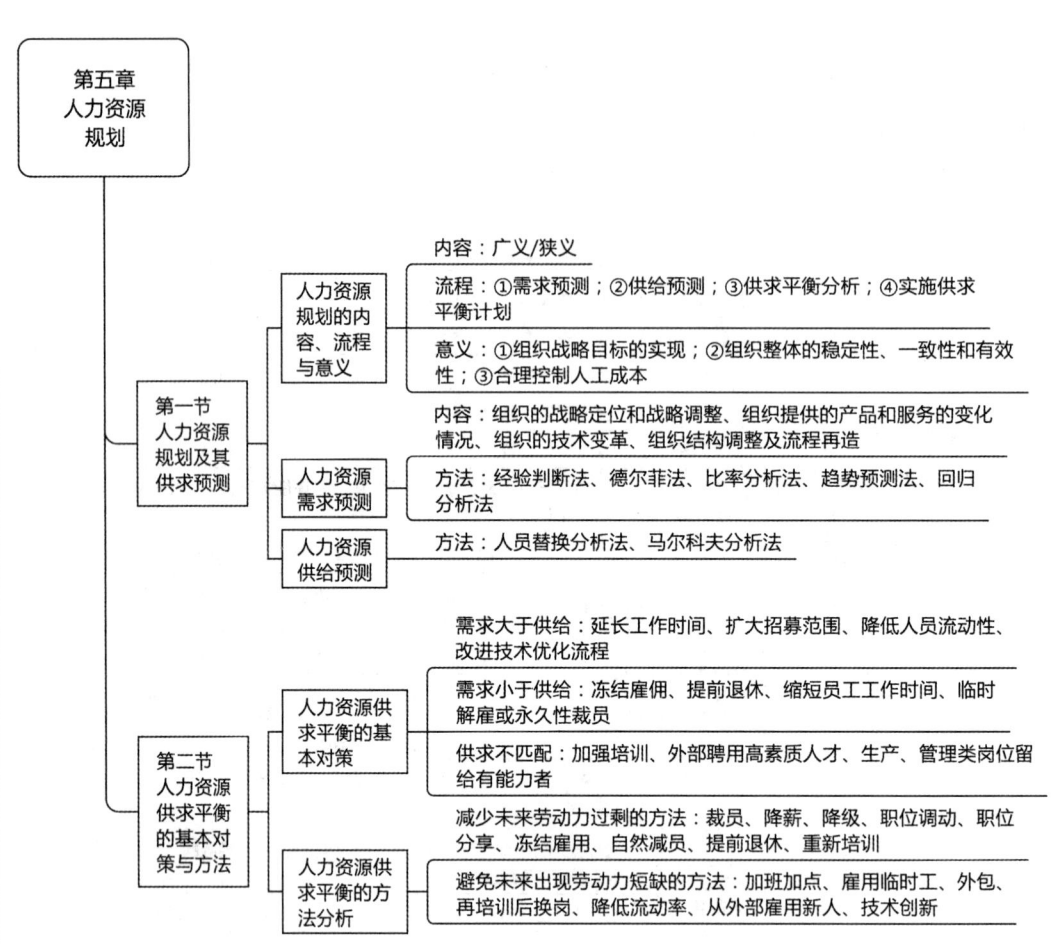

> 温馨贴士

第二节要注意区分过剩和短缺的方法、过剩方法的速度和员工受伤害的程度、短缺方法的速度和可撤回程度，多以多项选择题的方式考查。

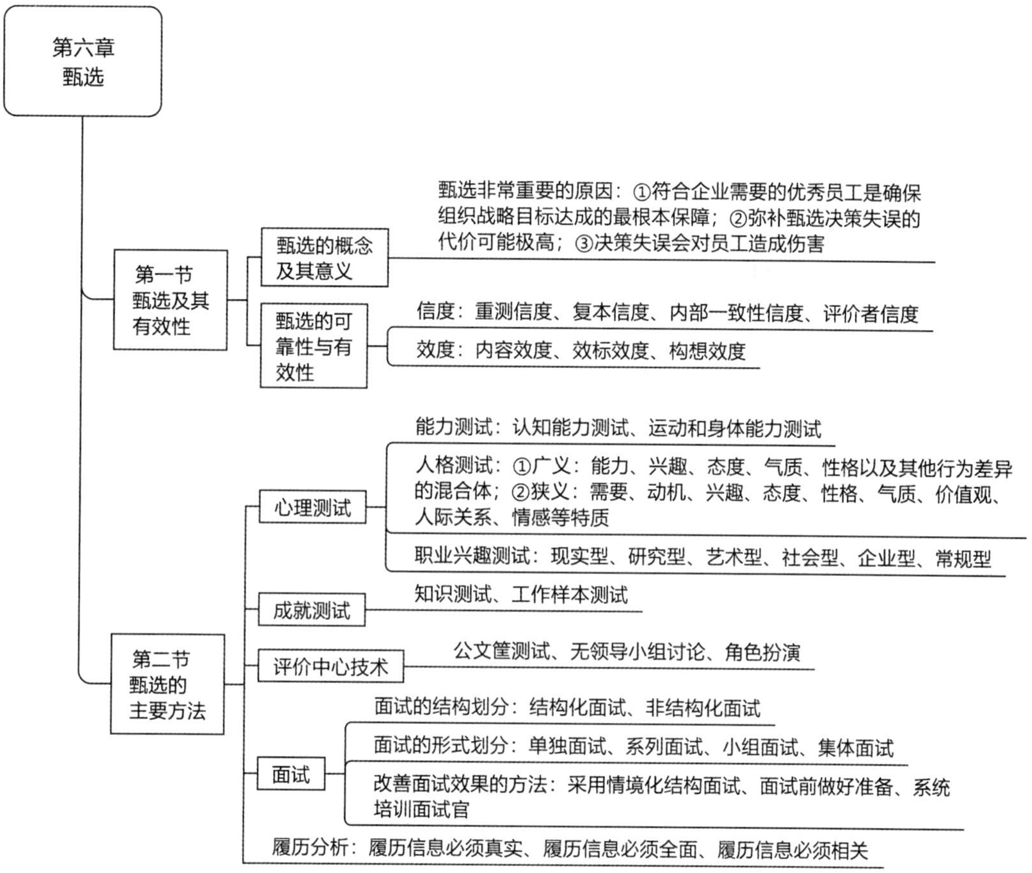

思维导图

第六章 甄选

第一节 甄选及其有效性

- **甄选的概念及其意义**：甄选非常重要的原因：①符合企业需要的优秀员工是确保组织战略目标达成的最根本保障；②弥补甄选决策失误的代价可能极高；③决策失误会对员工造成伤害
- **甄选的可靠性与有效性**：
  - 信度：重测信度、复本信度、内部一致性信度、评价者信度
  - 效度：内容效度、效标效度、构想效度

第二节 甄选的主要方法

- **心理测试**：
  - 能力测试：认知能力测试、运动和身体能力测试
  - 人格测试：①广义：能力、兴趣、态度、气质、性格以及其他行为差异的混合体；②狭义：需要、动机、兴趣、态度、性格、气质、价值观、人际关系、情感等特质
  - 职业兴趣测试：现实型、研究型、艺术型、社会型、企业型、常规型
- **成就测试**：知识测试、工作样本测试
- **评价中心技术**：公文筐测试、无领导小组讨论、角色扮演
- **面试**：
  - 面试的结构划分：结构化面试、非结构化面试
  - 面试的形式划分：单独面试、系列面试、小组面试、集体面试
  - 改善面试效果的方法：采用情境化结构面试、面试前做好准备、系统培训面试官
- **履历分析**：履历信息必须真实、履历信息必须全面、履历信息必须相关

> **温馨贴士**

第一节的重点内容为甄选的可靠性与有效性，从信度和效度方面的划分，此知识点考查的方式可能为大类考查，也可能为小类概念的考查，需要重点掌握。第二节的重点考查内容为人格测试和成就测试中的工作样本测试和评价中心技术的无领导小组讨论，要注意区分记忆。

Day 56

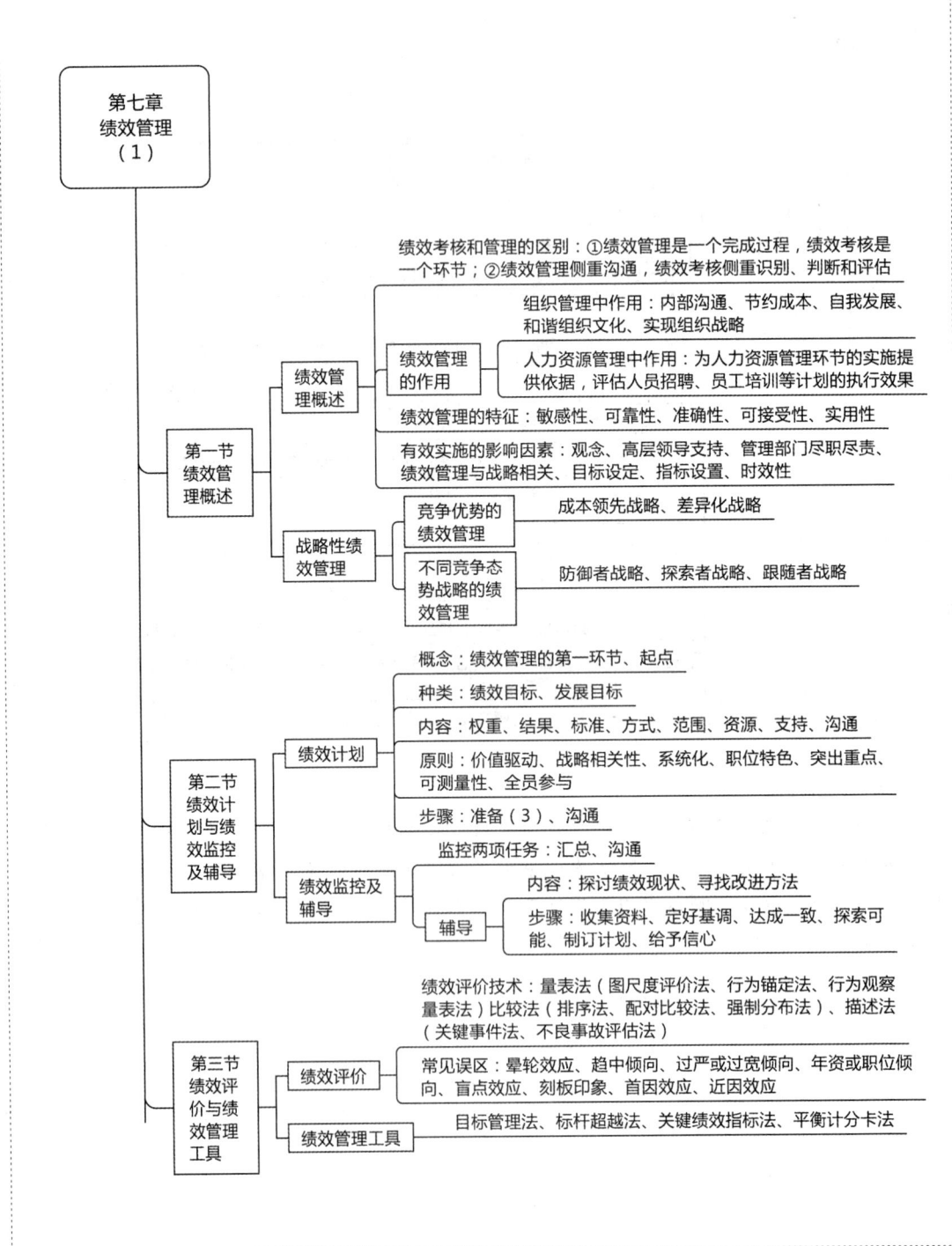

思维导图

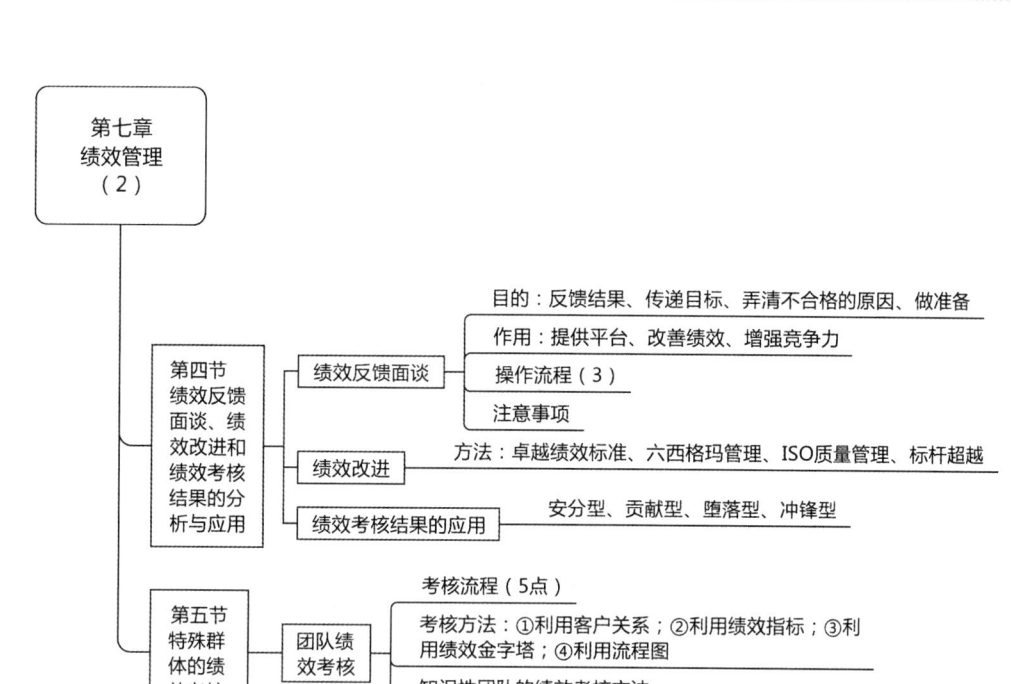

> 温馨贴士

第一节文字性内容比较多,需要消化理解,重点考查战略性绩效管理的相关内容,考查频率较高,单项选择题、多项选择题、案例分析题均有考查的可能性。第三、第四两节为本章重点考查章节,其中绩效评价和绩效改进的方法为重点考查知识点,要注意区分各个方法的优缺点和应用特征。

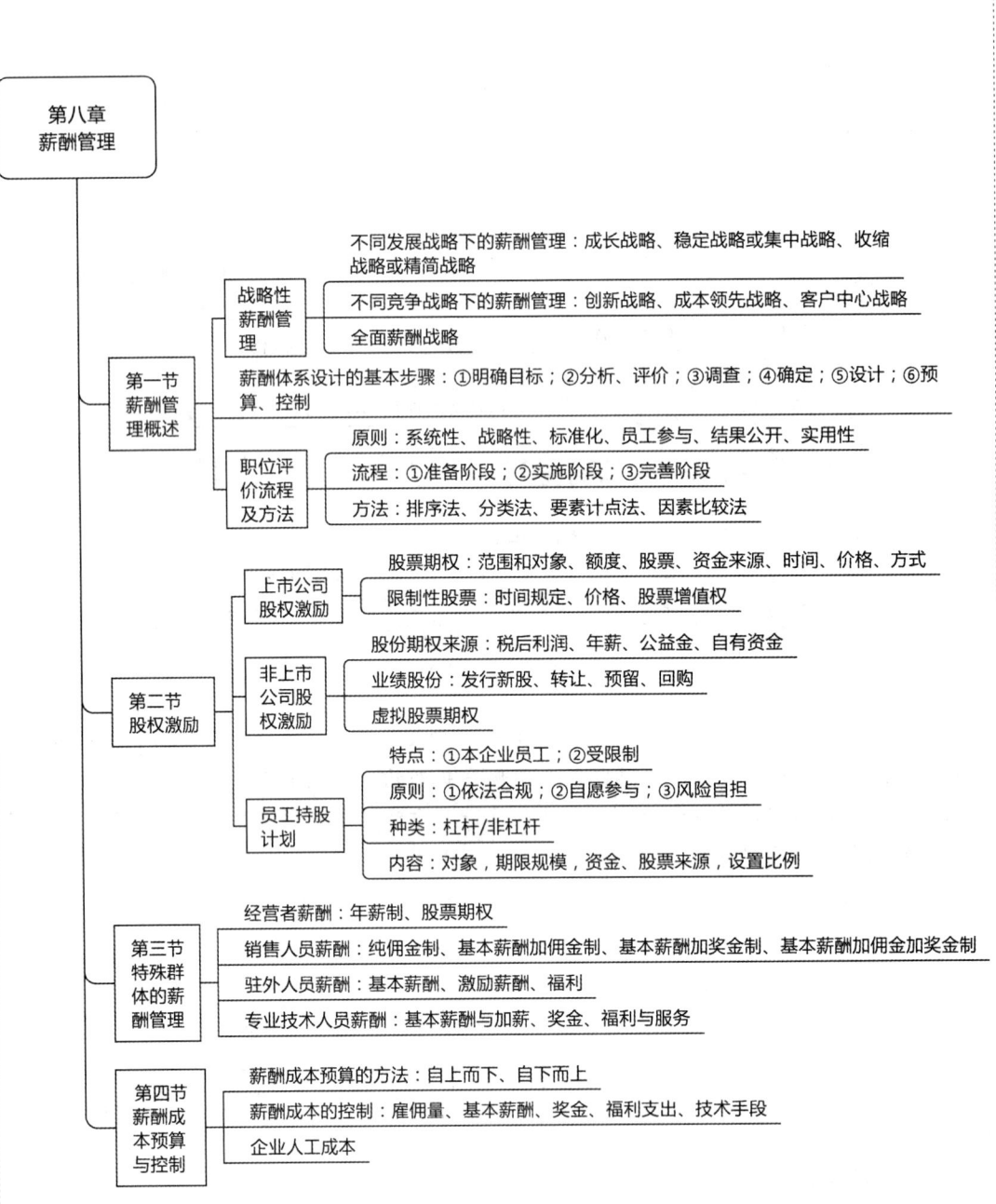

> 温馨贴士

第一节重点考查内容为战略性薪酬管理的策略，要注意区分各种策略的内容和种类。第二节上市公司和非上市公司的激励形式容易混淆，应该重点区分。第三节虽然近五年未出题，但也是一个可能出题的高概率章节，各种人员薪酬极其容易混淆，还需要大家认真对待。

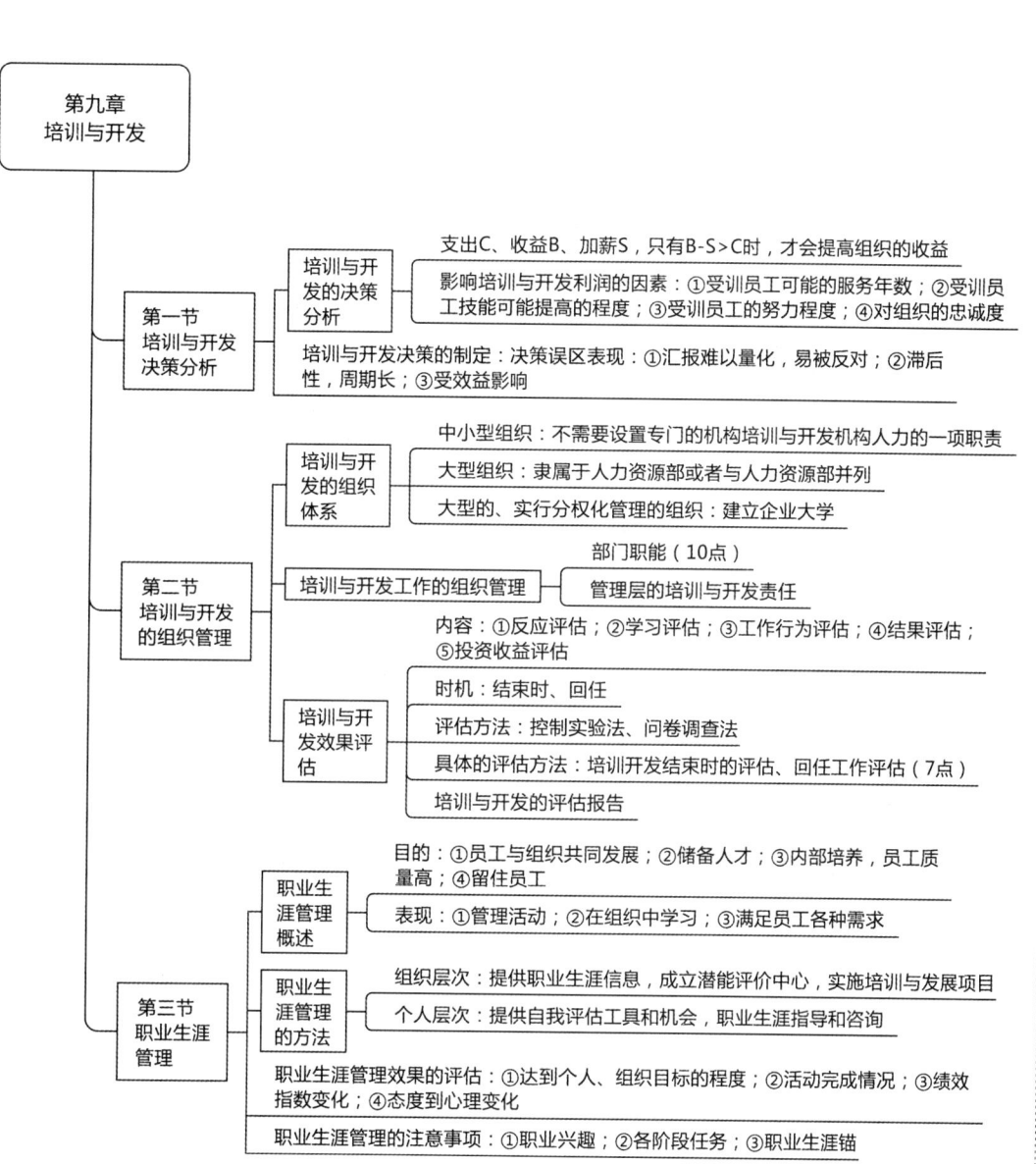

> 温馨贴士

第三节是本章重点内容,注意事项中职业生涯锚是重要考查的知识点,一定要熟练记忆。

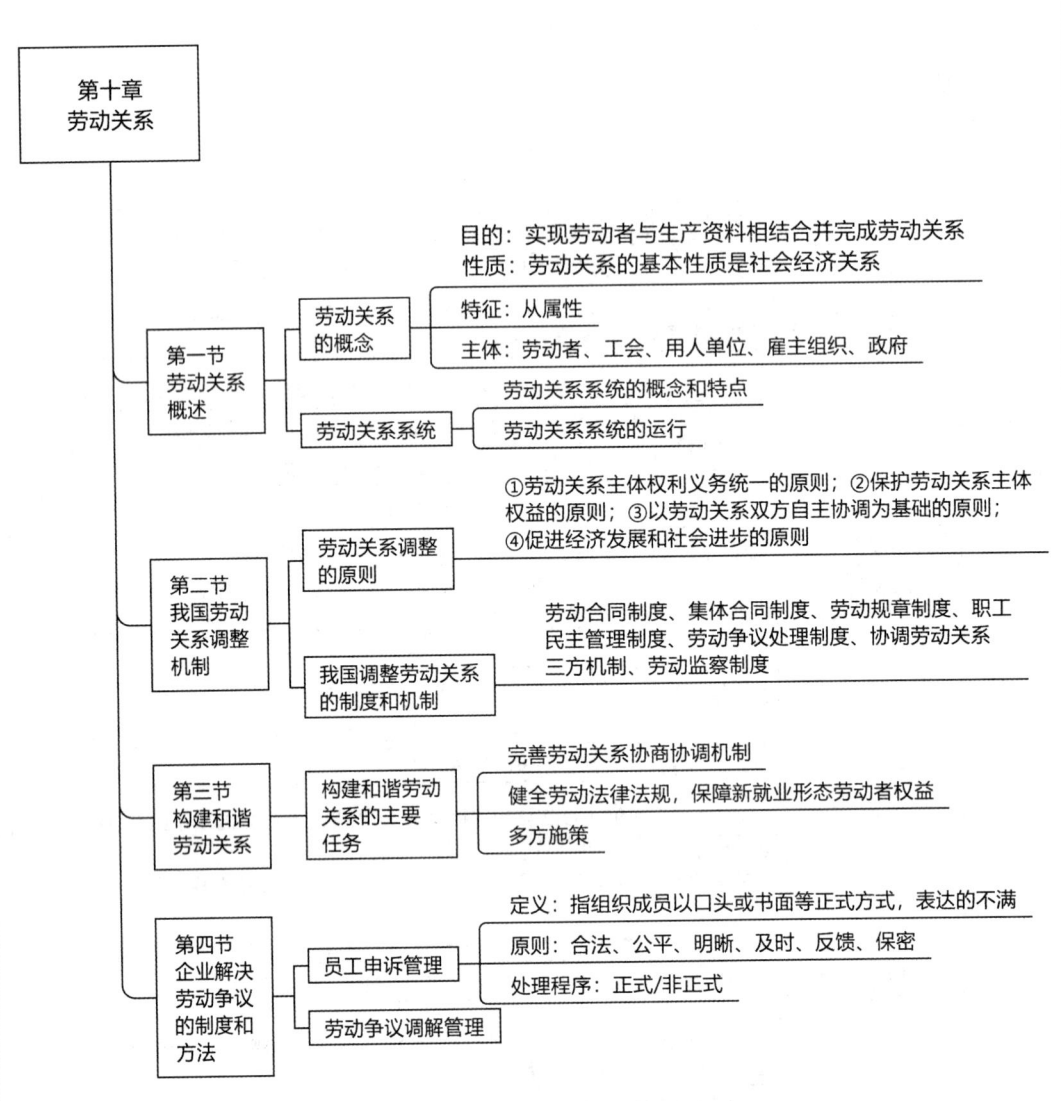

> 温馨贴士

本章的内容较为烦琐，文字性内容比较多，学习起来容易烦躁，要沉下心来学习，注意区分。

思维导图

- **第十一章 劳动力市场理论（1）**
  - **第一节 劳动力市场概论**
    - 劳动力市场的概念及特征
      - 概念：宏观/微观
      - 特征：特殊性、多样性、不确定性、难以衡量性、延续性、复杂性、不利性
    - 劳动力市场的结构
      - 全国性劳动力市场和地区性劳动力市场
      - 外部劳动力市场和内部劳动力市场
      - 优等劳动力市场和次等劳动力市场
    - 效率工资和晋升竞赛
      - 效率工资：吸引优秀人才、降低离职率、产生公平感
      - 晋升竞赛
  - **第二节 劳动力供给**
    - 劳动力供给总量
      - 人口规模与人口构成
        - 劳动年龄内人口：①劳动适龄就业人口；②失业人口；③就学人口或在校人口；④家务劳动人口；⑤现役军人；⑥劳动年龄内其他人口
        - 劳动年龄外人口：①未成年就业人口；②老年就业人口；③劳动年龄外其他人口
      - 劳动力参与率：劳动力参与率=（就业人口+失业人口）/16岁以上总人口×100%
      - 周平均工作时间
    - 个人及市场劳动力供给
      - 个人劳动力供给决定的基本原理：收入效应、替代效应
      - 个人及市场劳动力供给曲线与劳动力供给弹性：劳动力供给弹性=劳动工时变动百分比/工资率变动百分比×100%
    - 家庭劳动力供给与周期性劳动力供给
      - 家庭生产理论
      - 经济周期中的劳动力供给：附加的劳动者效应；灰心丧气的劳动者效应
      - 生命周期中的劳动力供给
  - **第三节 劳动力需求**
    - 劳动力需求及其影响因素
      - 劳动力需求的性质与劳动力需求曲线的含义：①单个企业的劳动力需求；②行业或市场层面的劳动力需求
      - 工资率变化对长期劳动力需求的影响：规模效应、替代效应

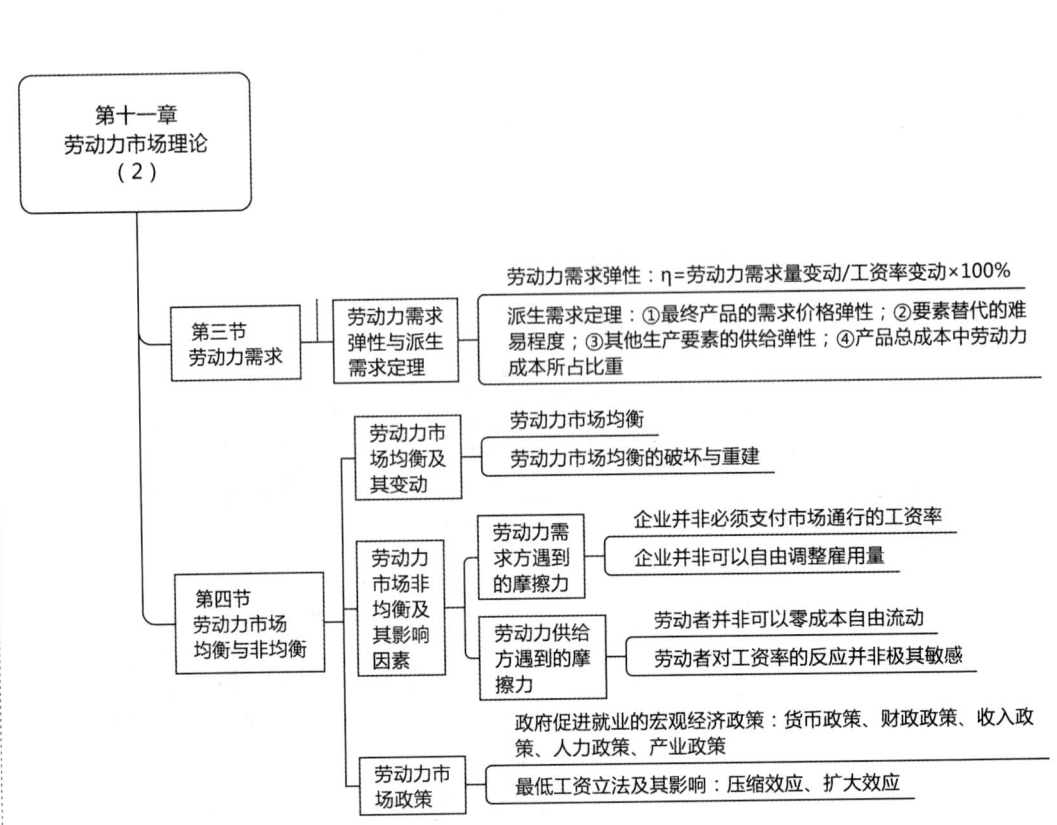

> 温馨贴士

第一节为本章重点章节，历年考查分值占比较高，多以单项选择题、多项选择题的形式考查，劳动力市场的特征容易出多项选择题，要深刻记忆。第二节的考查难点为附加的劳动者效应和灰心丧气的劳动者效应，要明白两种效应的意义，以便做题时能够准确判断。

思维导图

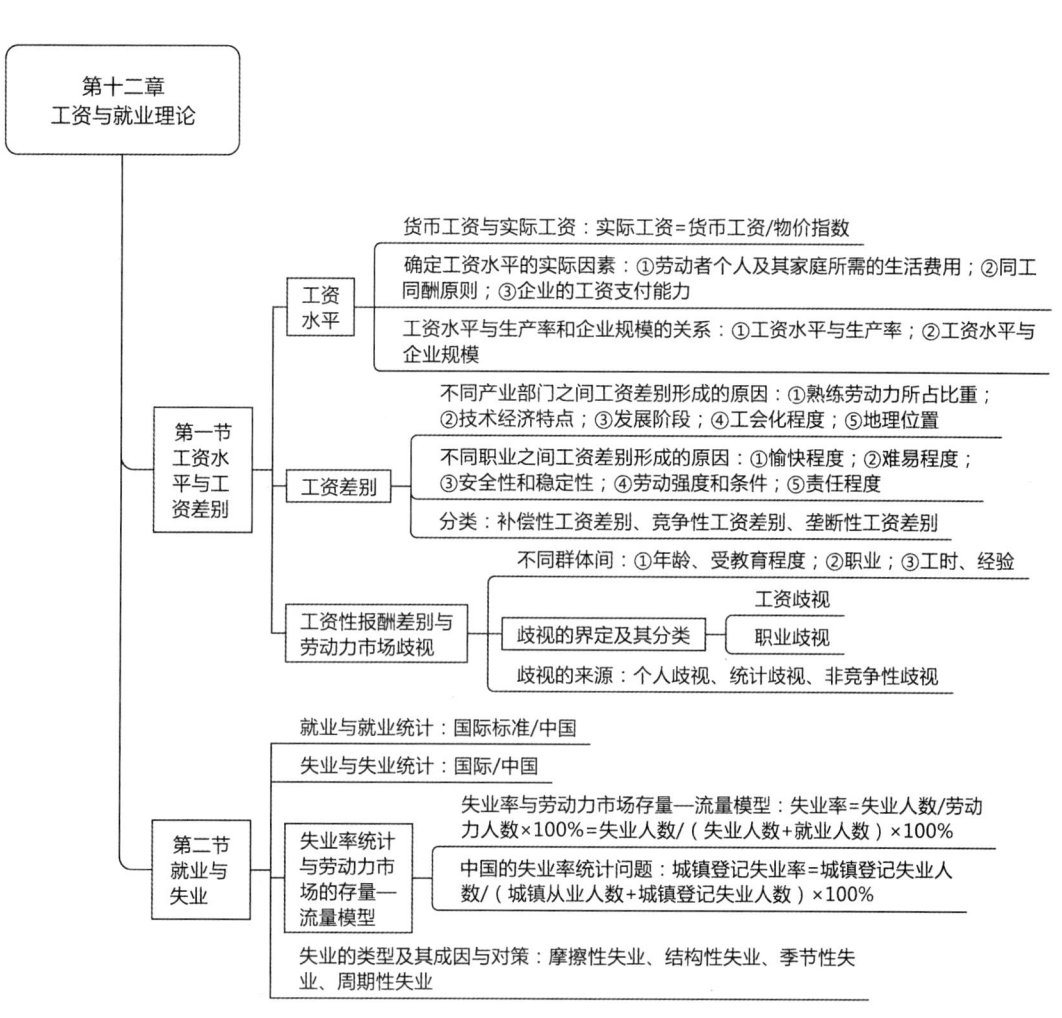

> 温馨贴士

本章考查重点为第一节,其难点在于分析各个工资差别的形成原因,在学习中应该注意区分,本章出单项选择题的概率较大,一定要确保知识的牢固性。

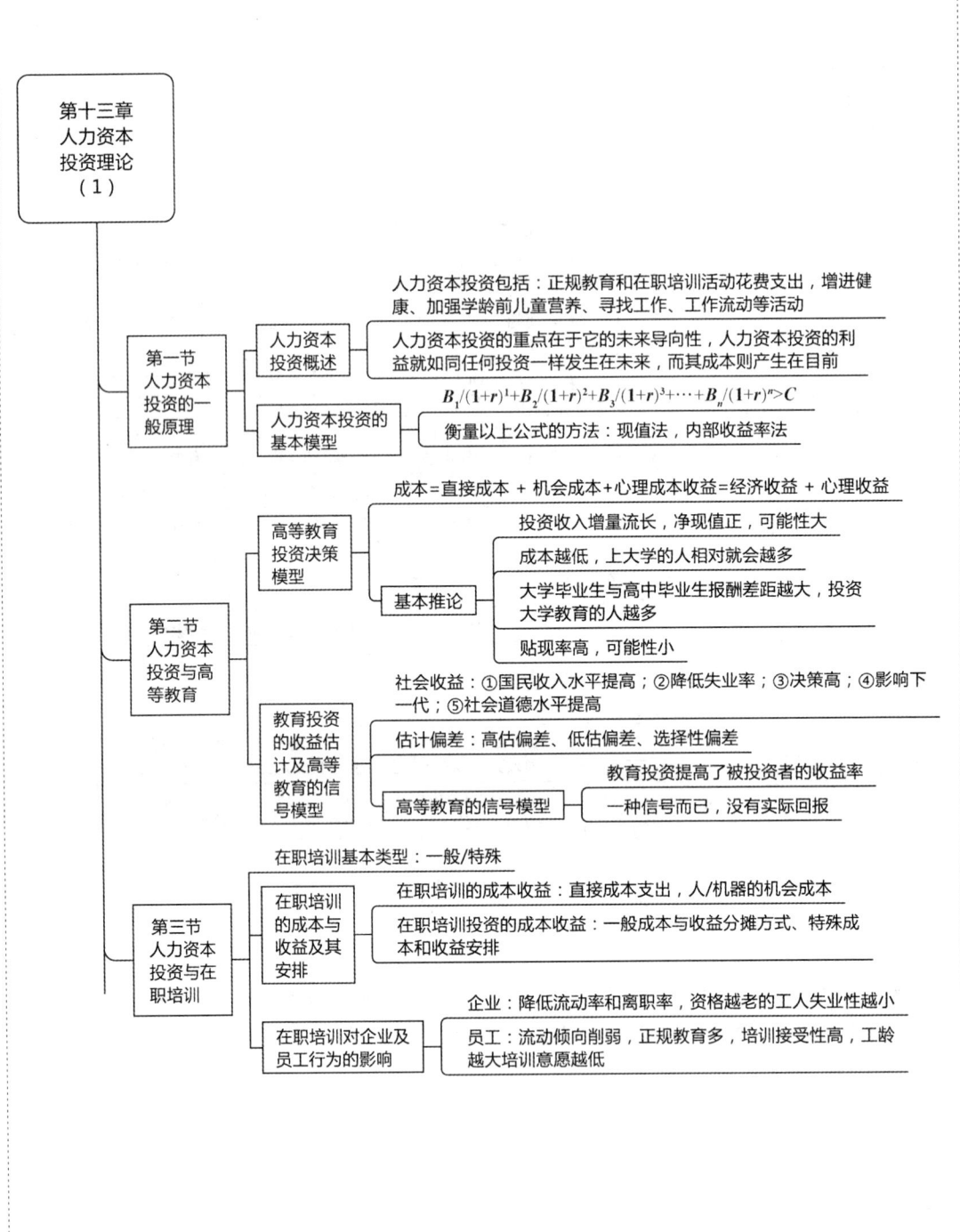

思维导图

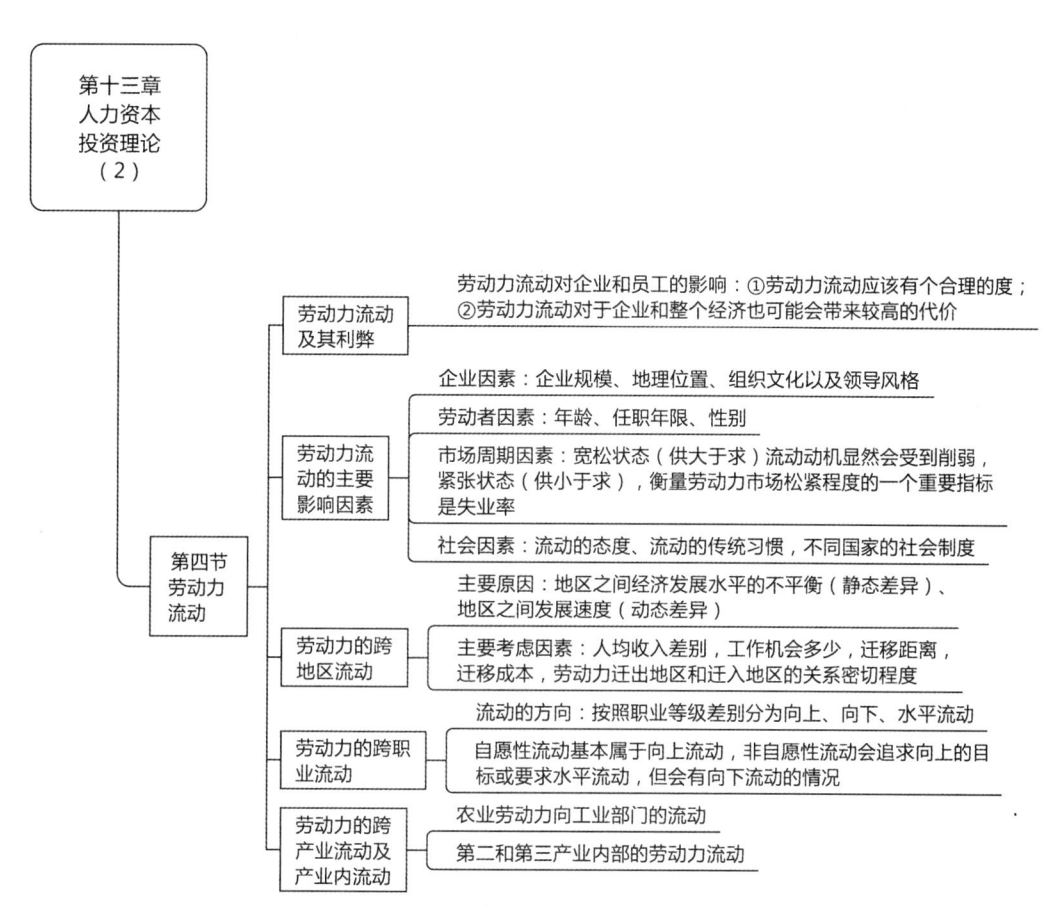

> **温馨贴士**

本章为历年重点考查章节，分值占比较高，学习难度较大，需要多加巩固。高等教育投资的基本推论、劳动力流动的企业影响因素、在职培训的成本、收益及其安排为历年重点查考知识点，出题概率相当高，需要提高警惕，重点学习。

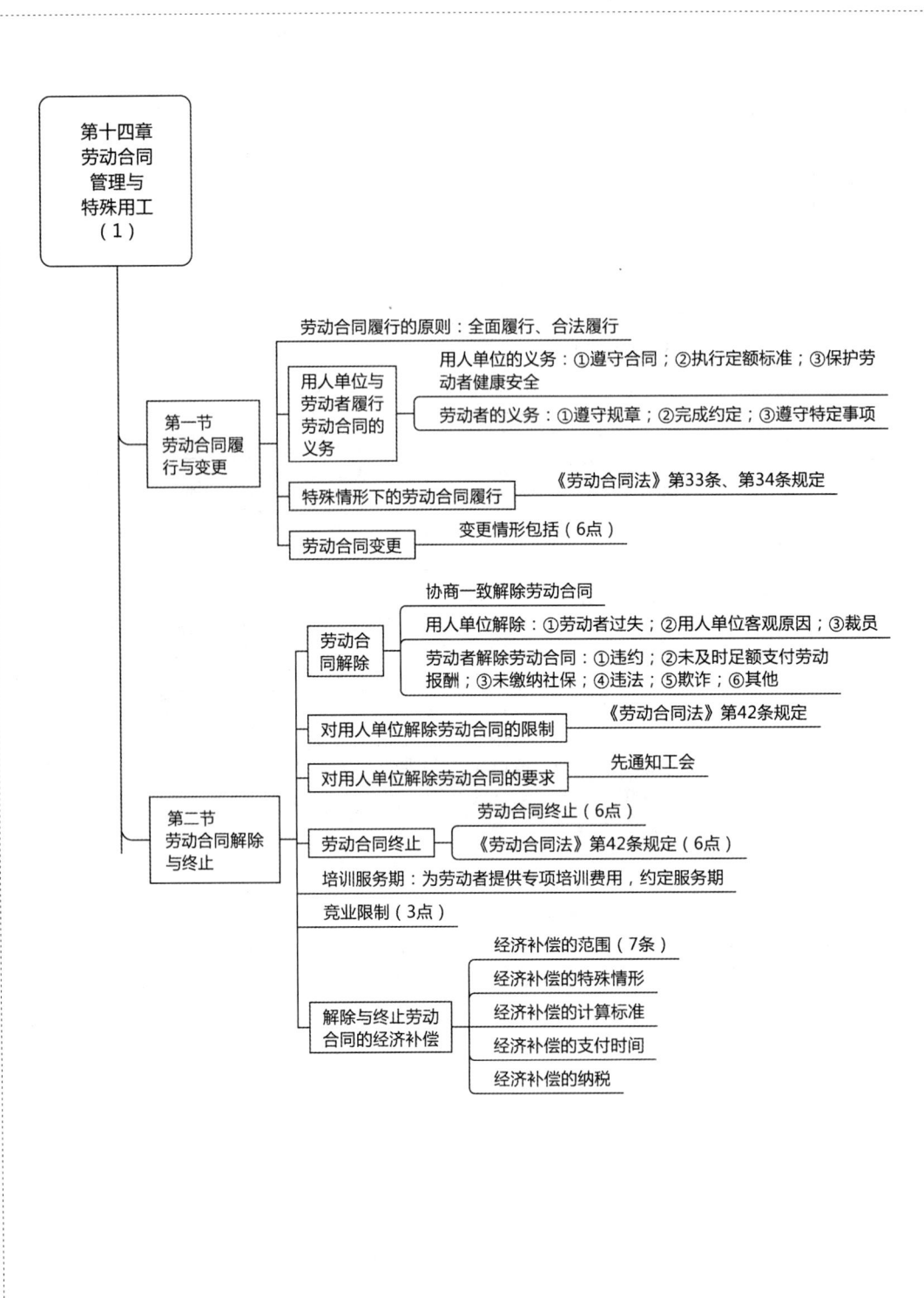

思维导图

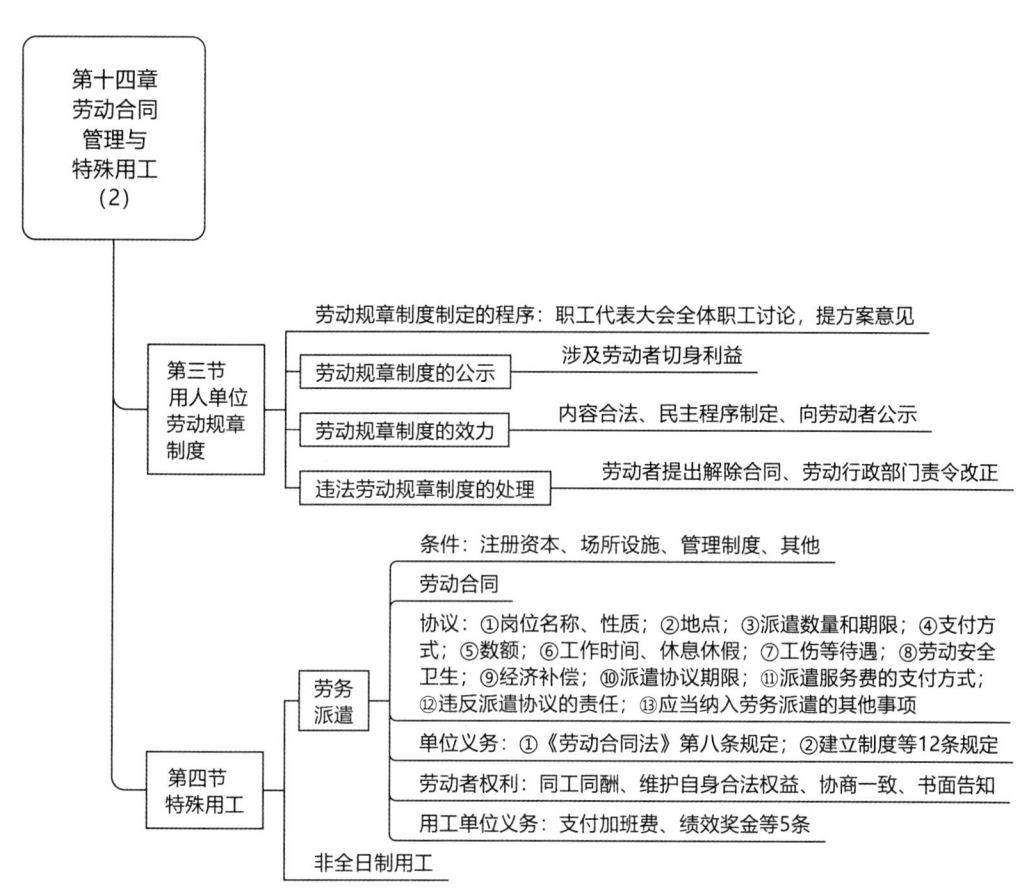

> **温馨贴士**

本节重点内容是用人单位与劳动者履行劳动合同的义务，应注意区分。第二、第三两节法律条文较多，要做到熟练掌握，各项规定要熟记、区分。第四节的重点考查内容为劳务派遣，考查范围比较广，需要我们在日常学习中重视起来，此部分内容也可能在案例分析题中出1~2道小题。

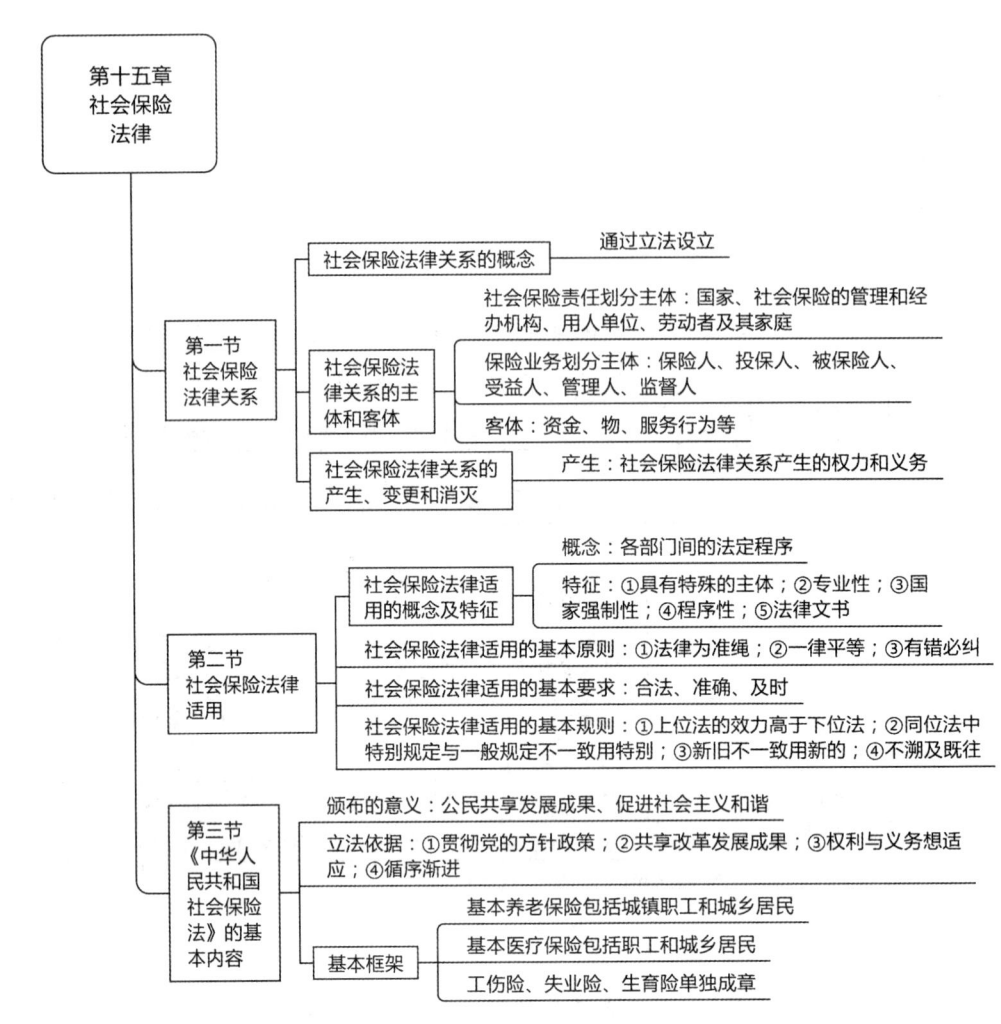

> **温馨贴士**

本章近五年考查频率较低，每年出题分值在 2~3 分，但是本章法律条文内容较多，记忆起来可能比较费力，内容规范性较强，做题时要小心文字陷阱，小心缺字、漏字、正话反说的情况。

Day 57

- 第十六章 社会保险体系（1）
  - 第一节 基本养老保险
    - 职工基本养老保险制度
      - 基本养老保险费
        - 基本养老保险账户：社会统筹和个人账户
        - 基本养老保险基金：用人单位、个人缴费以及政府补贴
        - 用人单位缴费比例：单位工资总额的16%
        - 个人缴费比例：本人缴费工资的8%
      - 基本养老保险待遇
        - 基本养老金待遇领取的条件
          - 领取条件：达到法定退休年龄；累计缴费满15年
          - 男职工和原法定退休年龄为55周岁的女职工，法定退休年龄每4个月延迟1个月，分别逐步延迟至63周岁和58周岁
          - 原法定退休年龄为50周岁的女职工，法定退休年龄每2个月延迟1个月，逐步延迟至55周岁
          - 将职工按月领取基本养老金最低缴费年限由15年逐步提高至20年，每年提高6个月
        - 基本养老金的构成
          - 基础养老金月标准：以当地上年度在岗职工月平均工资和本人指数化月平均缴费工资的平均值为基数，缴费每满1年发给1%
          - 个人帐户养老金月标准：为个人帐户储存额除以计发月数
        - 遗属待遇：因病或者非因工死亡的，其遗属可以领取遗属待遇，包括丧葬补助金和抚恤金
        - 病残津贴：在未达到法定退休年龄时因病或者非因工致残完全丧失劳动能力的，可以领取病残津贴
    - 城乡居民基本养老保险制度
      - 覆盖范围：年满16周岁（不含在校学生），非国家机关和事业单位工作人员及不属于职工基本养老保险制度覆盖范围的城乡居民，可以在户籍地参加城乡居民基本养老保险
      - 基金由个人缴费、集体补助、政府补贴构成
      - 由基础养老金和个人帐户养老金构成，支付终身
      - 个人帐户全部储存额除以139
      - 领取条件：年满60周岁、累计缴费满15年

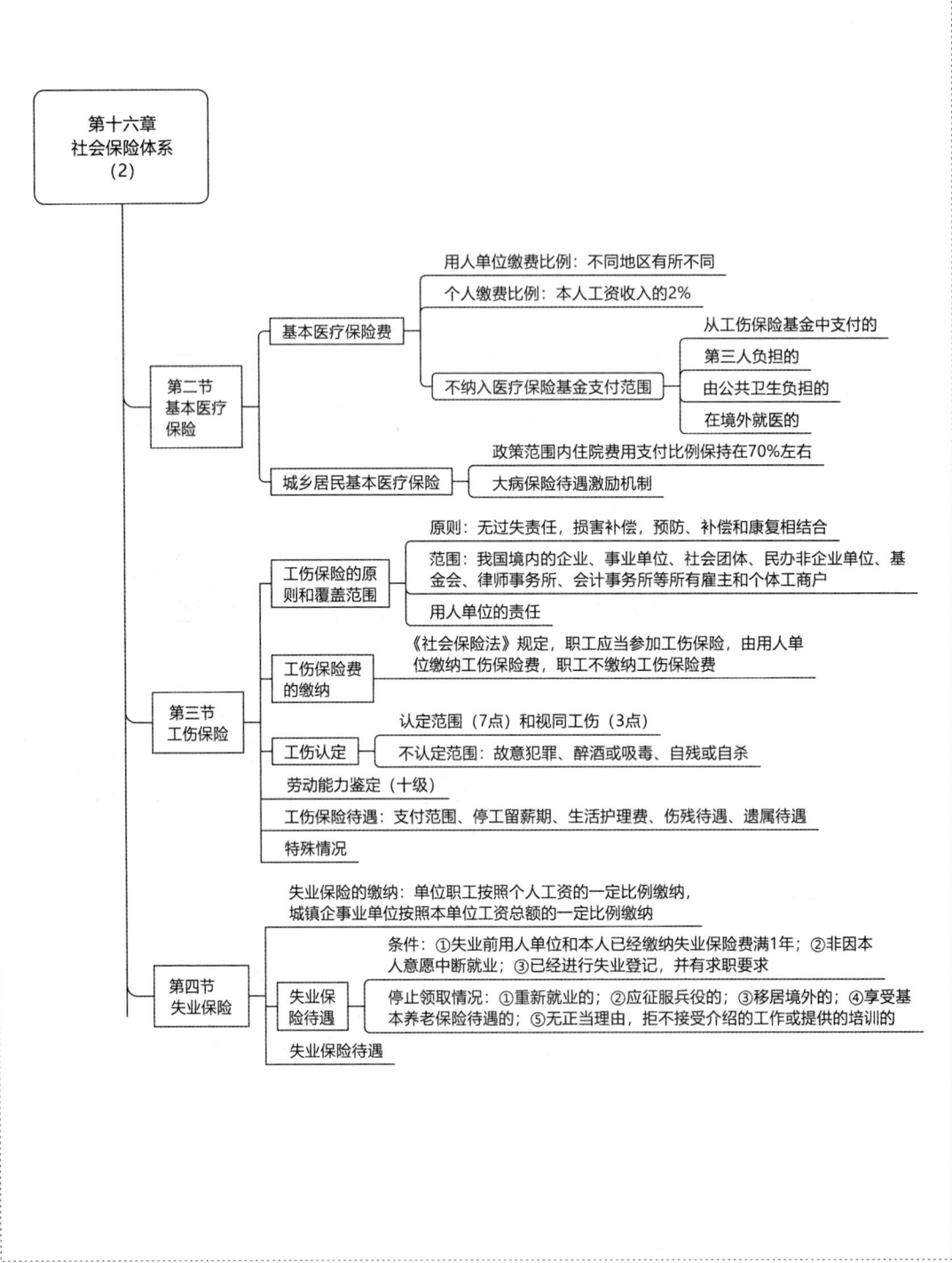

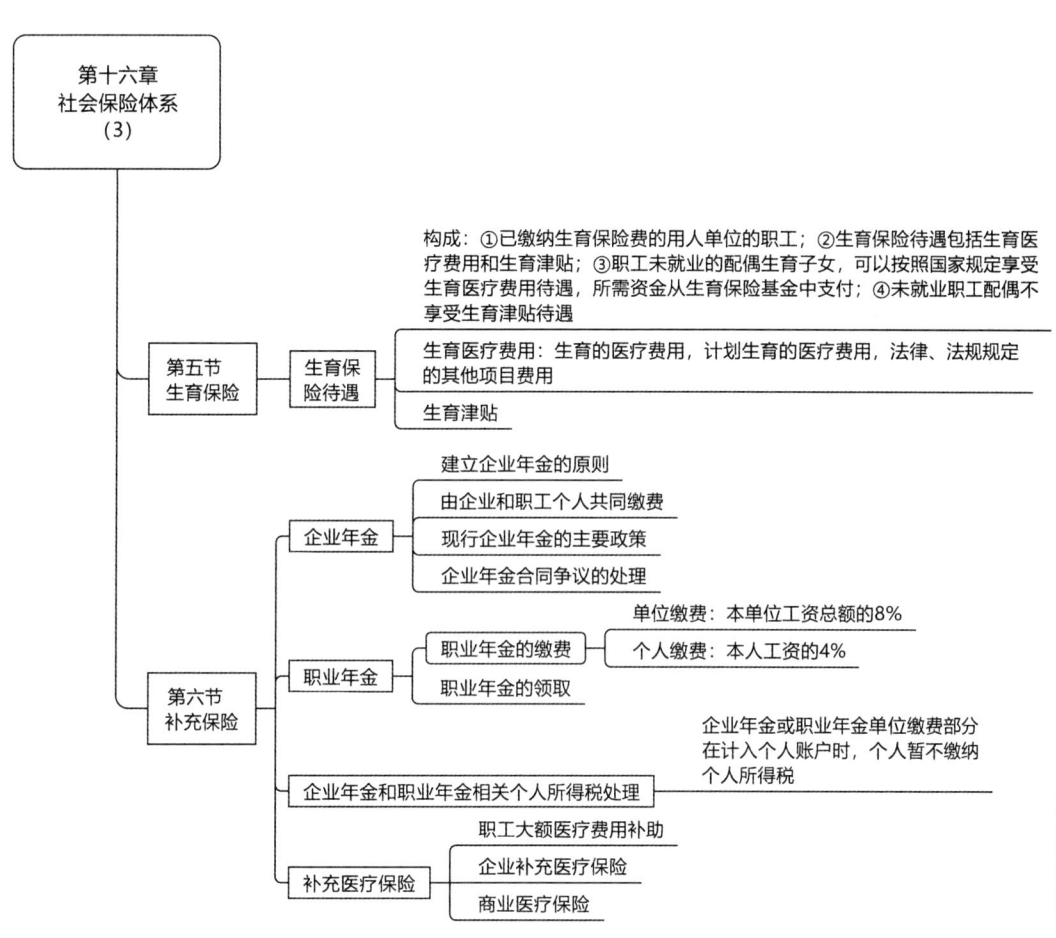

> **温馨贴士**

第一节中基本养老保险为本章较为重要的知识点，待遇和条件是考查的重点，本节和生活密切相关，在学习过程中可以和日常相结合熟练记忆。本章除第一节考查内容较多外，其余章节重点考查的知识点为工伤认定、生育保险的构成、基本医疗保险的范围，虽然内容篇幅不小，但是考查概率较低，文字性内容也较多，可以结合实际，这样有助于记忆。

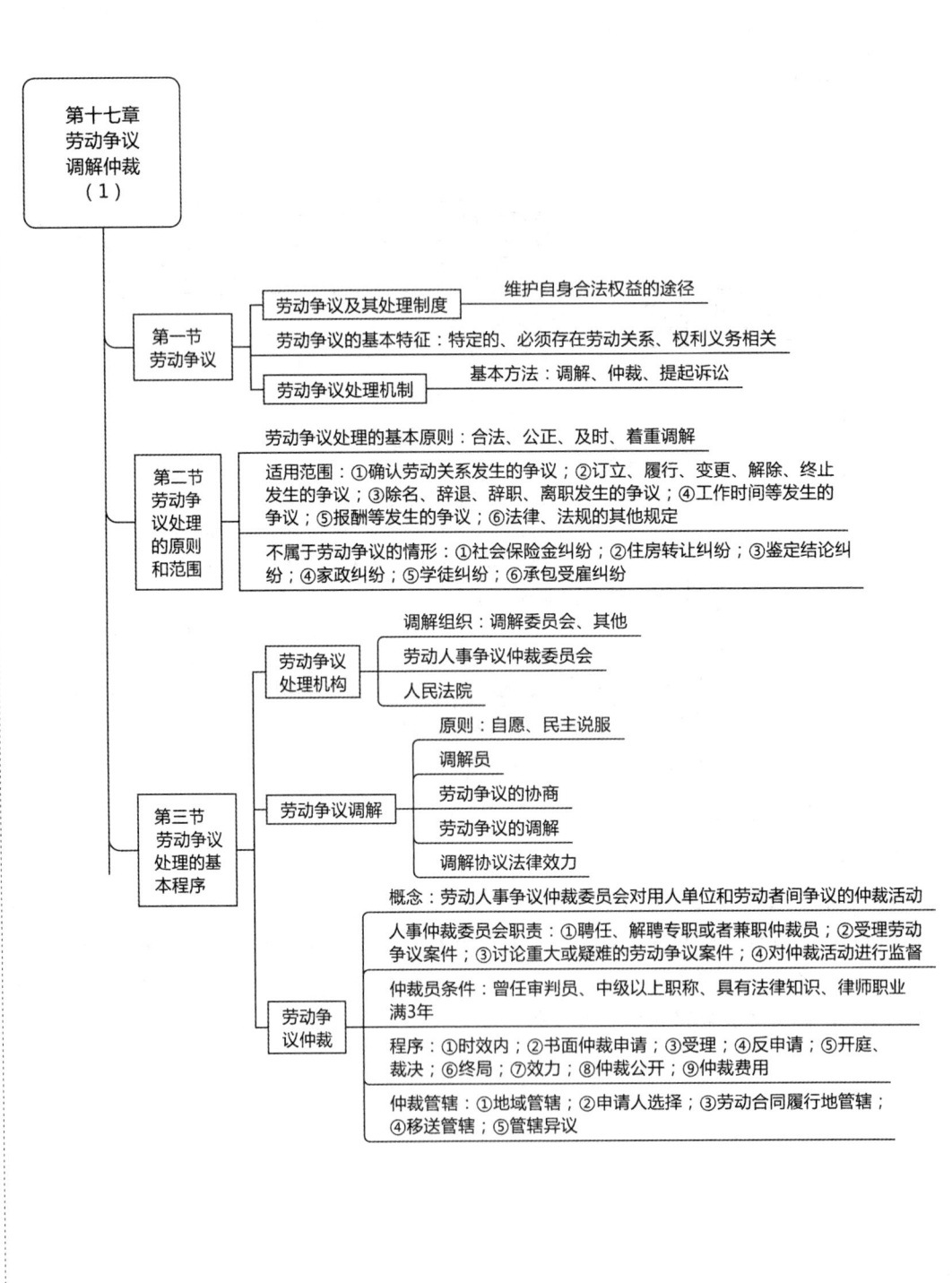

思维导图

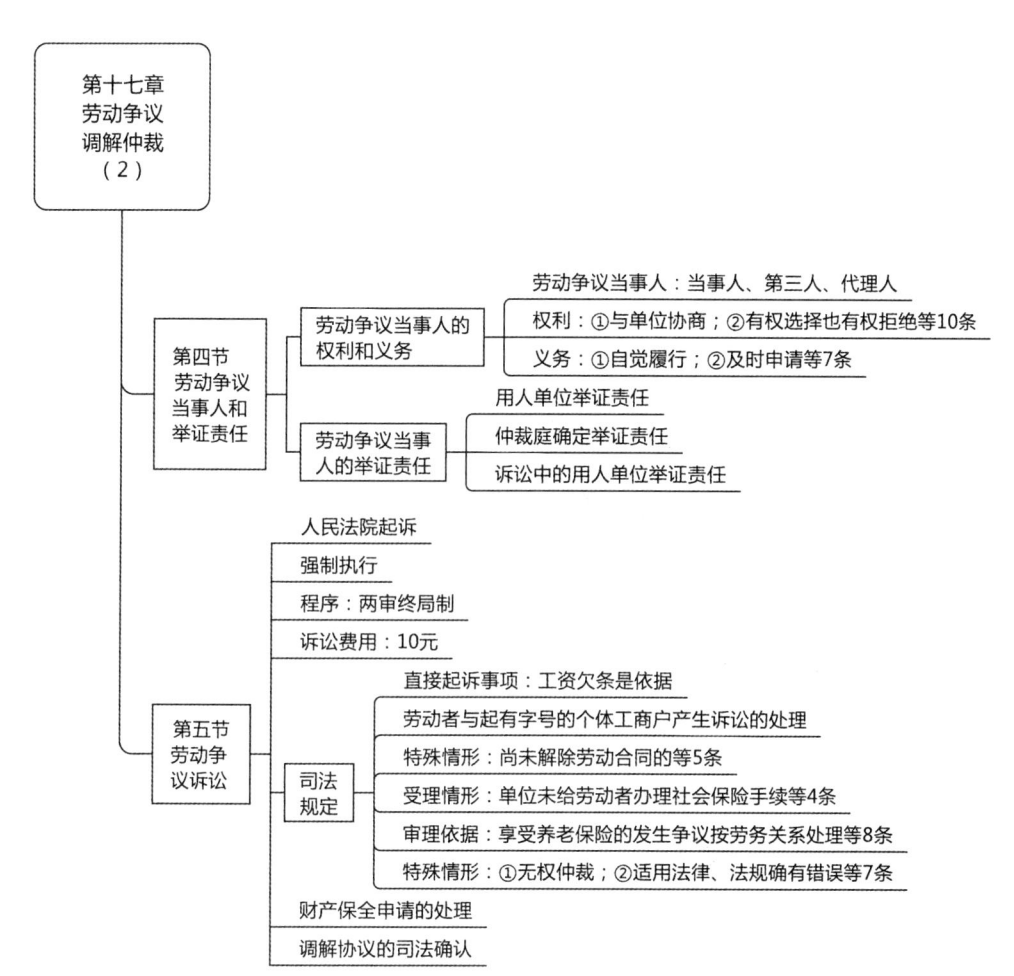

> 温馨贴士

本章考查分值占比较低，但内容很多，法律条文也很多，学起来会很枯燥，但是一定要熟悉本章内容，以便在考试中可以正确答题。

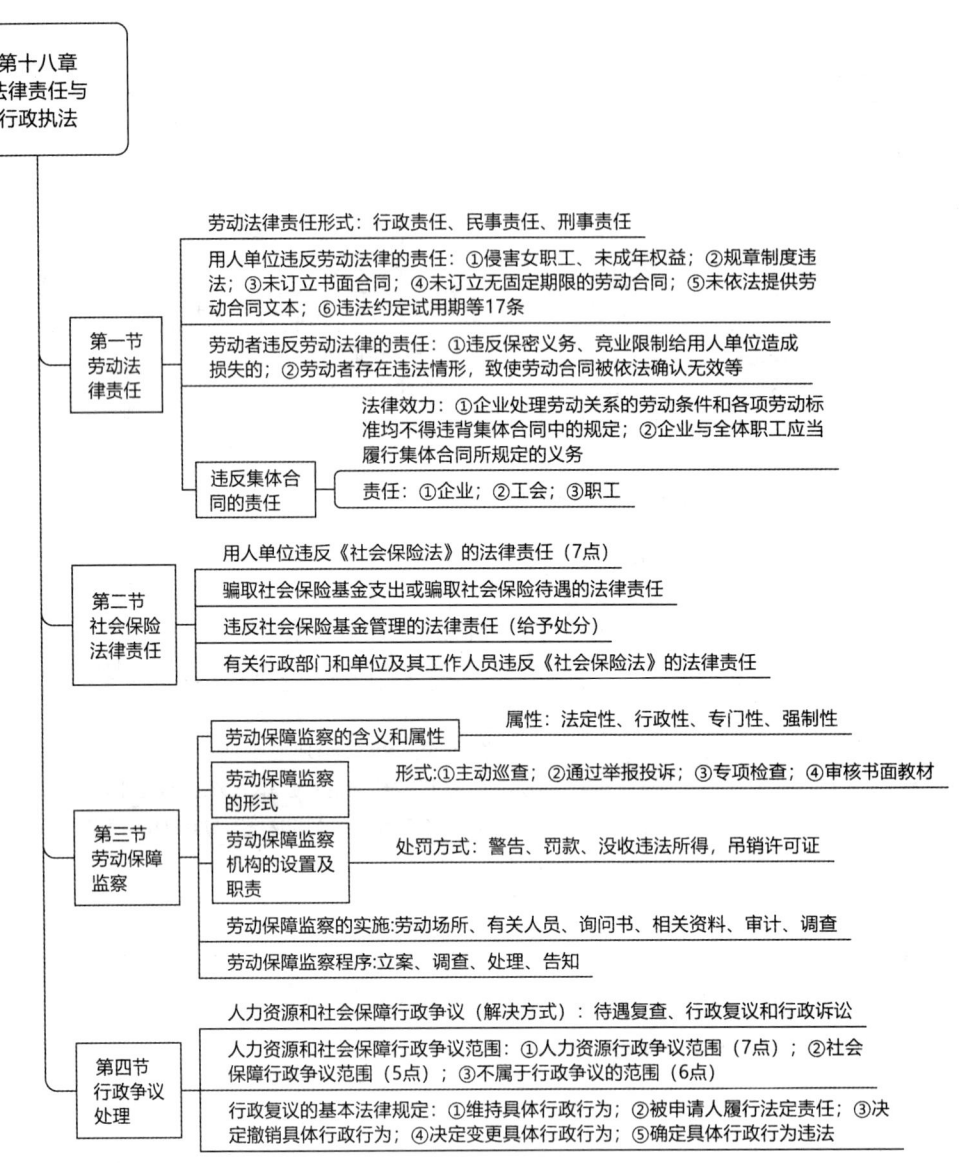

> **温馨贴士**

本章在历年考试中所占分值较低，文字性内容很多，相关法律条文也很多，虽然不是考查的重点，但在我们日常学习中，也要牢固掌握各节内容，多读多看，加深印象。

思维导图

第十九章 宏观人力资源开发 (1)

第一节 人才评价

- **人才评价机制改革**：①分类健全人才评价标准；②改进和创新人才评价方式；③加快推进重点领域人才评价改革；④健全完善人才评价管理服务制度
- **职业资格制度**：职业资格、国家职业资格证书、国家职业资格目录
- **职称制度**：标准、委员会、审核、评审、改革
- **职业技能等级制度**：
  - 职业技能等级分为5级
  - 标准、等级认定、等级与职称的贯通

第二节 激励保障

- **概述**
- **创新创业激励**：科技成果转化激励、科技项目资金管理、科技管理权限下放
- **突出业绩奖励**：国家科学技术奖、技能人才奖励、公务员奖励、事业单位工作人员奖励
- **收入分配制度**：
  - 公务员工资制度：公务员职级工资制、机关工人岗位技术等级（岗位）工资制、津贴补贴制度、工资水平正常增长机制、实行年终一次性奖金
  - 事业单位收入分配制度：岗位工资、薪级工资、绩效工资、津贴补贴
  - 国有企业工资决定机制：工资总额确定办法、工资与效益联动机制、工资效益联动指标

第三节 管理使用

- **概述**
- **公务员管理**：
  - 考核：①考核方式；②平时考核；③定期考核
  - 职务与职级的任免和升降及处分的种类
- **事业单位管理**：
  - 岗位设置：类别、等级、结构比例及等级确定、岗位设置程序（6条）
  - 聘用合同管理：订立、解除
  - 工作人员处分
- **干部管理**：提拔任用、企业兼职、离退休办理

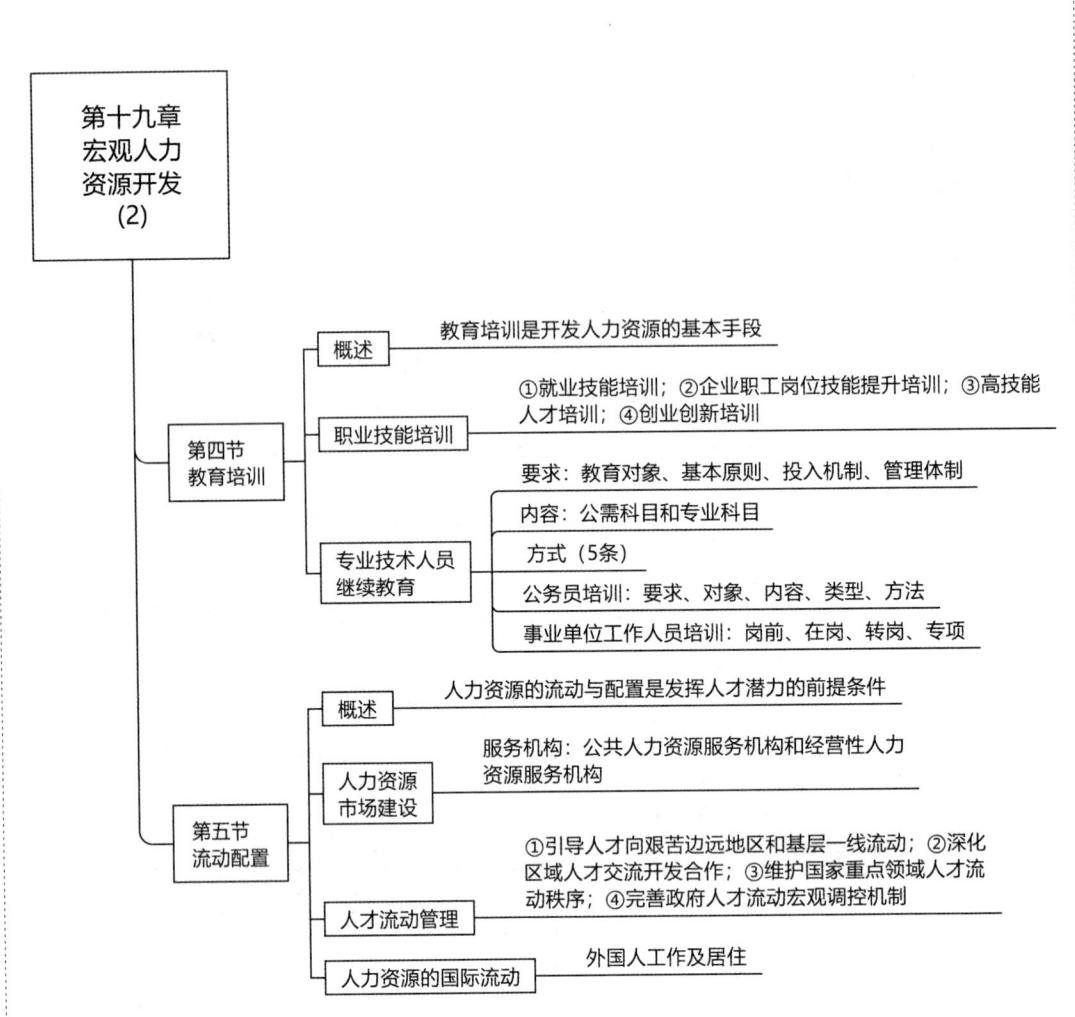

> **温馨贴士**

本章多为政策性内容，涉及内容广泛，应着重掌握，可以选取其中关键字进行有效记忆。

全真机考模拟

Day 58* 至 *Day 60

由于经济师考试形式为机考，为了真实模拟考场环境，现提供三套试卷，考生需要通过电脑在线做题。

【领取及做题步骤】
- 请扫右侧二维码领取模考卷
- 登录环球网校官网（www.hqwx.com）
- 点击《中级经济师同步章节必刷题》全真机考模拟卷
- 进入界面之后即可开始做题

扫码领取试卷

模考说明

【答题时长要求】3小时40分钟，两门考试中间有40分钟休息时间

【时间安排】9:00—10:30，11:10—12:40

亲爱的读者：

如果您对本书有任何感受、建议、纠错，都可以告诉我们。

我们会精益求精，为您提供更好的产品和服务。

祝您顺利通过考试！

扫码参与问卷调查

环球网校经济师考试研究院